国家出版基金项目
NATIONAL PUBLICATION FOUNDATION

上海高校服务国家重大战略出版工程

秦汉六朝字形谱

第七卷

臧克和 郭 瑞 主编

华东师范大学出版社

日部

【日】

《說文》：日，實也。太陽之精不虧。从囗一。象形。凡日之屬皆从日。

【☉】

《說文》：☉，古文。象形。

漢銘・光和七年洗

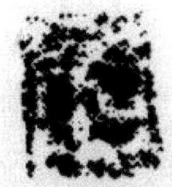
漢銘・天鳳元年銅篡

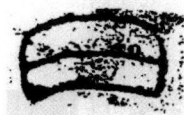
漢銘・永元十三年洗

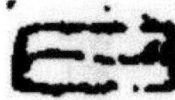
漢銘・日利千万鉤

漢銘・日入千合符鉤

漢銘・新量斗

漢銘・慮俿尺

漢銘・日入千万殘鈴

漢銘・新承水盤

睡・秦律十八種 74

○其母日粟一斗

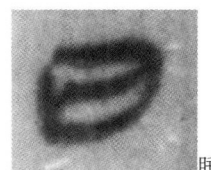
睡・秦律雜抄 35

○日已備致未來

睡・日甲 10

睡・日乙 195

○旬七日毀垣

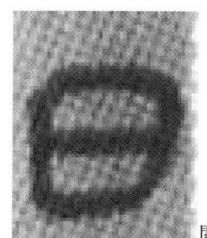
關・日書 136

○巳四日

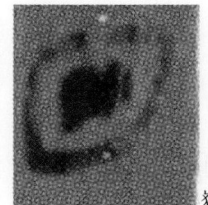
獄・質日 271
○年質日

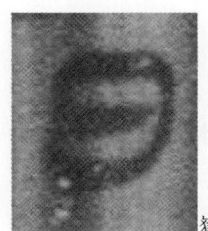
獄・為吏 83
○君子日有茲

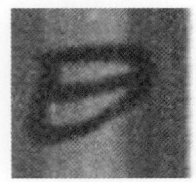
獄・占夢書 40
○出三日必有雨

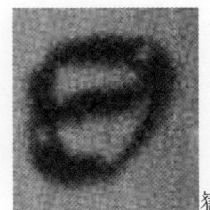
獄・數 143
○錢七日而歸之

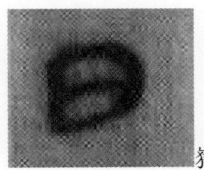
獄・魏盜案 153
○日夜別薄

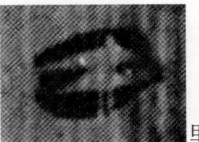
里・第五層 10
○箸至日

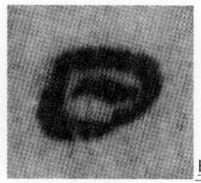
里・第八層 746
○年月日不可以定課

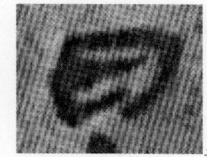
里・第八層背 86
○戊午日中

馬壹 183_126 上
○四日以三月與茅

馬壹 270_3 下
○月一日

馬貳 21_33 下
○大吉日失（昳）

張・興律 403
○罰有日及錢數者

張・奏讞書 113
○八九日

張·引書 41
〇千日

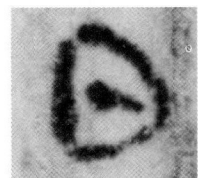
銀壹 947
〇息五日

銀貳 1987
〇人分日

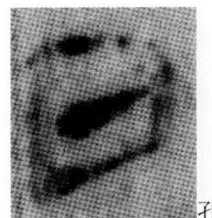
孔·日書残 2
〇唯良日也

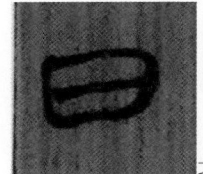
北貳·老子 190
〇子冬（終）日行

敦煌簡 1808
〇十五日乙酉到官

武·甲《少牢》1
〇日用丁己

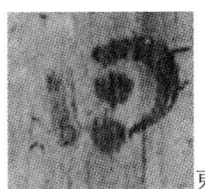
東牌樓 034 背
〇命今日且日日萎久

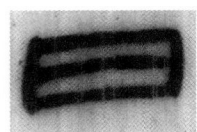
北壹·倉頡篇 59
〇時日月星

吳簡嘉禾·四·七三八
〇二日付庫吏

歷代印匋封泥
〇日司徒

秦代印風
〇日敬毋治

秦代印風
〇日敬毋治

秦代印風
〇日敬毋治

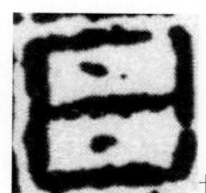
廿世紀璽印三-SP

○日利千萬

廿世紀璽印三-SP

○日行百萬

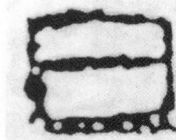
歷代印匋封泥

○□四日軍

廿世紀璽印三-SY

○日利

廿世紀璽印三-SP

○日利大萬

歷代印匋封泥

○日利大萬

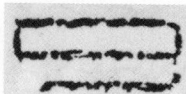
歷代印匋封泥

○日利

歷代印匋封泥

○日利

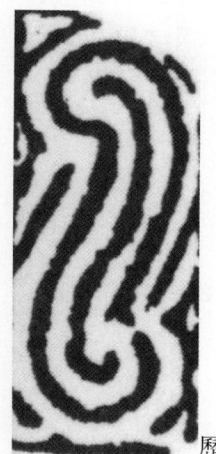
歷代印匋封泥

○日利

漢印文字徵

○日利

第七卷

歷代印匋封泥
○日利
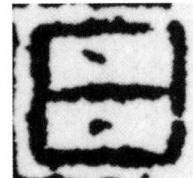
歷代印匋封泥
○日利千萬

柿葉齋兩漢印萃
○日嘗之印
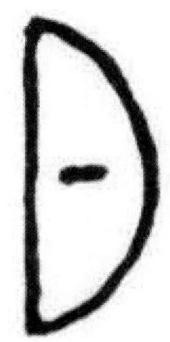
漢印文字徵
○日利

漢印文字徵
○大吉日

歷代印匋封泥
○日利千萬

漢晉南北朝印風
○杜卿印日內千金
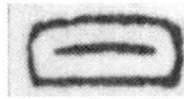
漢晉南北朝印風
○徐日千萬

漢晉南北朝印風
○新成日利

石鼓・吾水

東漢・朝侯小子殘碑
○終歿之日

3051

東漢・成陽靈臺碑

○日禩不夏

三國魏・何晏磚誌

○明帝五年秋七月朔四日卒

北齊・是連公妻誌

○以皇建元年十月十六日遘疾

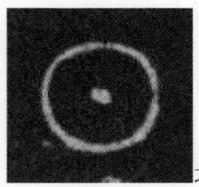
北齊・是連公妻誌

○十一月十九日

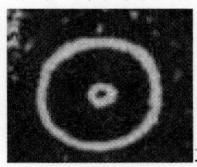
北齊・石信誌

○十一月十九日

北齊・雲榮誌

○至五年正月十日

北齊・梁迦耶誌

○以河清元年十月九日

北周・李府君妻祖氏誌

○視日齊量

【旻】

《說文》：旻，秋天也。从日文聲。《虞書》曰："仁閔覆下，則稱旻天。"

吳簡嘉禾・五・一八五

漢印文字徵

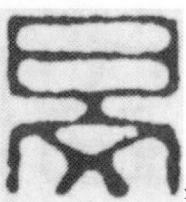
漢晉南北朝印風

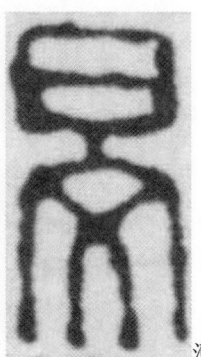
漢晉南北朝印風

東漢・西狹頌

3052

北魏・楊乾誌

北魏・寇憑誌

北魏・元楨誌

【時】

《說文》：時，四時也。从日寺聲。

【旹】

《說文》：旹，古文時从之、日。

漢銘・雒陽武庫鍾

漢銘・元康鴈足鐙

漢銘・元康高鐙

睡・法律答問 106

睡・為吏 13

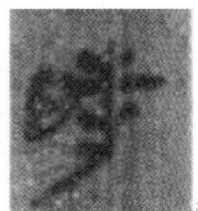
嶽・占夢書 1

嶽・芮盜案 67

里・第八層 24

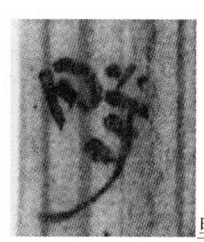
里・第八層背 666

第七卷

馬壹 256_1 上

馬壹 137_60 下/137 下

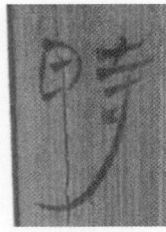
馬貳 214_32/133

張・奏讞書 13

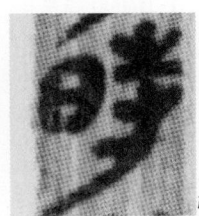
張・蓋盧 3

銀貳 1762

北貳・老子 142

敦煌簡 1691

敦煌簡 0052
○誤天時失戰利

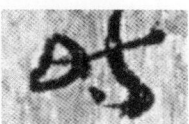
金關 T07：025
○初來時登

金關 T24：024A

東牌樓 066 正
○汝子時時中□到未

北壹・倉頡篇 59

3054

吴简嘉禾·五·六〇三

历代印匋封泥

秦代印风

廿世纪玺印四-SY

○李时燦印

汉印文字徵

汉印文字徵

汉印文字徵

汉印文字徵

○燕时

柿叶齋两汉印萃

○陈当时

廿世纪玺印四-SY

○周君时

汉晋南北朝印风

漢晉南北朝印風

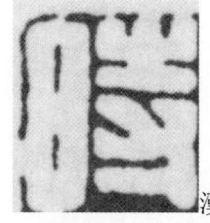漢晉南北朝印風

漢晉南北朝印風

漢晉南北朝印風

石鼓・車工

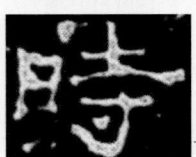東漢・楊震碑

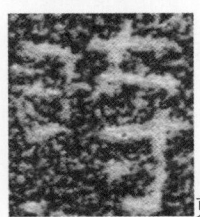東漢・永壽元年畫像石墓記

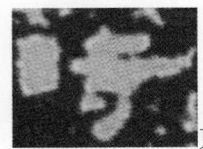東漢・鮮於璜碑陽

○時依郡烏桓

東漢・夏承碑

東漢・成陽靈臺碑

三國魏・三體石經尚書・古文

○賢在武丁時

三國魏・三體石經殘・隸書

三國魏・三體石經殘・篆文

北魏・元馗誌

北魏・元壽妃麴氏誌

三國魏・何晏磚誌

○若西之時平

3056

北魏·薛伯徽誌

○夫人時年廿有七矣

北魏·辛穆誌

○于時

北魏·暉福寺碑

○宕昌公王慶時

北周·華岳廟碑

○或躍俟時

【早】

《說文》：早，晨也。从日在甲上。

睡·秦律十八種 2

馬貳 278_222/355

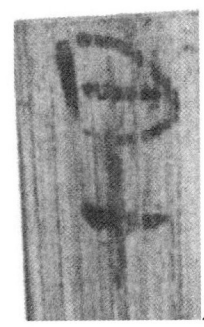
馬貳 286_312/331

金關 T09∶264A

北壹·倉頡篇 42

○某枏早罐

東漢·夏承碑

北魏·封魔奴誌

○早罹家難

北魏·元弘嬪侯氏誌

【旳】

《説文》：旳，尚冥也。从日勿聲。

【昧】

《説文》：昧，爽，旦明也。从日未聲。一曰闇也。

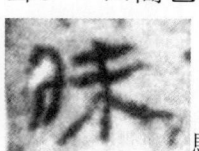
馬壹 88_192

馬貳 203_5

○必甘昧（味）至之

張·奏讞書 210

敦煌簡 1300

○臣昧死以聞制曰

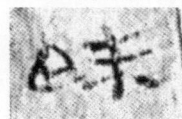
金關 T07∶069

○事昧死言

廿世紀璽印三-SP

○宣昧

柿葉齋兩漢印萃

○項昧私印

歷代印匋封泥

○昧鄉之印

琅琊刻石

琅琊刻石

泰山刻石

西晉·趙氾表

北魏·王普賢誌

北魏·趙謐誌

東魏·馮令華誌

【晵】

《説文》：晵，旦明也。从日者聲。

【晢】

《説文》：晢，昭晣，明也。从日折聲。《禮》曰："晣明行事。"

【昭】

《説文》：昭，日明也。从日召聲。

漢銘·上林昭臺廚銅銷

漢銘·王后中宮鼎

漢銘·建昭鴈足鐙一

漢銘·昭臺宮扁

睡·為吏之道 50

睡·為吏 27

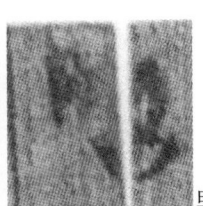
里·第八層背 1510

〇昭行

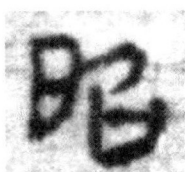
馬壹 88_205

馬貳 7_6 下\16

張·奏讞書 119

北貳·老子 173

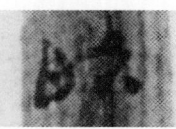
敦煌簡 0622A

金關 T23_200_①

東牌樓 012

北壹·倉頡篇 5

○巫景桓昭穆豐

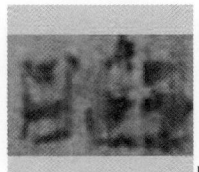
吳簡嘉禾·五·一九四

秦代印風

○顏昭

漢晉南北朝印風

廿世紀璽印三-SY

漢印文字徵

柿葉齋兩漢印萃

○洛昭私印

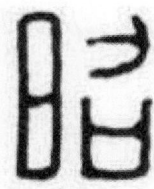
漢印文字徵

○昭奴印信

歷代印匋封泥

漢晉南北朝印風

漢晉南北朝印風

泰山刻石

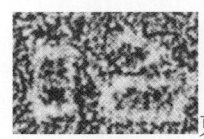
東漢・王舍人碑

東漢・上計史王暉石棺銘

北魏・元弼誌
○高祖昭成皇帝

北魏・元昭誌
○君諱昭字幼明

北魏・元顥誌

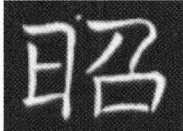
北魏・昭玄法師誌

北齊・高潤誌蓋
○文昭王墓銘

北周・華岳廟碑

【晤】

《說文》：晤，明也。從日吾聲。《詩》曰："晤辟有摽。"

【旳】

《說文》：旳，明也。從日勺聲。《易》曰："爲旳顙。"

漢晉南北朝印風
○平旳國丞

漢印文字徵
○平旳國丞

【晄】

《說文》：晄，明也。从日光聲。

【曠】

《說文》：曠，明也。从日廣聲。

漢印文字徵
○趙曠私印

東漢・景君碑

東漢・元嘉元年畫像石題記二

北魏・元暐誌

北魏・元子直誌

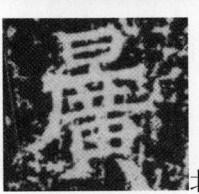
北魏・崔承宗造像
○曠國祚之永隆

北齊・張道貴誌
○風流遐曠

【旭】

《說文》：旭，日旦出皃。从日九聲。若勖。一曰明也。

北壹・倉頡篇 60
○陰陽杲旭宿尾

柿葉齋兩漢印萃
○靳旭

北魏・穆彥誌

北魏・胡明相誌

【晉】

《說文》：晉，進也。日出萬物進。从日从臸。《易》曰："明出地上，晉。"

漢銘・元初二年鐵

漢銘・櫟鼎

漢銘・晉壽升

漢銘・晉陽鈁

漢銘・晉陽器

獄・魏盜案166

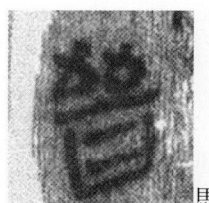
馬壹76_51

馬壹89_227

馬壹87_172

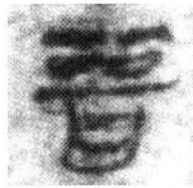
馬壹84_109

馬貳134_14/69

北壹・倉頡篇34

○晉溉攫杅

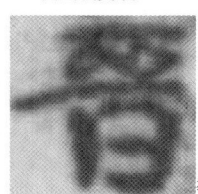
魏晉殘紙

廿世紀璽印二-SP

○臨晉翏

○臨晉丞印

廿世紀璽印三-GP

秦代印風

歷代印匋封泥

○臨晉丞印

漢晉南北朝印風

漢印文字徵

○晉忩

漢印文字徵

○晉陽令印

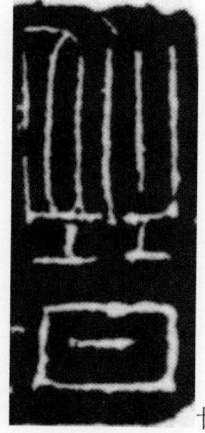
廿世紀璽印四-GY

○晉歸義羌王

廿世紀璽印四-GY

廿世紀璽印四-GY

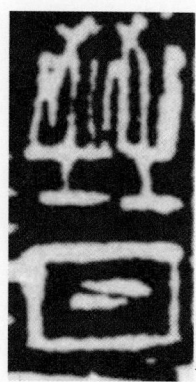
廿世紀璽印四-GY

○親晉歸義胡王

漢晉南北朝印風

漢晉南北朝印風

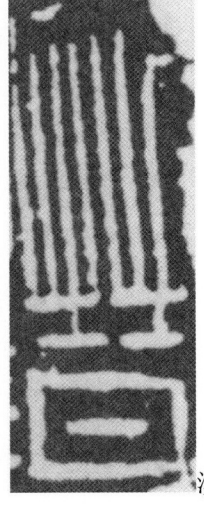
漢晉南北朝印風

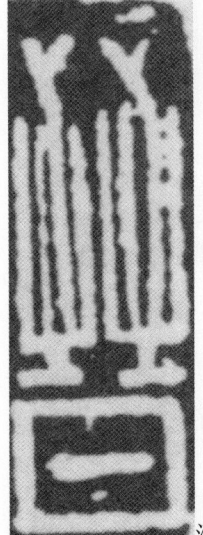
漢晉南北朝印風

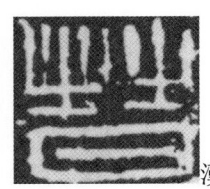
漢晉南北朝印風

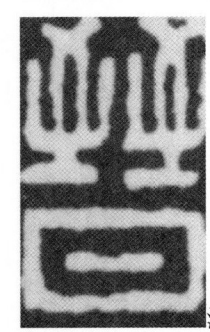
漢晉南北朝印風

漢晉南北朝印風

漢晉南北朝印風

漢晉南北朝印風

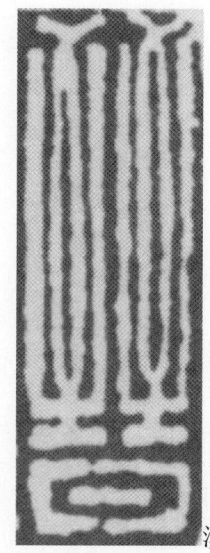
漢晉南北朝印風

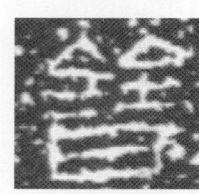
東漢・武氏左石室畫像題字

三國魏・三體石經春秋・隸書

三國魏・三體石經春秋・篆文

三國魏・三體石經春秋・古文

○晉侯伐衛

西晉・張朗誌蓋

西晉・成晃碑額

西晉・王君殘誌

西晉・郛休碑額

東晉・爨寶子碑額

東晉・李纂武氏誌

北魏・楊穎誌

北魏・辛穆誌

北魏・薛孝通敘家世券

北齊·宇文誠誌

北齊·高建妻王氏誌

【暘】

《說文》：暘，日出也。从日昜聲。《虞書》曰："暘谷。"

北魏·元煥誌

○痛玄夜之不暘

【啓】

《說文》：啓，雨而晝姓也。从日，啓省聲。

【昜】

《說文》：昜，日覆雲暫見也。从日易聲。

【昫】

《說文》：昫，日出溫也。从日句聲。北地有昫衍縣。

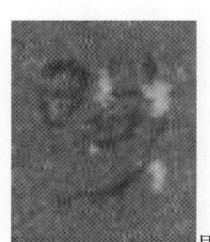
馬貳 98_1

○輒則昫（呴）炊（吹）

張·引書 105

○炊（吹）昫（呴）引

秦代印風

○烏昫閭

漢印文字徵

○昫衍道尉

東魏·王僧誌

○春風始昫

【晛】

《說文》：晛，日見也。从日从見，見亦聲。《詩》曰："見晛曰消。"

【晏】

《說文》：晏，天清也。从日安聲。

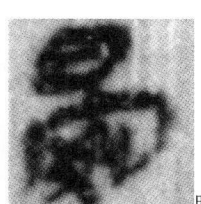
睡·日甲《吏》162

 馬貳 21_24 下

 馬貳 20_30 上

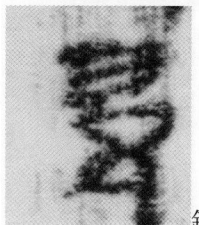 銀壹 528

○后發晏子見曰

 敦煌簡 1108A

○司徒晏大司空少薄

 敦煌簡 0614

○候長晏敢言之謹以

 金關 T24:024A

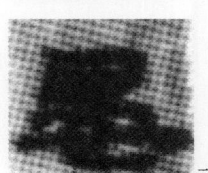 武·儀禮甲《士相見之禮》12

 廿世紀璽印三-SY

○□晏

 廿世紀璽印三-SY

 柿葉齋兩漢印萃

○王晏之印

 漢印文字徵

 漢印文字徵

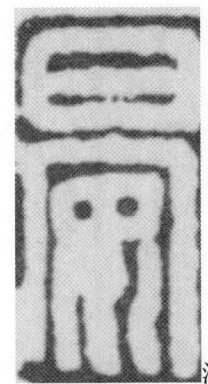
漢晉南北朝印風

漢晉南北朝印風

漢晉南北朝印風

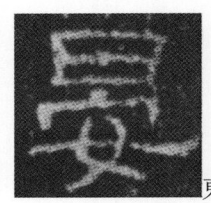
東漢·肥致碑

【曑】

《說文》：曑，星無雲也。从日燕聲。

【景】

《說文》：景，光也。从日京聲。

馬壹 10_56 下

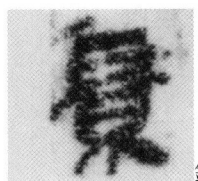
銀壹 617

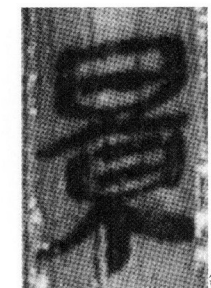
銀貳 2094

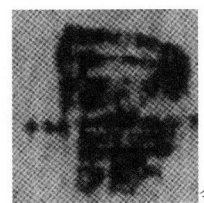
金關 T26：009

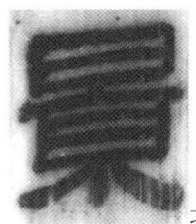
北壹·倉頡篇 5

秦代印風

○景除

廿世紀璽印三-GY

○景巷令印

廿世紀璽印三-SY

○景友印

漢印文字徵

○景宣之印

歷代印匋封泥

漢印文字徵

歷代印匋封泥

○孝景園令

漢印文字徵

○孝景園令

漢印文字徵

漢印文字徵

○景長君

柿葉齋兩漢印萃

○景就之印

漢晉南北朝印風

〇景陽亭侯

漢晉南北朝印風

東漢·譙敏碑

東漢·景君碑

北魏·元定誌

北魏·元榮宗誌

北魏·鄭長猷造像

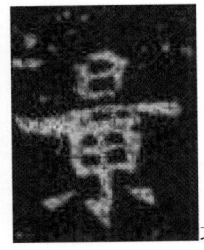北魏·元華光誌

北魏·侯憎誌

北魏·昭玄法師誌

北齊·牛景悅造石浮圖記

北周·賀蘭祥誌蓋

〇周故大師柱國大司馬涼國景公之墓誌

【晧】

《說文》：晧，日出皃。从日告聲。

漢印文字徵

○隴西趙晧白記

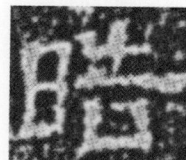
東漢・白石神君碑

東漢・白石神君碑

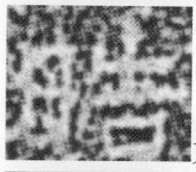
東漢・三公山碑

東漢・夏承碑

東漢・孟孝琚碑

○

三國魏・王基斷碑

北魏・元洛神誌

北魏・元略誌

北魏・元朗誌

北魏・秦洪誌

○晧氣冰潔

北魏・秦洪誌

東魏・廉富等造義井頌

北齊・淳于元晧造像

【暤】

《說文》：暤，晧旰也。从日皋聲。

【暳】

《說文》：暳，光也。从日从琴。

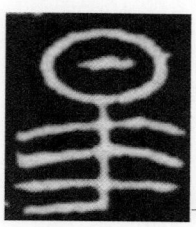
廿世紀璽印三-SY

○人暳

漢印文字徵

〇張曄之印信

北魏·元曄誌

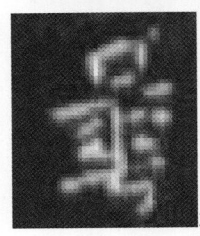

北魏·韋彧誌

〇第二子曄

【暉】

《説文》：暉，光也。从日軍聲。

漢印文字徵

東漢·上計史王暉石棺銘

北魏·元恪嬪李氏誌

北魏·元思誌

北魏·穆亮誌

北魏·暉福寺碑額

【旰】

《説文》：旰，晚也。从日干聲。《春秋傳》曰："日旰君勞。"

東魏·元均及妻杜氏誌

【暆】

《説文》：暆，日行暆暆也。从日施聲。樂浪有東暆縣。讀若酏。

漢印文字徵

〇東暆長印

【晷】

《説文》：晷，日景也。从日咎聲。

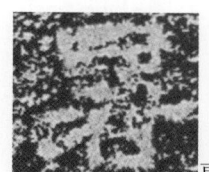東漢·析里橋郵閣頌

○恒失日暑

北魏·于仙姬誌

○匪我留暑

北魏·慈慶誌

○空嗟落暑

【昃】

《說文》：昃，日在西方時。側也。从日仄聲。《易》曰："日厢之離。"

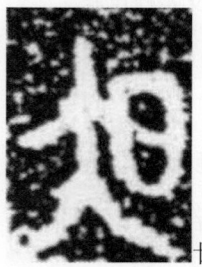廿世紀璽印二-GP

○京昃

歷代印匋封泥

○亭昃

東魏·李憲誌

○日昃忘餐

【晚】

《說文》：晚，莫也。从日免聲。

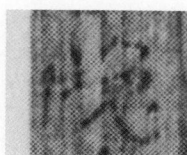敦煌簡 0411

○□晚難爲限何不救

漢印文字徵

○趙晚

東漢·北海相景君碑陽

○晚學後時

北魏·石育及妻戴氏誌

北魏·寇霄誌

○抽光唯晚

北魏・元璪誌

○晚璨瑚璉之器

北魏・王普賢誌

【昏】

《說文》：昏，日冥也。从日氐省。氐者，下也。一曰民聲。

漢銘・東昏家行鐙

馬壹 78_95

馬貳 219_36/47

張・引書 2

北貳・老子 58

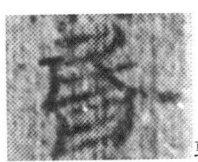敦煌簡 0845

金關 T23：363

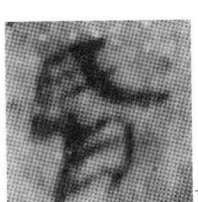東牌樓 007

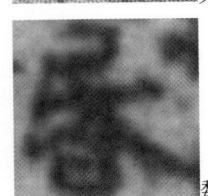魏晉殘紙

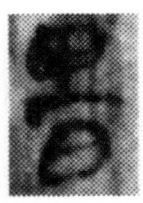秦文字編 1044

秦文字編 1044

秦文字編 1044

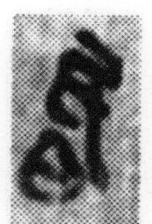
秦文字編 1044

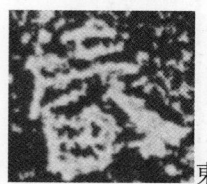
東漢·尹宙碑

北魏·慈慶誌

北魏·元倪誌

北魏·元弼誌

北魏·塔基石函銘刻

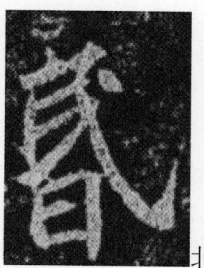
北齊·朱曇思等造塔記

【䜌】

《說文》：䜌，日旦昏時。从日䜌聲。讀若新城䜌中。

敦煌簡 2120B

○䜌子卿廿一斗

【晻】

《說文》：晻，不明也。从日奄聲。

北魏·元子正誌

【暗】

《說文》：暗，日無光也。从日音聲。

北魏·元順誌

【晦】

《說文》：晦，月盡也。从日每聲。

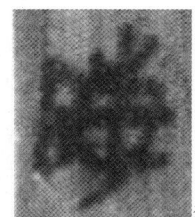
嶽・占夢書 5

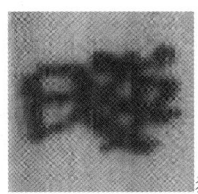
嶽・得之案 178

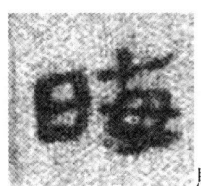
馬壹 40_5 下

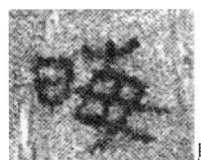
馬貳 20_24 上

北貳・老子 174

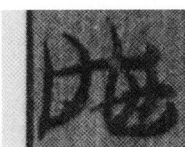
敦煌簡 0063

○泰月晦日食常安中

金關 T23:574

○補盡晦積一月逋奉

廿世紀璽印三-GP

○晦陵丞印

歷代印匋封泥

○晦陵丞印

漢印文字徵

○李晦

東漢・曹全碑陰

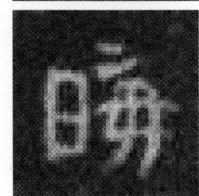
北魏・劇市誌

北魏・元濬嬪耿氏誌

北魏・元楨誌

東魏·鄭氏誌

【皆】

《說文》：曀，埃皆，日無光也。从日能聲。

【曀】

《說文》：曀，陰而風也。从日壹聲。《詩》曰："終風且曀。"

北魏·元濬嬪耿氏誌

○曀曀悠昏

【旱】

《說文》：旱，不雨也。从日干聲。

睡·秦律十八種13

睡·日甲《詰》38

馬壹175_39上

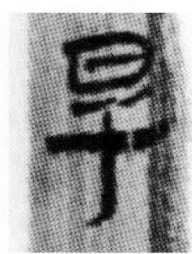張·奏讞書82

銀貳1740

東牌樓047正

○年遇旱

北壹·倉頡篇50

○瘦兒孺旱殤恐

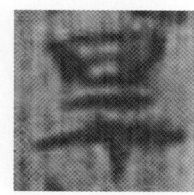吳簡嘉禾·五·九八七

吳簡嘉禾・四・二二四

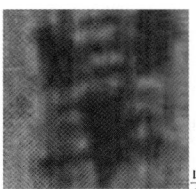

吳簡嘉禾・五・六五〇
〇四畝旱不收

吳簡嘉禾・四・一五九

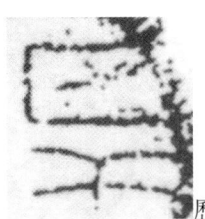

歷代印匋封泥
〇旱丞之印

廿世紀璽印三-GP
〇旱丞之印

廿世紀璽印三-GP

漢印文字徵

東漢・西岳華山廟碑陽

北魏・元懌誌

【㫕】

《說文》：㫕，望遠合也。从日、匕。匕，合也。讀若窈窕之窈。

【昴】

《說文》：昴，白虎宿星。从日卯聲。

漢印文字徵
〇郭昴之印

北魏・元乂誌
〇辰昴散而成德

東魏・王僧誌
〇昂（昴）然不拜

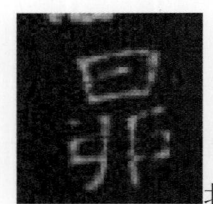

北齊·竇泰誌

○公稟弧昴之精

【曏】

《說文》：曏，不久也。从日鄉聲。《春秋傳》曰："曏役之三月。"

【曩】

《說文》：曩，曏也。从日襄聲。

北齊·元始宗誌

北齊·暴誕誌

【昨】

《說文》：昨，壘日也。从日乍聲。

敦煌簡 0790

○昨莫

金關 T31：140

武·甲《有司》76

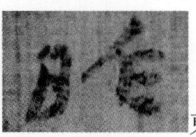

東牌樓 055 背

北魏·馮會誌

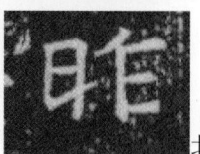

北齊·高湝誌

【暇】

《說文》：暇，閑也。从日叚聲。

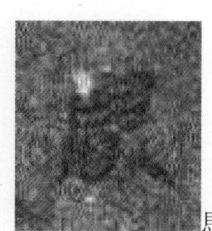

馬貳 98_5

○朝暇（霞）者□

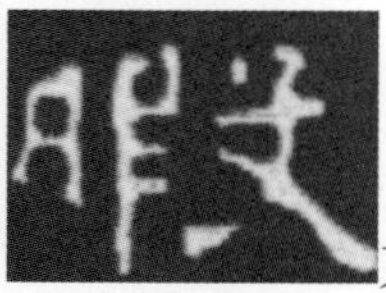

東漢·楊著碑陽

○衣不暇帶

西晉·臨辟雍碑

○抑有不暇

【暫】

《說文》：暫，不久也。从日斬聲。

東漢·燕然山銘

北魏·穆紹誌

北魏·鄯乾誌

北魏·鄭君妻誌

【昪】

《說文》：昪，喜樂皃。从日弁聲。

【昌】

《說文》：昌，美言也。从日从曰。一曰日光也。《詩》曰："東方昌矣。"

【曡】

《說文》：曡，籀文昌。

漢銘·杜陵東園壺

漢銘·富貴昌宜侯王洗九

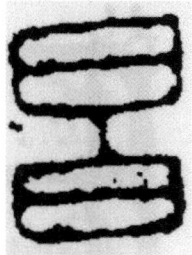

漢銘·富昌宜侯王洗

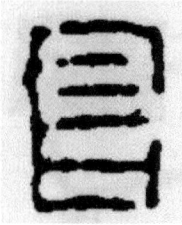

漢銘·富貴昌宜侯王洗十二

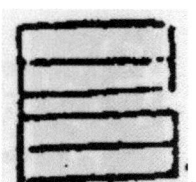

漢銘·富貴昌宜侯王洗二

漢銘·吉羊昌殘洗

漢銘·吉羊昌洗

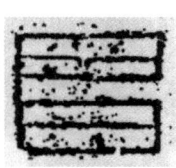

漢銘·富貴昌宜侯王銷二

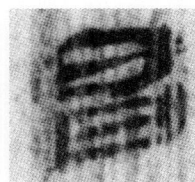

睡·日甲《稷辰》36

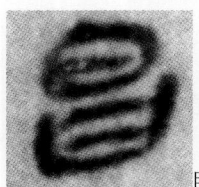

睡·日甲《毀弃》120

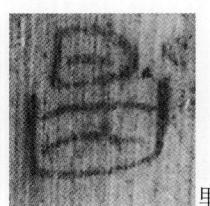

里·第八層 1437

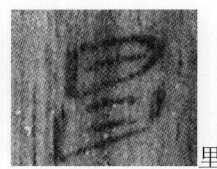

里·第八層背 745

馬壹 171_6 上

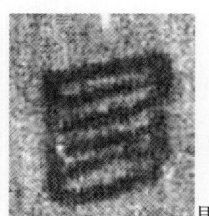

馬壹 41_23 上

張·奏讞書 89

銀壹 678

○可先昌（倡）人

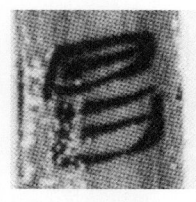

銀貳 2086

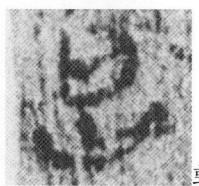

敦煌簡 1684A

○隧廣昌隧各請輸札

敦煌簡 2331

敦煌簡 0283

金關 T10:258

○他候昌利

金關 T23:661

○得廣昌里

金關 T23:965

金關 T03:075

武·王杖 7

東牌樓 157

廿世紀璽印二-SP

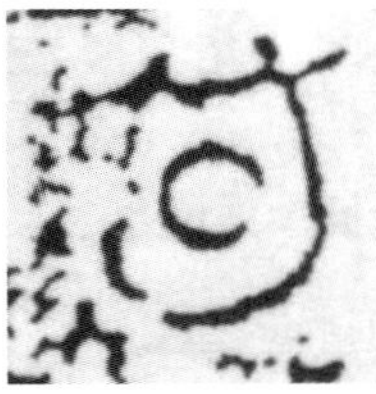

○昌櫅陳固南左里敀亭區

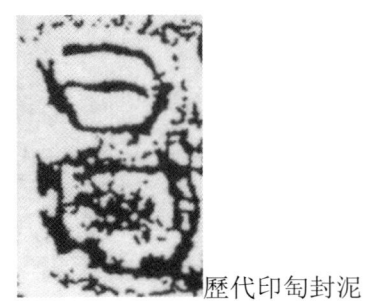

歷代印匋封泥

○寺昌

廿世紀璽印二-SP

○宜陽工昌

秦代印風

○李昌

秦代印風

○昌武君印

秦代印風

○呂昌

秦代印風

○□昌

秦代印風

○許昌

秦代印風

○李昌

漢晉南北朝印風

廿世紀璽印三-GP

廿世紀璽印三-SY

廿世紀璽印三-SY

廿世紀璽印三-SY

漢晉南北朝印風

歷代印匋封泥

漢晉南北朝印風

廿世紀璽印三-SP

○富貴昌樂未央

歷代印匋封泥

漢代官印選

漢代官印選

○樂昌侯印

漢印文字徵

○袁昌

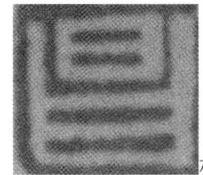

柿葉齋兩漢印萃

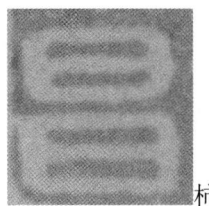

柿葉齋兩漢印萃

漢印文字徵

○得昌翁仲

漢印文字徵

○中屠昌

歷代印匋封泥

歷代印匋封泥

歷代印匋封泥

歷代印匋封泥

歷代印匋封泥

○王昌私印

漢印文字徵

○博昌

漢晉南北朝印風

漢晉南北朝印風
〇孟昌私印

漢晉南北朝印風
〇繒昌

漢晉南北朝印風

東漢・北海相景君碑陰

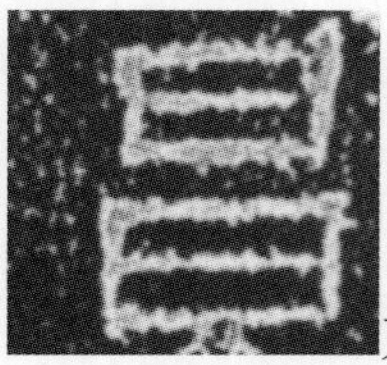

東漢・北海相景君碑陰
〇故脩行都昌張耽

北魏・元纂誌

北魏・李暉儀誌

北魏・和醜仁誌

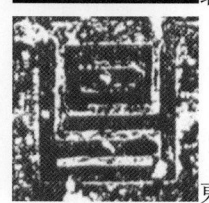

東魏・元誕誌蓋

北周・董榮暉誌蓋
〇周大將軍廣昌公

【暀】

《説文》：暀，光美也。从日往聲。

【昄】

《説文》：昄，大也。从日反聲。

【昱】

《説文》：昱，明日也。从日立聲。

敦煌簡 2255A

○不敢昱

漢印文字徵

東漢・營陵置社碑

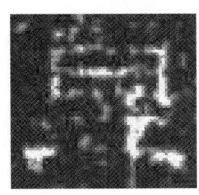

東漢・東漢・魯峻碑陽

○門生陳留尉氏胡昱仲襄五百

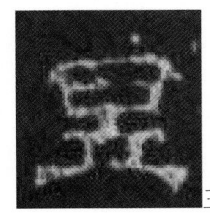

三國魏・上尊號碑

北魏・元悛誌

【景】

《説文》：景，溫溼也。从日，報省聲。讀與報同。

【暍】

《説文》：暍，傷暑也。从日曷聲。

【暑】

《説文》：暑，熱也。从日者聲。

睡・日甲《詰》50

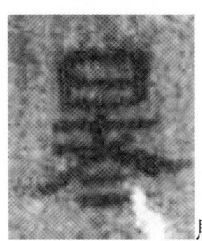

馬壹 37_37 下

○寒暑不暴

馬貳 205_25

張・蓋盧 31

張・引書 112

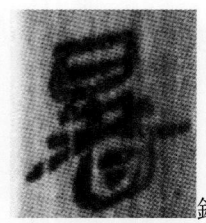

銀貳 1673

金關 T24:029

北壹・倉頡篇 59

魏晉殘紙

漢印文字徵

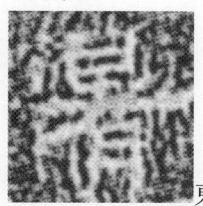

○暑光

東漢・三公山碑

北魏・胡明相誌

北魏・元譿誌

北魏・元思誌

○掩光寒暑

東魏・元鷙妃公孫甑生誌

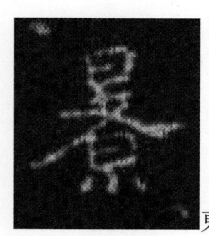

東魏・李顯族造像

○涉夏暑之炎燠

北齊・劉悅誌

【𣉘】

《說文》：𣉘，安𣉘，溫也。从日難聲。

【㬎】

《說文》：㬎，眾微杪也。从日中視絲。古文以爲顯字。或曰眾口皃。讀若唫唫。或以爲繭；繭者，絮中往往有小繭也。

【暴（曓）】

3088

《說文》：曐，晞也。从日从出，从収从米。

【曝】

《說文》：曝，古文暴从日麃聲。

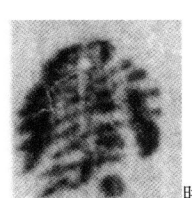

睡·日甲《詰》42

○不可辭是暴鬼

獄·為吏 50

○毋喜細說嚴剛毋暴

里·第八層 1243

○暴（曝）若有所燥

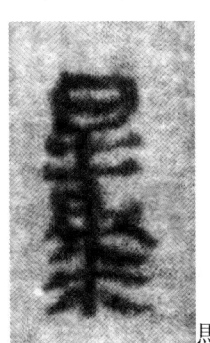

馬壹 101_138

○暴雨不終日

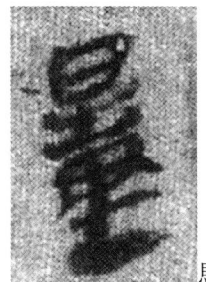

馬壹 78_90

○二子之襲失暴於君

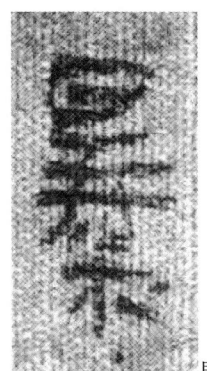

馬貳 69_29/29

○暴（曝）若有所燥

張·脈書 10

○拳爲暴

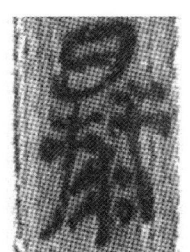

銀貳 1978

○疾而暴疾從而擊之

3089

銀貳 1167
○五共（恭）五暴

銀貳 1169
○四舉而暴

敦煌簡 0073
○暴深人民素惠共奴

東漢·西狹頌
○強不暴寡

東漢·曹全碑陽
○貪暴洗心

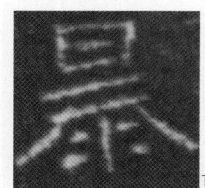

東漢·石祠堂石柱題記
○兄弟暴露在冢

西晉·石尠誌
○遂肆其凶暴東北

北魏·元液誌
○棄天田而作暴

北魏·元彝誌
○忽逢亂兵暴起

北魏·邢偉誌
○壬申暴疾

北魏·元顥誌
○屬明皇暴崩

北魏·爾朱紹誌
○宰衡息貪陵之暴

【曬】

《説文》：曬，暴也。从日麗聲。

3090

【暵】

《説文》：暵，乾也。耕暴田曰暵。从日堇聲。《易》曰："燥萬物者莫暵于離。"

北齊・高建妻王氏誌

○百乘迭暵（映）

北齊・朱曇思等造塔記

○真光暫暵（映）

【晞】

《説文》：晞，乾也。从日希聲。

東漢・建寧元年殘碑

○瑛少子熹竊晞商魯

東漢・楊統碑陽

○晞（晞）嚴霜

北魏・胡明相誌

○東方未晞

【𦧲（昔）】

《説文》：昔，乾肉也。从殘肉，日以晞之。與俎同意。

【㶣（腊）】

《説文》：㶣，籀文从肉。

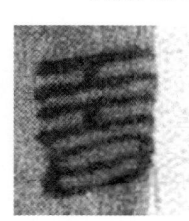

馬壹 7_32 上

○六辰（震）昔=（索索）

馬壹 89_228

○昔者楚久伐中山

馬貳 269_124/141

○羊昔一笥

馬貳 228_82

○羊昔一笥

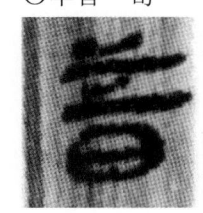

張・引書 13

北貳・老子 6

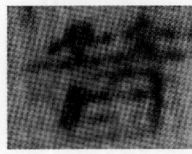

東牌樓 005

東牌樓 035 背

睡・日甲《毀弃》113

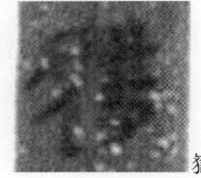

獄・占夢書 16

○夢一昔（腊）五變氣不占

馬壹 11_79 上

○三筮（噬）腊肉愚（遇）毒

武・甲《特牲》14

武・甲《少牢》10

武・甲《有司》73

歷代印匋封泥

○昔齒

漢印文字徵

○昔强

漢印文字徵

○皆昔之印

詛楚文・亞駝

○昔我先君穆

3092

東漢·成陽靈臺碑

三國魏·三體石經尚書·篆文

○命公曰君我聞在昔成湯既

西晉·臨辟雍碑

北魏·元謐誌

東魏·高盛碑

○昔炎帝成於姜水

【暱】

《說文》：暱，日近也。從日匿聲。《春秋傳》曰："私降暱燕。"

【昵】

《說文》：昵，暱或從尼。

北魏·元延明誌

○禍自昵蕃

北魏·高慶碑

○不以寵昵驕人

【暬】

《說文》：暬，日狎習相慢也。從日執聲。

【㫗】

《說文》：㫗，不見也。從日，否省聲。

【昆】

《說文》：昆，同也。從日從比。

漢銘·昆陽乘輿銅鼎

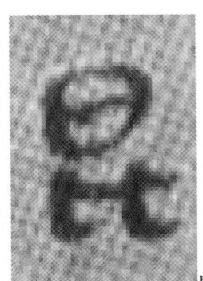

關·日書 193

3093

馬壹 72_4

敦煌簡 0486

金關 T23∶953

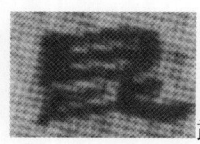

武・儀禮甲《服傳》41

漢晉南北朝印風

○昆合

漢印文字徵

漢印文字徵

泰山刻石

東漢・譙敏碑

東漢・開母廟石闕銘

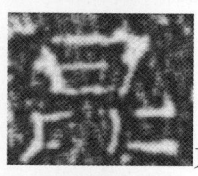

東漢・孔彪碑陽

東漢・張遷碑陽

北魏・源延伯誌

北魏・元願平妻王氏誌

東魏・吳叔悅造像

【晐】

《說文》：晐，兼晐也。从日亥聲。

北貳·老子 33

○而皆晐（孩）之

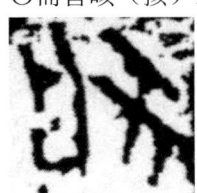

廿世紀璽印二-SP

○蘋陽晐

秦代印風

○申晐

【暜（普）】

《說文》：暜，日無色也。从日从竝。

漢銘·元延鈁

敦煌簡 0523

金關 T23:897A

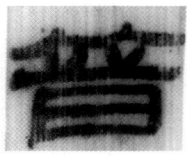

北壹·倉頡篇 39

○宻普諫讀

吳簡嘉禾·五·一〇二五

廿世紀璽印三-SY

廿世紀璽印三-SY

○思普

漢印文字徵

○焦普印信

漢印文字徵

漢印文字徵

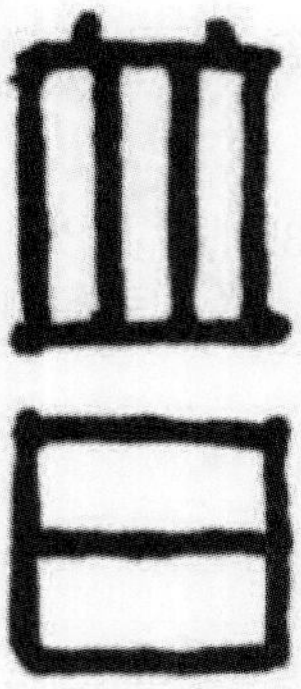

漢印文字徵

漢晉南北朝印風
○焦普印信

漢晉南北朝印風
○尚普私印字子良

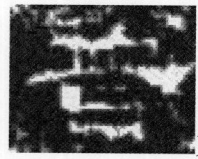

東漢・東漢・魯峻碑陽
○周普妙高三百

東漢・禮器碑陰

北魏・元敷誌

東魏・宗欣誌

北齊・靜明等造像

北齊・唐邕刻經記

北周・匹婁歡誌蓋

【曉】

《說文》：曉，明也。从日堯聲。

馬壹 75_29
○曉朝曰魏

敦煌簡 2348A
○客未曉習俗不便

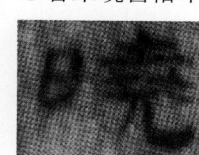

東牌樓 005

東漢・熹平元年墓石
○鉗宣曉

東漢・石門頌
○咸曉地理

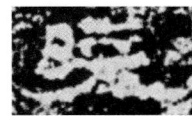

東漢・三老諱字忌日刻石
○敬曉末孫

北魏・元周安誌

北魏・檀賓誌

北魏・元靈曜誌

北魏・元廣誌

北魏・元願平妻王氏誌

北魏・元誘妻馮氏誌

東魏・王僧誌

【昕】

《説文》：昕，旦明，日將出也。從日斤聲。讀若希。

敦煌簡 1411A
○期月昕奉公寫酉

北魏・封昕誌
○君諱昕

【曈】

《説文》：曈，曈曨，日欲明也。從日童聲。

【曨】

《説文》：曨，曈曨也。從日龍聲。

漢印文字徵
○曨安世

【昈】

《説文》：昈，明也。從日戶聲。

【昉】

《説文》：昉，明也。從日方聲。

漢印文字徵
○劉昉（昉）白記

東漢・西岳華山廟碑陽
○丞張昉（昉）

北魏・元昉誌

【晙】

《說文》：晙，明也。从日夋聲。

【晟】

《說文》：晟，明也。从日成聲。

吳簡嘉禾・四・一一四
○郡吏李晟

漢印文字徵
○閻晟印信

廿世紀璽印四-SY
○湯晟

廿世紀璽印四-SY
○臣晟

【昶】

《說文》：昶，日長也。从日、永。會意。

東晉・筆陣圖

北魏・于纂誌

北齊・暴誕誌

3098

【暈】

《説文》：暈，日月气也。从日軍聲。

北朝·張度等人造像

北魏·韓顯祖造像

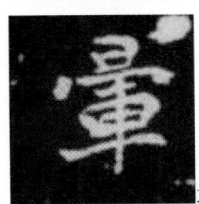

北魏·和邃誌

北魏·元平誌

【晬】

《説文》：晬，周年也。从日、卒，卒亦聲。

北魏·元譚誌

○晬容温華

【映】

《説文》：映，明也。隱也。从日央聲。

北魏·張玄誌

○葉映霄衢

北魏·吐谷渾氏誌

○雙娥佇映

北魏·劇市誌

○尹伯映於火運

北魏·元新成妃李氏誌

○煙而等映

北魏·元澄妃誌

○杳映宗緒

東魏·任神奴造像

○王映

東魏·元寶建誌

○三台比映

東魏·張瓘誌
○珪璋代映

北齊·高百年誌
○赤堞俟而增映

北齊·劉碑造像
○獨映皆是軒姬

北齊·元賢誌

北周·尉遲將男誌

【曙】

《説文》：曙，曉也。从日署聲。

北魏·李璧誌

東魏·劉幼妃誌
○玄霄不曙

【昳】

《説文》：昳，日厢也。从日失聲。

【曇】

《説文》：曇，雲布也。从日、雲。會意。

漢印文字徵
○江曇印信

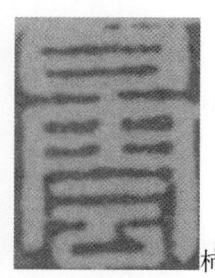

柿葉齋兩漢印萃
○韋曇印

北魏·司馬紹誌

東魏·曇陵造像
○比丘尼曇陵

3100

北齊・諸維那等四十人造像

○比丘僧曇隆

【曆】

《說文》：曆，厤象也。从日厤聲。《史記》通用歷。

漢銘・光和斛一

里・第八層 483

○黔首曆課

北魏・赫連悅誌

北魏・筍景誌

北魏・寇慰誌

北魏・胡明相誌

北魏・元譚妻司馬氏誌

北魏・孫標誌

北魏・王理奴誌

【昂】

《說文》：昂，舉也。从日印聲。

敦煌簡 0190

○為署昂見隆出所

漢印文字徵

○种昂印信

北魏・爾朱襲誌

○昂昂俊秀

北魏・薛伯徽誌

○昂昂千里

北魏・元譿誌

北魏・元思誌

北齊・范粹誌

北齊・逢哲誌

【昇】

《説文》：昇，日上也。从日升聲。古只用升。

十六國北涼・沮渠安周造像

北魏・檀賓誌

北魏・邢偉誌

北魏・元定誌

〖昊〗

石鼓・田車

〖旺〗

漢印文字徵

〖昊〗

3102

金關 T30∶154
○嗇夫昊畢成年廿七

漢晉南北朝印風
○巨昊

東漢・譙敏碑

東漢・譙敏碑

北魏・元端誌
○而昊天不弔

北魏・和邃誌

北魏・元彥誌

〖旽〗

北魏・員標誌
○平昌伯曖旽之曾孫

〖旰〗

北齊・雋敬碑

〖昧〗

北魏・王誦妻元氏誌
○與仁何昧

〖昺〗

漢印文字徵
○孫昺（昺）印信

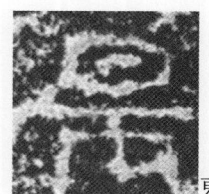

東漢・孟孝琚碑
○記李昺（昞）

三國魏・曹真殘碑
○扶風韋昞巨文

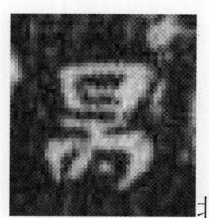

北魏・劇市誌
○手文昞發

北魏・元徽誌
○蔚昞爲文

北魏・元詮誌

北魏・元願平妻王氏誌

東魏・道穎等造像
○能人彫昺（昞）聖容

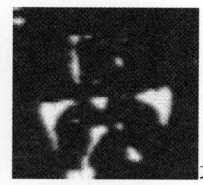

北齊・李昞泙造像
○陵縣人李昞泙

北齊・李君穎誌

【晊】

漢印文字徵
○□晊之印

東漢・華岳廟殘碑陰

【晃】

漢印文字徵
○李晃印信

漢印文字徵
○秦晃

漢印文字徵
○臣晃

東漢・成陽靈臺碑

東漢・成陽靈臺碑

東漢・岐子根畫像石墓題記

東漢・北海相景君碑陰
○故書佐淳于孫晃

西晉・成晃碑

〖晌〗

東魏・道寶碑記
○晌曬□朋

〖晁〗

北齊・游達摩造像

〖昝〗

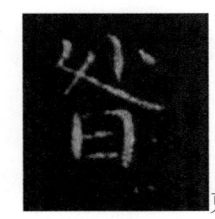

東魏・李祈年誌

〖眺〗

馬壹 14_1 下\94 下
○而不眺（姚）

〖晢〗

春晚・秦公鎛

秦公大墓石磬

〖晡〗

〖晴〗

北魏・慈慶誌

北壹・倉頡篇51

○胅胅晴盲

〖晰〗

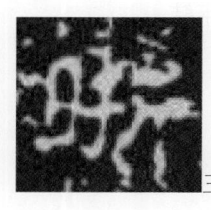

三國魏・受禪表

○皇符昭晰

北魏・盧令媛誌

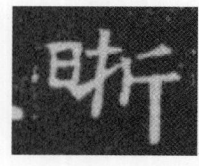

○昭晰簡牘

北齊・高淯誌

○永晰於絲篇

〖晫〗

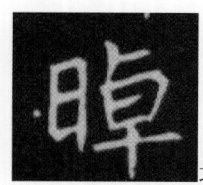

北魏・元晫誌

○君諱晫

〖昝〗

漢印文字徵

○昝將衆

〖暕〗

南朝梁・王慕韶誌

○祭酒王暕造

〖稽〗

秦文字編737

〖暖〗

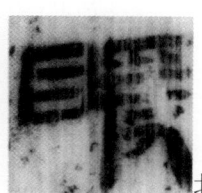

北壹・倉頡篇21

○冤暑暖通

東魏・公孫略誌

○喜優春暖

3106

〖暄〗

北魏·元尚之誌

北周·楊濟誌

〖瞖〗

睡·為吏 10

○官之瞖豈可悔

〖晻〗

北魏·元潛嬪耿氏誌

○曀曀悠晻

〖暐〗

敦煌簡 2260

○隧長暐宣

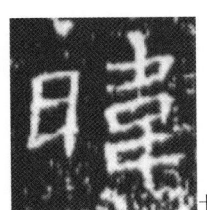

北魏·楊幼才誌

北魏·元龍誌

〖暮〗

北魏·元則誌

北魏·慈慶誌

東魏·元鷙妃公孫甑生誌

〖瞑〗

北魏·元潛嬪耿氏誌

○瞑瞑長夜

北魏·元潛嬪耿氏誌

○瞑瞑長夜

北齊・斛律氏誌
○野暝雲愁

〖暠〗

漢印文字徵

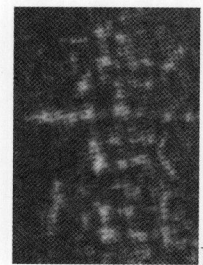

東漢・禮器碑陰
○曲城侯王暠二百□

北周・鄭術誌
○同窆于長安之阿傍暠陂里

〖暙〗

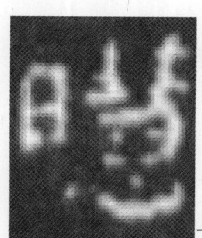

北魏・山公寺碑頌
○暙鏡昏俗

〖暎〗

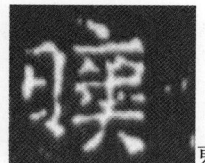

東魏・呂晁誌
○神情暎(爽)悟

〖暢〗

馬壹83_73
○暢逆於高閒

〖暥〗

北魏・弔比干文
○象曖暥而掩鬱兮

〖曋〗

戰晚・廿二年臨汾守戈

〖暸〗

北魏·趙充華誌

○浮光未瞭

【㬔】

東魏·李顯族造像

○夏暑之炎㬔

【曊】

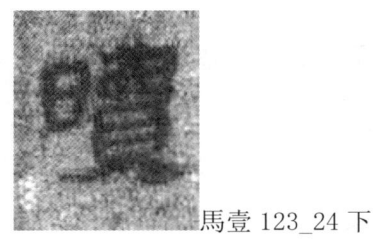

馬壹123_24下

【曚】

東魏·昌樂王元誕誌

○涉曚求而功倍

【曀】

秦代印風

○王曀

秦代印風

○李曀

秦代印風

○趙曀

秦代印風

○郭曀

【曖】

北魏·王普賢誌

○掩曖伊川

東魏·王令媛誌

○巫山晻曖

【曛】

3109

北魏·元彬誌
○泉堂永曛

【曜】

漢印文字徵
○趙曜印信

漢晉南北朝印風
○趙曜印信

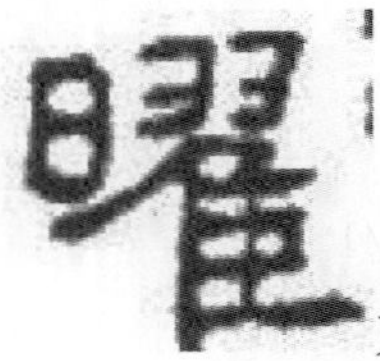

東漢·成陽靈臺碑

東漢·朝侯小子殘碑

北魏·張玄誌

北魏·元珍誌

【曝】

北齊·張海翼誌
○響曝都輦

北齊·司馬遵業誌
○響曝群言

【曦】

北魏·元顯俊誌
○若騰曦潔草

北魏·元楨誌
○託耀曦明

【暵】

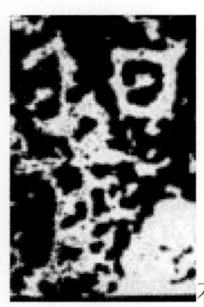

石鼓·吾水

【曯】

北魏·觀海童詩刻石

東魏·王僧誌

睡·日甲 101

獄·魏盜案 166

里·第八層背 1515

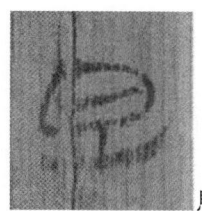

旦部

【旦】

《説文》：旦，明也。从日見一上。一，地也。凡旦之屬皆从旦。

戰晚·卅七年上郡守慶戈

漢銘·永元六年弩䥩

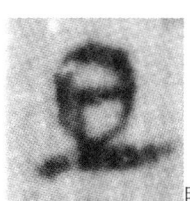

睡·秦律十八種 146

睡·法律答問 81

睡·法律答問 33

馬貳 214_26/127

○精將旦者女之精責

馬貳 20_28 上

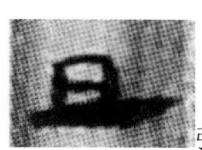

張·津關令 488

○爲城旦舂

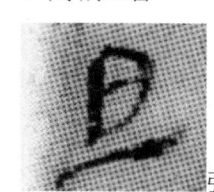

張·具律 100

張·奏讞書187

敦煌簡1812
○爲城旦

金關T03:022A

金關T01:034
○平旦入關

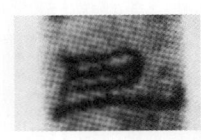

武·甲《少牢》6

東牌樓050正
○迫君旦詣府門

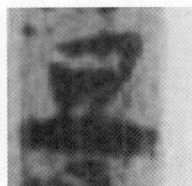

吳簡嘉禾·三七五
○九月旦簿餘新

廿世紀璽印二-SP
○左旦

秦代印風
○旦客

漢印文字徵
○馬旦印

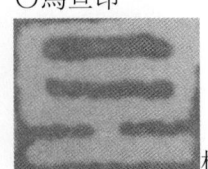

柿葉齋兩漢印萃
○旦毋辟印

漢晉南北朝印風
○旦禹之印

漢晉南北朝印風
○戴既旦

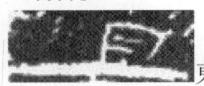

東漢·洛陽刑徒磚

○陰完城旦捐祖

北魏·慈慶誌

○自旦達暮

北魏·石婉誌

○如何一旦

東魏·元均及妻杜氏誌

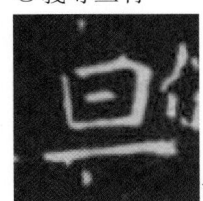

○義等旦胥

東魏·元寶建誌

【暨】

《說文》：暨，日頗見也。从旦旣聲。

戰晚或秦代·元年上郡假守暨戈

獄·暨過案 105

馬壹 111_14\365

馬壹 83_87

○曰臣暨（旣）從燕之梁(梁)矣

銀貳 1680

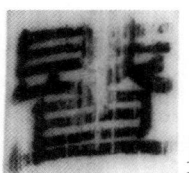

北壹·倉頡篇 60

○翦眉霸暨傅庚

漢印文字徵

○暨戴

東漢·建寧三年殘碑

北魏·爾朱襲誌

北魏·寇憑誌

○暨于皇魏

北魏·劉氏誌

北魏·張整誌

北魏·穆亮誌

倝部

【倝】

《說文》：倝，日始出，光倝倝也。从旦㫃聲。凡倝之屬皆从倝。

【㫃】

《說文》：㫃，闕。

【朝（朝）】

《說文》：朝，旦也。从倝舟聲。

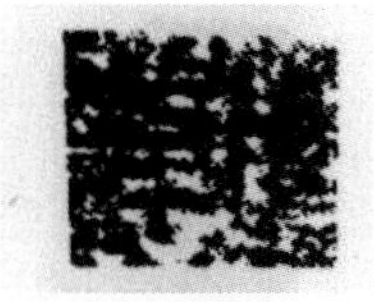

漢銘·朝那鼎

漢銘·朝歌鼎

漢銘·朝陽少君鍾

漢銘·永始二年鐙

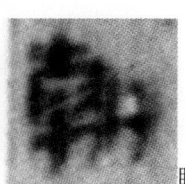

睡·日甲《吏》161

關·日書245

○朝莫食

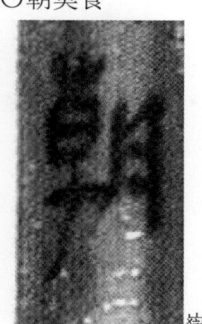

獄·為吏36

里·第八層 1560

里·第八層背 136

里·第八層背 1463

馬壹 88_202

馬壹 77_74

馬壹 15_5 上\98 上

馬貳 211_95

馬貳 116_130/129

張·引書 41

銀壹 913

銀貳 1421

北貳·老子 43

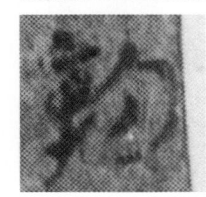

敦煌簡 0238B

○卒作朝莫食飲與

敦煌簡 1974

金關 T23:750

武・儀禮甲《服傳》4

武・甲《特牲》47

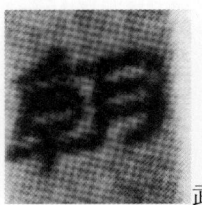

武・甲《少牢》6

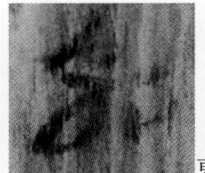

東牌樓 143 正

○名朝東東□□朝

廿世紀璽印二-SP

○宮朝

廿世紀璽印二-SY

歷代印匋封泥

○宮朝

秦代印風

歷代印匋封泥

○菳朝

漢晉南北朝印風

○朝那左尉

廿世紀璽印三-SY

○公孫朝

廿世紀璽印三-GP

○朝鮮令印

廿世紀璽印三-GP

○朝鮮右尉

漢印文字徵

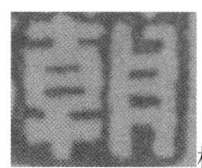

柿葉齋兩漢印萃

漢印文字徵

○東朝陽侯

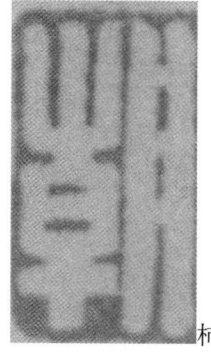

柿葉齋兩漢印萃

漢印文字徵

○朝陽右尉

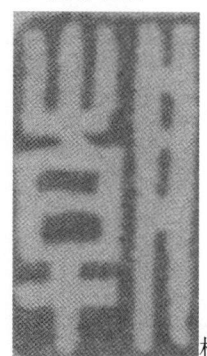

柿葉齋兩漢印萃

漢印文字徵

○竺朝

漢印文字徵

○朝鮮右尉

漢印文字徵
○朝那左尉

石鼓・吳人

東漢・封龍山頌

東漢・成陽靈臺碑

東漢・陽三老石堂畫像石題記

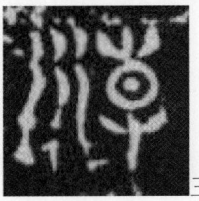

三國魏・三體石經春秋・古文
○朝于王所

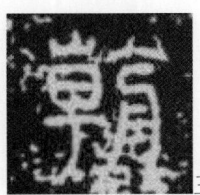

三國魏・三體石經春秋・篆文
○朝于王所

北魏・穆紹誌
○朝政緝穆

北魏・韓顯宗誌
○朝野悽愴

北魏・薛慧命誌

北魏・楊熙儁誌
○又朝廷以聲實求人

東魏・元鷙妃公孫甑生誌

東魏・李挺誌
○仲宣之在魏朝

北齊・婁黑女誌

○榮朝貴室

北齊·高湝誌

○朝烏初矯

北齊·石佛寺迦葉經碑

○朝食三□

北齊·高僧護誌

北齊·斛律氏誌

北周·李府君妻祖氏誌

〖幹〗

獄·暨過誤失坐官案 98

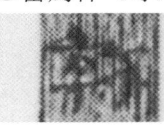

○當爲幹（笴）

敦煌簡 1088

○常喜幹柱

東漢·楊著碑額

東漢·執金吾丞武榮碑

西晉·石定誌

北魏·王基誌

○白楊聳幹

北魏·王□奴誌

○雲木折幹

北魏·張玄誌

○茂乎芳幹

北魏·元融誌

○楨幹之才

北魏·馮迎男誌

○幹涉王務

3119

東魏·元顯誌

東魏·張瓘誌

○才能幹濟

北齊·劉悅誌

北齊·唐邕刻經記

〖榦〗

敦煌簡1144

○對宛里榦寶

〖𫐓〗

石鼓·吾水

㫃部

【㫃】

《說文》：㫃，旌旗之游，㫃蹇之

皃。从中，曲而下，垂㫃相出入也。讀若偃。古人名㫃，字子游。凡㫃人之屬皆从㫃。

【㫃】

《說文》：㫃，古文㫃字。象形。及象旌旗之游。

【旋】

《說文》：旋，龜蛇四游，以象營室，游游而長。从㫃兆聲。《周禮》曰："縣鄙建旋。"

北魏·和醜仁誌

○埏門落旋

北魏·元瞉誌

○龜旋龍驤

北齊·元賢誌

○素旋風翻

北周·王榮及妻誌

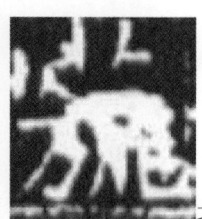

○風驚引旋

北周·王通誌

○風驚引旋

3120

北周·乙弗紹誌

○悲風縈旐

【旗】

《說文》：旗，熊旗五游，以象罰星，士卒以爲期。从㫃其聲。《周禮》曰："率都建旗。"

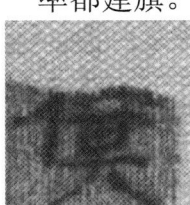

馬貳 134_3

○委□旗

張·奏讞書 212

銀壹 971

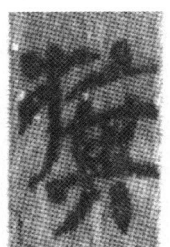

銀貳 2014

秦代印風

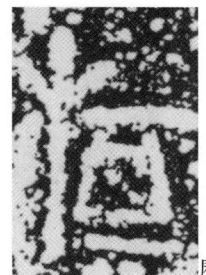

○張旗

歷代印匋封泥

○咸戎里旗

漢印文字徵

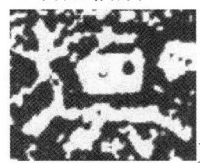

○曹旌伯旗

東漢·燕然山銘

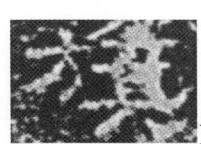

○朱旗絳天

東漢·執金吾丞武榮碑

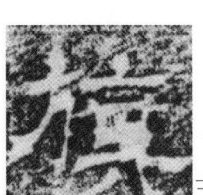

三國魏·王基斷碑

北魏·爾朱襲誌

○雲結朱旗

北魏·元信誌

○旗弓以待賢

北魏·李璧誌

北魏·鄯乾誌

○悠悠車旗

北齊·元賢誌

○朱旗日映

【斾】

《說文》：斾，繼旐之旗也，沛然而垂。从㫃宋聲。

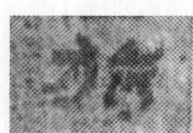

敦煌簡 0687

○所曲斾一

東漢·燕然山銘

○反斾而旋

北魏·王悅及妻郭氏誌

○攸攸霜斾

北魏·元延明誌

○旄斾綝纚

北魏·楊濟誌

○旌斾低昂

北魏·郭顯誌

○亦矯旗斾

北魏·封魔奴誌

○出膺麾斾

北魏·元遙誌

○暨龍旌返斾

北魏·元颺誌

○暨於凱旆

北齊·爾朱元靜誌

○舒旍旆於芒阜

北齊·徐顯秀誌

北齊·李雲誌

○建旆徐部

【旌】

《說文》：旌，游車載旌，析羽注旄首，所以精進士卒。从㫃生聲。

里·第八層1031

○令史旌

馬壹77_70

○□旌而素不匡非備

馬貳258_9/9

○一羽旌飭（飾）

銀壹404

○疑以旌輿（旗）

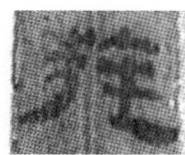

銀貳1536

○旌旗

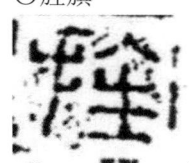

廿世紀鉨印三-SP

○潘旌

漢印文字徵

○曹旌伯旗

東漢·夏承碑

東漢・熹平殘石

○閶風旌善

北魏・元譚妻司馬氏誌

○低昂旌柳

北魏・元詳造像

○皇帝親御六旌

北魏・元弘嬪侯氏誌

○故宜旌銘

北魏・元嵩誌

○旌鉞再臨

北魏・王誦妻元氏誌

○銘旌委鬱

北魏・元珍誌

○威旌漢洱

北魏・王誦妻元妃誌

○庶旌不朽

北魏・元融誌

○再擁旌旆

北魏・于纂誌

北魏・長孫盛誌

北魏・元進誌

○旌兮遠世

北齊・王憐妻趙氏誌

○永旌不朽

北齊・高百年誌

○式旌餘美

【旂】

《說文》：旟，錯革畫鳥其上，所以進士衆。旟旟，衆也。从㫃與聲。《周禮》曰："州里建旟。"

北魏·元誘誌

北魏·郭顯誌

○亦矯旟旆

東魏·趙紹誌

【旂】

《說文》：旂，旗有衆鈴，以令衆也。从㫃斤聲。

漢印文字徵

○尚旂

漢印文字徵

○孫旂

漢印文字徵

○臣旂

漢印文字徵

○楊旂言事

北魏·元融誌

北齊·婁叡誌

【旞】

《說文》：旞，導車所以載。全羽以爲允。允，進也。从㫃遂聲。

【旟】

《説文》：𨒪，䢱或从遣。

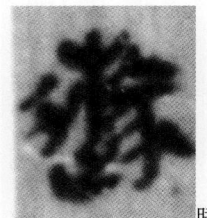

睡·秦律雜抄 26

○豹䢱（遂）不得

睡·法律答問 204

○行䢱與偕者

睡·為吏 41

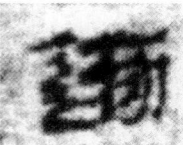

○須身䢱（遂）過

馬壹 85_128

○三晉若願乎王䢱（遂）伇（役）之

馬壹 84_103

○秦等䢱（遂）明（盟）

馬壹 82_55

○出吕䢱（隧）燕將

【䇩】

《説文》：䇩，建大木，置石其上，發以機，以追敵也。从𠂤會聲。《春秋傳》曰："䇩動而鼓。"《詩》曰："其䇩如林。"

【旃】

《説文》：旃，旗曲柄也。所以旃表士衆。从㫃丹聲。《周禮》曰："通帛爲旃。"

【氊】

《説文》：氊，旃或从亶。

秦文字編 1052

敦煌簡 0225

○爲治旃問

金關 T21:318

○曲旃一

北壹·倉頡篇 36

○旃旞篸笠

漢晉南北朝印風

○旃郎廚丞

漢印文字徵

○旃郎廚丞

東漢·劉熊碑

○斯焉取旃

東魏·蕭正表誌

○曷以加旃

北齊·魯思明造像

○旃檀

北周·華岳廟碑

○以大統十年歲在旃蒙

北魏·高猛誌

○旃駱葳蕤

【旒】

《說文》：旒，旌旗之流也。从㫃攸聲。

【㫃】

《說文》：㫃，旗屬。从㫃要聲。

【施】

《說文》：施，旗皃。从㫃也聲。齊欒施字子旗，知施者旗也。

睡·為吏49

○敬毋施當

睡·為吏16

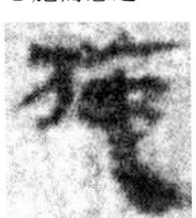

○施而息之

馬壹104_44\213

○其人施諸人不得

馬壹134_49上/126上

○下土施于九州

馬壹 226_62
○降半施盡赤

馬貳 34_40 上
○周施（弛）是也

張・蓋盧 12
○曰清施倍（背）

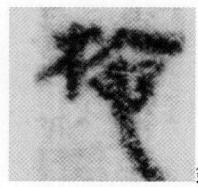

銀壹 409
○秦以委施

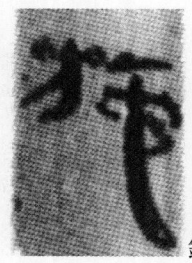

銀貳 1576
○施伏設援

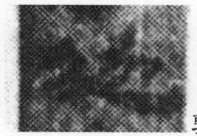

敦煌簡 2451
○施刑

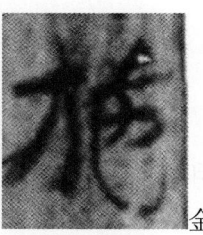

金關 T23∶886
○史以施刑

北壹・倉頡篇 14
○貯施

漢印文字徵
○施咸私印

漢印文字徵
○蘄施長印

漢印文字徵
○蒳施印

漢印文字徵
○高施

漢晉南北朝印風

○施咸私印

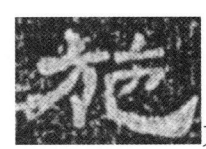

東漢·尚博殘碑

東漢·尚博殘碑

西晉·臨辟雍碑

北魏·趙超宗誌

北魏·唐耀誌

北魏·元繼誌

○鞭樸委而無施

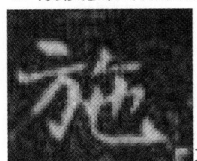

北魏·辛穆誌

【旖】

《說文》：旖，旗旖施也。从㫃奇聲。

北貳·老子173

○紊旖（兮）台

秦代印風

○旖者

【旚】

《說文》：旚，旌旗旚繇也。从㫃票聲。

【旞】

《說文》：旞，旌旗飛揚皃。从㫃焱聲。

【游（遊）】

《說文》：游，旌旗之流也。从㫃汓聲。

【逰】

《說文》：逰，古文游。

戰晚·高陵君鼎

漢銘·元初二年鑣

漢銘·李游鑣

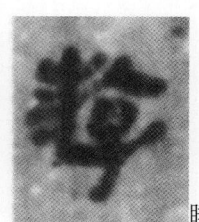

睡·秦律雜抄 5
○游士律

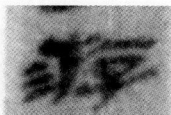

睡·日甲《詰》51
○宮是游鬼以廣灌爲

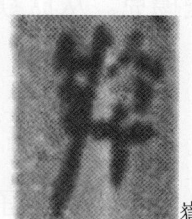

獄·占夢書 34
○游渡江河

張·引書 2
○被髮游堂

銀貳 1174
○上游士出交起吏動

北貳·老子 65

敦煌簡 0062

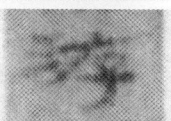

敦煌簡 0496A
○之樂游三年不歸婦

金關 T09∶001
○右尉游檄安故里公

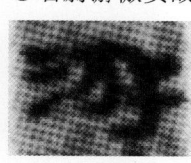

武·儀禮甲《士相見之禮》12

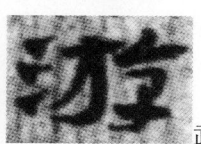

武·王杖 7

北壹·倉頡篇 49
○游敖周

歷代印匋封泥
○游陽丞印

秦代印風
○趙遊

歷代印匋封泥
○義遊

廿世紀璽印三-GP
○游陽丞印

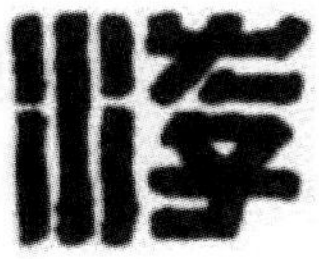

漢印文字徵
○游慶私印

漢印文字徵
○中游

漢印文字徵
○王子游

漢代官印選
○游擊將軍

柿葉齋兩漢印萃
○左游之印

漢印文字徵
○莊游之印

漢印文字徵
○孔游

漢印文字徵
○游慶私印

漢印文字徵
○王游

漢印文字徵
○游敞

漢晉南北朝印風
○中和府長李封字君遊

漢晉南北朝印風
○祕子游印

漢晉南北朝印風
○李子游印

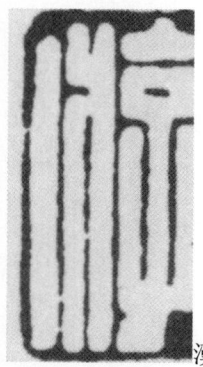

漢晉南北朝印風
○淳于遊

漢晉南北朝印風
○薛遊

漢晉南北朝印風
○子遊

東漢・成陽靈臺碑

東漢・華岳廟殘碑陰

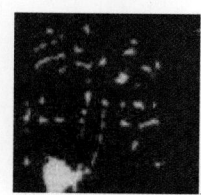

三國魏・三體石經尚書・篆文
○于□于遊

三國魏·三體石經尚書·古文

○于逸于游

西晉·臨辟雍碑

西晉·趙汜表

北魏·淨悟浮圖記

○天台□隱寺後渡江遠游關隴

北魏·元羽誌

北魏·段峻德誌

○文通游夏

北魏·鞠彥雲誌

○文通游夏

北魏·元瓚誌

北魏·元固誌

○優遊文義

北魏·元徽誌

東魏·王僧誌

○遊心八素

【㫃】

《說文》：㫃，旌旗披靡也。从屮㫃聲。

【旋】

《說文》：旋，周旋，旌旗之指麾也。从㫃从疋。疋，足也。

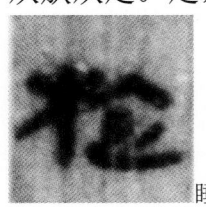

睡·封診式65

○頸旋（還）終在

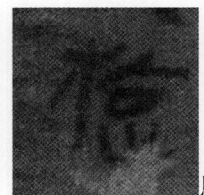

馬貳119_193/192
○見旋風以投之

張·算數書146
○旋粟

張·引書18
○而後旋

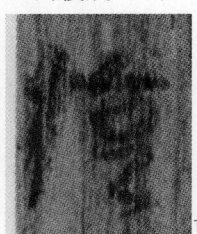

東牌樓041背
○□因旋敬張頌叩頭

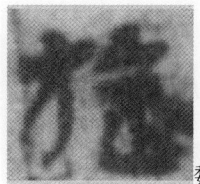

魏晉殘紙
○頃來旋進想言

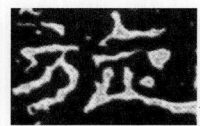

東漢·楊震碑

北魏·元誘誌

北魏·元昭誌

北魏·尉氏誌
○晨光未旋

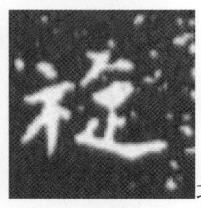

北魏·元英誌
○旋陟端右

北魏·楊穎誌

北魏·元彬誌
○方旋德猷

北齊·爾朱元靜誌
○至於折旋府仰

【旄】

《說文》：旄，幢也。从㫃从毛，毛亦聲。

睡·為吏 26

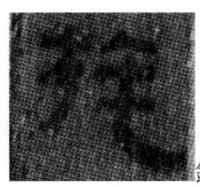

銀貳 1536

○旗羽旄砥

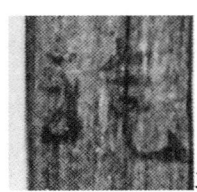

敦煌簡 0170

○驗羚旄鼓采而已留

北魏·崔敬邕誌

○秉旄鷹揚

北齊·袁月璣誌

北齊·盧脩娥誌

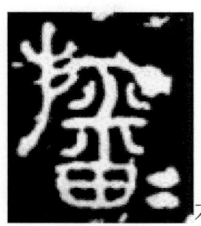

【旙】

《說文》：𣄠，幅胡也。从㫃番聲。

石鼓·田車

○左驂旙旙

【旅】

《說文》：𣃷，軍之五百人爲旅。从㫃从从。从，俱也。

【𣃻】

《說文》：𣃻，古文旅。古文以爲魯衛之魯。

漢銘·孫旅都尉鐱

睡·效律 41

○甲旅札贏其籍

睡·法律答問 200

○旅人

關·日書 202

○占市旅不吉

3135

馬壹 78_89

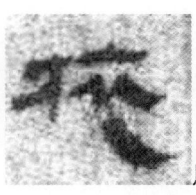

馬壹 12_73 下

○四旅于處得

馬壹 11_73 上

○旅少（小）亨旅貞

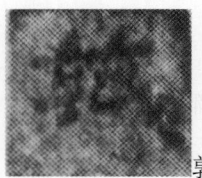

敦煌簡 1787

○旅聞事有凶事有

武·甲《特牲》50

○獻與旅齒於眾賓佐

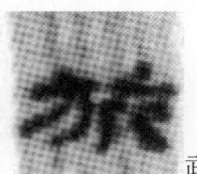

武·甲《燕禮》21

○賓以旅州（酬）

武·甲《泰射》27

○請旅諸臣擯者告

北壹·倉頡篇 48

○買販市旅賈商

漢印文字徵

○旅克之

東漢·曹全碑陽

○還師振旅

北魏·元壽安誌

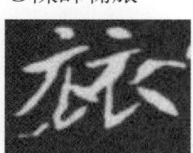

○陳師鞠旅

北魏·張盧誌

○振旅還北

北魏·楊氏誌

○爰旅清河

北魏·元珍誌

○掩虎旅於神扉

北魏·元詮誌

3136

○以振旅之功

北魏・楊大眼造像

○振旅歸闕

北魏・元詳造像

○戒途戎旅

北齊・雲榮誌

○實爲心旅

北周・梁嗣鼎誌

○早隨行旅從父

【族】

《説文》：쵍，矢鋒也。束之族族也。从认从矢。

春早・秦子戈

春早・秦子矛

睡・爲吏 25

○忍其宗族昆弟

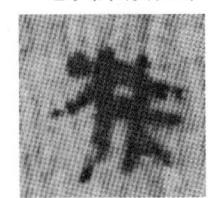

里・第八層 1555

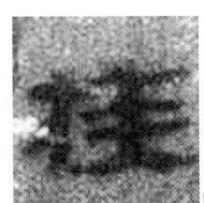

○族王氏

馬壹 127_55 下

○百族不親亓（其）事

馬壹 78_89

○旅（舉）亓（其）族以犯尚

馬貳 279_238/37

○弓矢士一象族（鏃）

馬貳 279_236/35

○二象族（鏃）

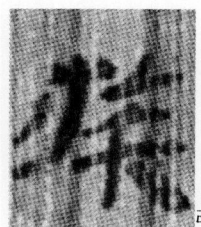

張・奏讞書 18

○南齊國族田氏

銀貳 2071

○胃（謂）威（滅）族

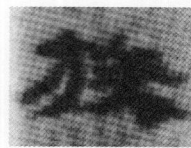

武・儀禮甲《服傳》21

○收族者也

漢印文字徵

○族賽私印

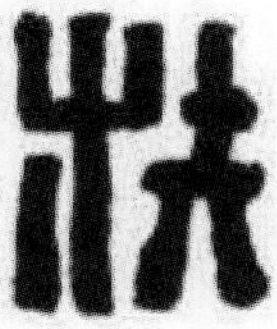

漢印文字徵

○南郭族印

漢晉南北朝印風

○族唯

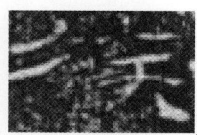

東漢・禮器碑

東漢・從事馮君碑

○則有官族

東漢・尹宙碑

○篤親於九族

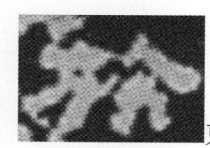

東漢・鮮於璜碑陽

○閨族孝友

西晉・石定誌

○親率邑族

西晉・石定誌

○凡我邦族

西晉・管洛誌

北魏・王悅及妻郭氏誌

○儀形邦族者矣

北魏・皇興五年造像

○內外親族

東魏・趙氏妻姜氏誌

○兩族欽風

東魏・趙氏妻姜氏誌

○九族懷方

北齊・斛律氏誌

○於顯華族

北齊・皇甫豔誌

○流恩夫族

北周・崔宣默誌

○公侯之族

〖斿〗

戰中・四年相邦樛斿戈

馬壹 44_36 下

○斿（游）樂之鄉

馬貳 279_235/34

○斿（游）豹盾（幓）

馬貳 3_10

○而并斿（游）也

石鼓・車工

○員邋員斿

東漢・孔彪碑陽

○浮斿塵埃之外

3139

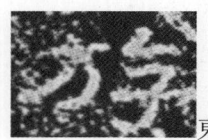

東漢・執金吾丞武榮碑

○久斿(游)大學

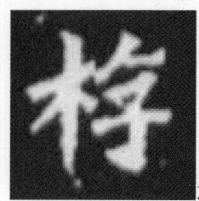

北魏・李慶容誌

○優斿辭默

〖旍〗

漢印文字徵

○旍者

〖旂〗

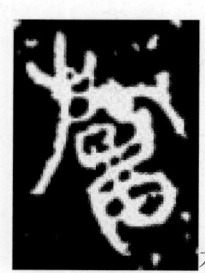

石鼓・田車

○左驂旂旂

〖旒〗

北魏・元誨誌

○垂旒曳袞

北魏・元舉誌

北魏・元譚妻司馬氏誌

北齊・庫狄業誌

冥部

【冥】

《説文》：冥，幽也。从日从六，冖聲。日數十。十六日而月始虧幽也。凡冥之屬皆从冥。

漢銘・律量䈰

漢銘・始建國元年銅撮

漢銘・新嘉量一

馬壹 121_1 下

○裊冥＝

3140

馬貳 33_1 下
○狄筋冥爽

銀貳 1922
○三則冥（螟）

北貳・老子 177

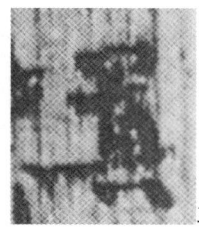

敦煌簡 1291
○一封冥安長印一封

北壹・倉頡篇 69
○叚耤合冥踝企

漢印文字徵
○窡匡印信

漢印文字徵
○海冥丞印

詛楚文・巫咸

東漢・石門頌
○下則入冥

東漢・肥致碑

東漢・楊震碑

北魏・元賄誌
○君殖冥根於幽極

北魏・王誦妻元氏誌
○重夜冥冥

北魏・元詮誌

○泉夜冥冥

北魏・王誦妻元妃誌

○遽此長冥

北魏・元子永誌

○冥冥永夜

北魏・元孟輝誌

○冥冥不止

北魏・劉華仁誌

○冥因有期

北魏・李超誌

○化動陰冥

北魏・元繼誌

北魏・元繼誌

北魏・元天穆誌

北魏・元晫誌

○同歸冥漠

東魏・元玘誌

○冥同一指

東魏・趙紹誌

○冥冥無春

東魏・馮令華誌

○一朝冥漠

東魏・崔令姿誌

○冥冥造世

北齊·高淯誌

○既而鑒徹官冥

北齊·姜纂造像

○心憑冥福

北齊·赫連子悅誌

【𪑟】

《說文》：𪑟，冥也。从冥黽聲。讀若鼃蛙之鼃。

晶部

【晶】

《說文》：晶，精光也。从三日。凡晶之屬皆从晶。

漢印文字徵

北魏·賈瑾誌

【曡】

《說文》：曡，萬物之精，上爲列星。从晶生聲。一曰象形。从口，古口復注中，故與日同。

【星】

《說文》：星，曡或省。

【曐】

《說文》：曐，古文星。

【曑】

《說文》：曑，商星也。从晶㐱聲。

【參】

《說文》：參，曑或省。

漢銘·元壽二年鐙

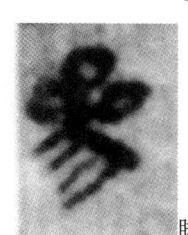

睡·秦律十八種55

○半夕參

睡·效律6
○參不正六

睡·日乙99
○一月參十四日

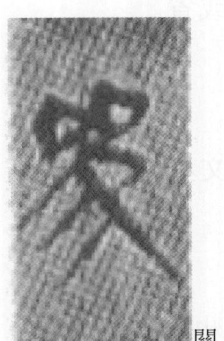

關·日書151

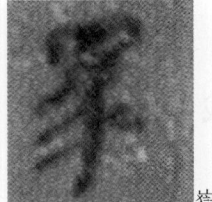

嶽·數139
○一人參食一人駟食

里·第八層141

馬壹270_9欄
○觿參

馬壹175_47上

馬壹124_38上
○威行參於天地

馬壹82_49
○臣孝如增（曾）參

馬壹15_12上\105上
○牛參弗服馬恆弗

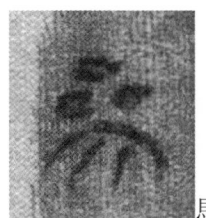

馬貳 128_13

○漬美醯一參中

張·傳食律 233

○參食從者

張·算數書 39

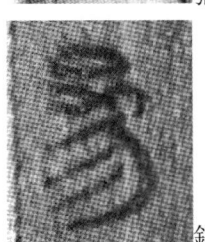

銀貳 1545

北貳·老子 156

○爲一參（三）也

敦煌簡 0563B

○分人參十分取善者

金關 T23:217B

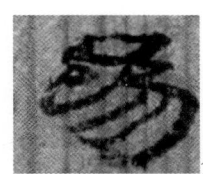

○嗇夫參

金關 T24:247B

○復參靳䪐帶各一

北壹·倉頡篇 55

○屛囿廬廡

魏晉殘紙

○與嚴參事

歷代印匋封泥

○參

廿世紀璽印二-SY

○汪參

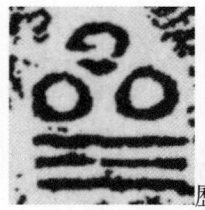

歷代印匋封泥

○華門陳棱參三左里敀亭豆

秦代印風

○李參

廿世紀璽印三-SY

○尹參私印

廿世紀璽印三-SY

○謝參印

漢印文字徵

○程參私印

柿葉齋兩漢印萃

○參軍都尉

漢印文字徵

○黄參私印

漢印文字徵

○參川尉印

漢印文字徵

漢印文字徵

漢印文字徵

○尹參私印

漢晉南北朝印風

○王參

漢晉南北朝印風
○尹參私印

漢晉南北朝印風
○荊參印信

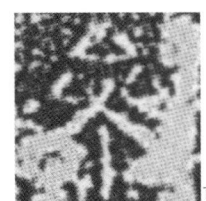

東漢・白石神君碑
○參三條之壹

東漢・許安國墓祠題記
○臺閣參差

東漢・曹全碑陽
○豐參夾輔王室

東晉・王建之誌
○主簿建威參軍太學博士

北魏・元纂誌
○職參鉉司

北魏・穆玉容誌蓋
○太尉府中兵參軍

北魏・元弼誌
○遷爲太尉府諮議參軍

北魏・鄭君妻誌
○參差孔樹

北魏・趙阿歡造像
○二月曑(三)日

北魏・元崇業誌
○參侍軒陛

北魏・鮮于仲兒誌
○功曹參軍

北魏·元琰誌
〇始參台教

北魏·元悂誌
〇起家爲司空府參軍事

北魏·元馗誌
〇徵爲參軍事

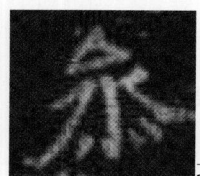

北魏·崔懃造像
〇長流參軍盪寇將軍齊

北周·王榮及妻誌
〇運終內參

【晨】

《說文》：晨，房星；爲民田時者。从晶辰聲。

【晨】

《說文》：晨，晨或省。

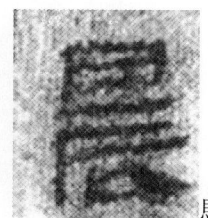

馬壹 171_3 上

馬壹 183_134 上

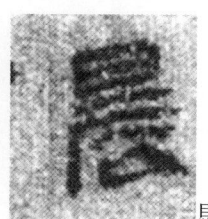

馬壹 172_2 下

馬貳 211_99

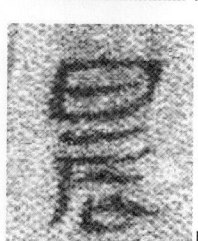

馬貳 21_24 下

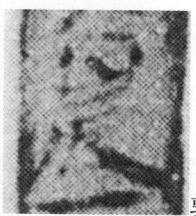

敦煌簡 2189
〇夜大晨一分盡時

第七卷

金關 T21:106

漢印文字徵

漢印文字徵

漢晉南北朝印風

秦文字編 1056

東漢・史晨前碑

東漢・黃晨黃芍墓磚

〇晨伴（扶）芍

北魏・王蕃誌

北魏・元仙誌

〇金雞候晨

北魏・和醜仁誌

北魏・元項誌

【曡】

《說文》：𣅿，楊雄說：以爲古理官決罪，三日得其宜乃行之。从晶从宜。亡新以爲曡从三日太盛，改爲三田。

月部

【月】

《說文》：𣎑，闕也。大陰之精。象形。凡月之屬皆从月。

西晚·不其簋

戰中·商鞅量

漢銘·千章銅漏壺

漢銘·中山內府銅銷二

漢銘·敬武主家銚

漢銘·中山內府銅鑊

漢銘·交阯釜

漢銘·南陵鍾

漢銘·中山內府銅銷一

漢銘·上林鼎一

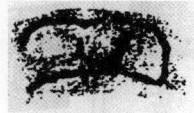

漢銘·永元十三年洗

漢銘·新鈞權

漢銘·新九斤權

漢銘·大司農平斛

漢銘·慮俿尺

漢銘·上林銅鑒一

漢銘·新承水盤

漢銘·光和七年洗

漢銘·中山內府銅銷三

漢銘·宜月器

漢銘·臨晉鼎

睡·秦律十八種 46

睡·法律答問 127

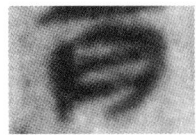

睡·日甲《歸行》133

睡·日甲《門》143

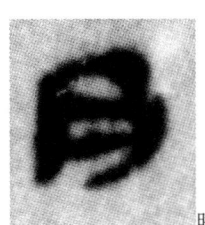

睡·日甲 8

睡·日乙 101

關·病方 373

嶽·質日 272

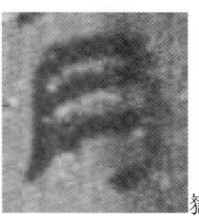

嶽·質日 3430

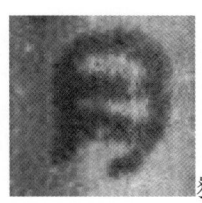

嶽·質日 351

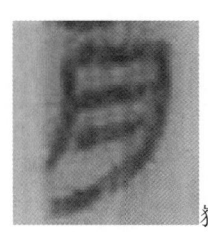

嶽·學為偽書案 210

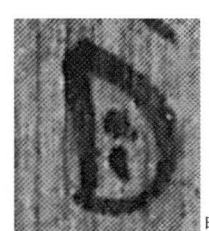

里·第五層 22

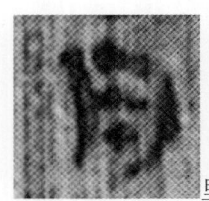

里·第六層 10

里·第八層 163

里·第八層背 199

馬壹 72_3

馬壹 226_64

馬貳 6_6 上

張·田律 255

張·奏讞書 11

張·歷譜 11

銀壹 332

孔·曆日 58

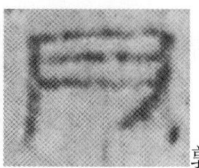

敦煌簡 1457B

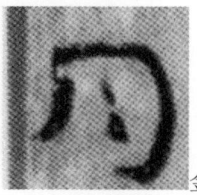

金關 T30:070

〇九月甲子召受東

金關 T24:022

金關 T03:055

武·儀禮甲《服傳》24

武·王杖 3

東牌樓 055 正

東牌樓 130

北壹·倉頡篇 59

○日月星辰

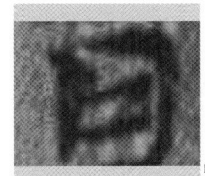

吳簡嘉禾·五·一〇

廿世紀璽印二-GP

○去市囗月

秦代印風

廿世紀璽印三-SY

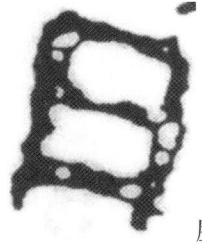

歷代印匋封泥

○八月一置

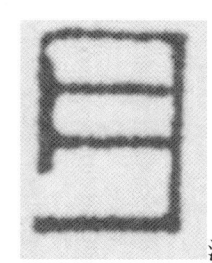

漢晉南北朝印風

○虞古月

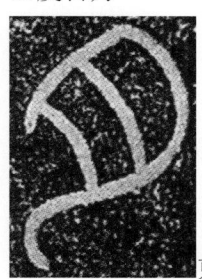

東漢·司徒袁安碑

東漢·少室石闕銘

東漢·張景造土牛碑

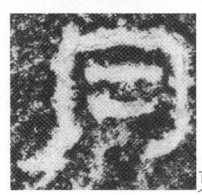

東漢·七言摩崖題記

東漢・李昭碑
○元初五年三月三日卒

三國魏・三體石經春秋・篆文
○叔服來會葬夏四月丁

三國魏・三體石經春秋・古文
○元年春王正月公即

東晉・霍□誌

北魏・董偉誌
○次丁未二月甲午朔十六日己

北魏・萬福榮造像

北魏・馬□造像

北魏・元敷誌

北魏・寇治誌

北魏・和醜仁誌

北齊・暴誕誌

北齊・劉悅誌
○武平元年七月中寢疾

北齊・雲榮誌
○至五年正月十日

北齊·石信誌
〇大寧元年十一月十九日

【朔】

《說文》：朔，月一日始蘇也。从月屰聲。

漢銘·新承水盤

漢銘·上林鼎一

漢銘·建昭鴈足鐙一

漢銘·新鈞權

漢銘·新一斤十二兩權

漢銘·新始建國尺一

漢銘·陽朔四年鍾

漢銘·新量斗

睡·為吏22

睡·日甲《稷叢辰》41

關·日書263

嶽·尸等案40

里·第六層28

里・第八層 110

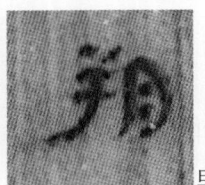

里・第八層 71

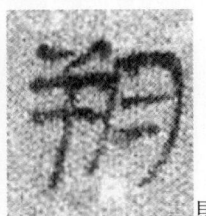

馬壹 246_2 欄

馬貳 9_19 下

張・史律 474

張・奏讞書 17

銀貳 1897

敦煌簡 0770

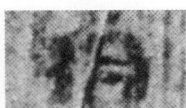

敦煌簡 2375

○陽朔四年

敦煌簡 0184

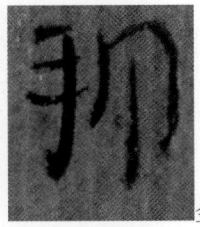

金關 T24:034

金關 T28:055

○乙卯朔庚午肩□

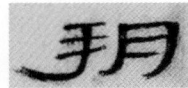

金關 T24:022

武・甲《泰射》4

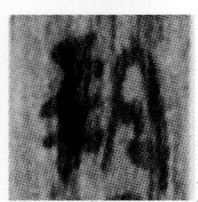

東牌樓 117 正

北壹・倉頡篇 59

○露雪霜朔

秦代印風
〇王朝

廿世紀璽印三-SY
〇李朔私印

廿世紀璽印三-SY
〇梁朔

漢晉南北朝印風
〇朔方長印

漢晉南北朝印風
〇朔甯王太后璽

漢印文字徵
〇焦朔

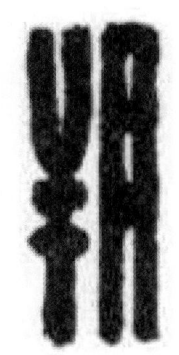

漢印文字徵
〇菆朔

漢印文字徵
〇於餘朔印

漢印文字徵
〇張朔

3157

漢印文字徵

○朔方長印

漢印文字徵

○王朔

漢代官印選

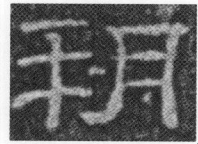

○朔方刺史

東漢・乙瑛碑

東漢・史晨前碑

三國魏・何晏磚誌

○七月朔四日卒

北魏・韓顯宗誌

○壬申朔廿六日丁酉

北魏・寇慰誌

北魏・于纂誌

○懷朔鎮冠軍府長史

北魏・和醜仁誌

北魏・元嵩誌

北魏・元煥誌蓋

○寧朔將軍

北魏・緱靜誌

北魏・于纂誌

○粵以五月癸亥朔十一日癸酉

北魏・胡顯明誌

○皇辟故寧朔將軍東安太守鳳麟

北魏・□伯超誌

北魏・劉氏誌

北魏・元冏誌

北魏・司馬紹誌

北魏・元淑誌

○肆朔燕三州刺史

北魏・辛穆誌

東魏・劉目連造像

○壬戌朔二日癸亥雍州長安劉

東魏・元鷙妃公孫甑生誌

北齊・王惠顓造像

○癸未朔廿七日

北齊・淳于元皓造像

○四月辛卯朔

北齊・韓裔誌

北齊・歐伯羅造像

○庚戌朔七日己未

北齊・劉悅誌

○詔贈朔肆恒三州諸軍事

北周・李雄誌

○壬子朔

北周·宇文儉誌

北周·王榮及妻誌

北周·王榮及妻誌

【朏】

《說文》：朏，月未盛之明。从月、出。《周書》曰："丙午朏。"

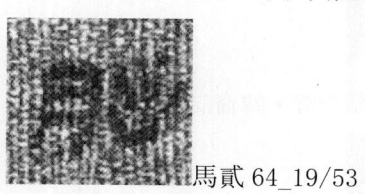

馬貳 64_19/53

○朏（頧）稑（腫）

北魏·元昉誌

【霸】

《說文》：霸，月始生，霸然也。承大月，二日；承小月，三日。从月𩖁聲。《周書》曰："哉生霸。"

【𩁹】

《說文》：𩁹，古文霸。

漢銘·王霸印鉤

漢銘·竟寧鴈足鐙

漢銘·王霸印鉤

漢銘·上林銅鑒六

馬壹 175_43 上

敦煌簡 1751

金關 T21:153

○誠程霸年三十五

金關 T09:232A

北壹·倉頡篇 60

○兢覇眉霸暨傅

秦代印風

廿世紀璽印三-SY

○高霸之印

廿世紀璽印三-SY

○莊霸之印

廿世紀璽印三-SY

○瞿霸信印

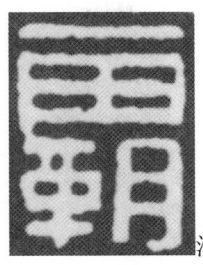

漢晉南北朝印風

漢印文字徵

漢印文字徵

漢印文字徵

歷代印匋封泥

○霸陵氏瓴

漢印文字徵

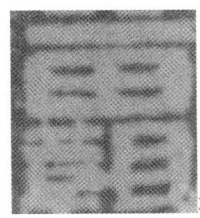

柿葉齋兩漢印萃

○賈霸私印

漢印文字徵

○張霸

漢印文字徵

○梁霸私印

漢晉南北朝印風

○馮霸私印

漢晉南北朝印風

○劉霸私印

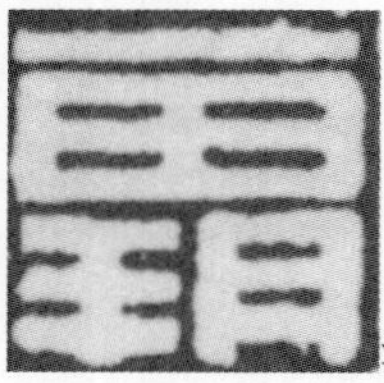

漢晉南北朝印風

○高霸之印

漢晉南北朝印風

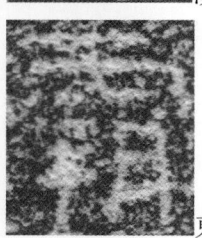

東漢・永壽元年畫像石墓記

○君逆膺霸亡

東漢・趙寬碑

○爰暨霸世

東漢・繆紆誌

○君王奮霸

西晉・石尠誌

○遣使者孔汰邢霸護喪

大趙・王真保誌

○霸者專征

北魏・馮季華誌

○至於乃霸乃王之盛

東魏・閭叱地連誌

○霸君威棱宇縣

北齊・傅華誌

北齊・高阿難誌

北齊・高淯誌

北周・韋彪誌

○霸城侯

北周・賀屯植誌

○漢司徒霸之後

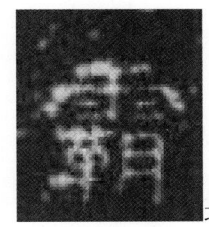

北周・豆盧恩碑

【朗】

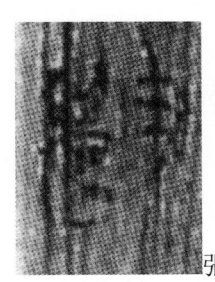

《説文》：朗，明也。从月良聲。

張・秩律 457

漢印文字徵

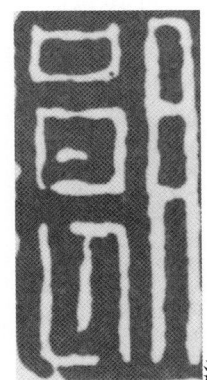

漢晉南北朝印風

北魏・陳天寶造像

北魏·元羽誌

北周·韋彪誌

【朓】

《說文》：朓，晦而月見西方謂之朓。从月兆聲。

【朒】

《說文》：朒，朔而月見東方謂之縮朒。从月内聲。

【期】

《說文》：期，會也。从月其聲。

【稘】

《說文》：稘，古文期从日、丌。

睡·秦律十八種 115

睡·秦律雜抄 29

睡·為吏 10

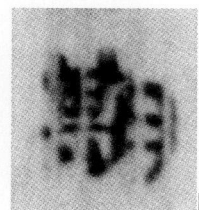

睡·為吏 5

關·日書 223

獄·芮盜案 77

里·第八層 496

里·第八層 138

馬壹 175_50 上

3164

第七卷

馬壹 81_44

馬貳 275_188/208

○犬暮（期）荔（脅）炙一器

馬貳 245_268

張・行書律 269

張・蓋盧 19

銀壹 389

金關 T09:012A

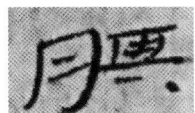

金關 T10:120A

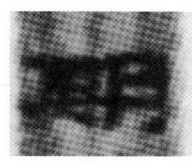

武・甲《少牢》6

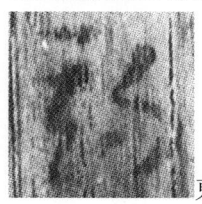

東牌樓 023 正

○取期日□

北壹・倉頡篇 44

○婕欺蒙期

廿世紀璽印三-SY

○左倚期

漢印文字徵

漢印文字徵

漢印文字徵

漢印文字徵

3165

漢代官印選

○期門郎印

廿世紀璽印四-SY

○曹精期

東漢・成陽靈臺碑

東漢・夏承碑

西晉・郭槐柩記

北魏・元孟輝誌

北魏・元誘誌

○不待期月

北魏・寇治誌

○期月用成

北魏・和邃誌

北魏・侯愔誌

【朦】

《説文》：朦，月朦朧也。从月蒙聲。

【朧】

《説文》：朧，朦朧也。从月龍聲。

〖肜〗

漢銘・建武卅二年弩鐖

漢銘・陳肜鍾

漢印文字徵

○冬肜印信

3166

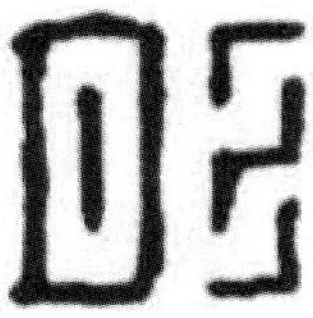

漢印文字徵

○馬肜私印

漢印文字徵

○楊肜之信印

漢印文字徵

○蘇肜

東漢・北海相景君碑陰

○故書佐都昌張肜，字朔甫

北魏・元項誌

○雖肜伯居

北魏・給事君妻韓氏誌

○肜（彤）管

北魏・元願平妻王氏誌

○肜（彤）管

〖朊〗

馬貳 228_88

○勺朊（脘）

〖愲〗

張・奏讞書 57

○報愲（悟）爲僞書

有部

【有】

《說文》：𠷎，不宜有也。《春秋傳》曰："日月有食之。"从月又聲。凡有之屬皆从有。

春早・秦公鎛

春早・秦公鎛

秦代・美陽銅權

秦代・元年詔版二

秦代・元年詔版三

秦代・元年詔版五

漢銘・漢使者盨

漢銘・剌廟鼎二

漢銘・家官鍾

漢銘・弘農宮銅方鑪

漢銘・陽泉熏鑪

漢銘・新嘉量二

漢銘・新衡杆

漢銘・尹續有盤

漢銘・昆陽乘輿銅鼎

睡・語書9

睡・秦律十八種38

字形	出處
	睡·效律 55
	 睡·秦律雜抄 37
	 睡·法律答問 188
	 睡·日甲《吏》162
	 睡·日甲 22
	 睡·日甲《詰》57
	 關·日書 247
	獄·為吏 33
	獄·占夢書 3
	獄·數 156
	獄·暨過案 102
	 里·第八層 1712
	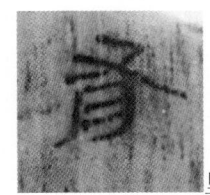 里·第八層 42

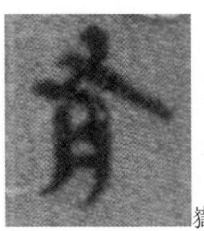

第七卷

馬壹 129_2 下\79 下

馬壹 242_7 上

馬壹 5_23 上

馬壹 85_143

馬貳 235_165

張・盜律 71

張・奏讞書 193

張・算數書 165

張・引書 61

銀壹 358

銀貳 1603

北貳・老子 25

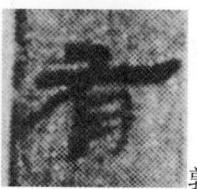

敦煌簡 1787

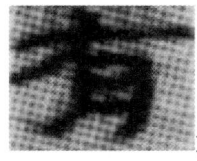

武·儀禮甲《士相見之禮》13

武·儀禮甲《服傳》16

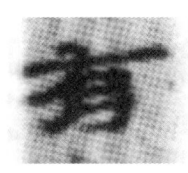

武·甲《少牢》21

武·甲《少牢》28

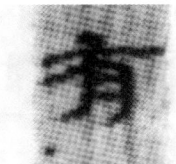

武·甲《泰射》37

武·王杖 2

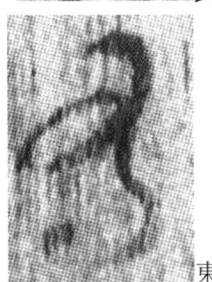

東牌樓 134

○平亭有

東牌樓 070 正

北壹·倉頡篇 13

○芒隒偏有泫沄

吳簡嘉禾·四·一六五

廿世紀璽印二-SP

歷代印匋封泥

秦代印風

秦代印風

漢晉南北朝印風

柿葉齋兩漢印萃

漢印文字徵

漢印文字徵

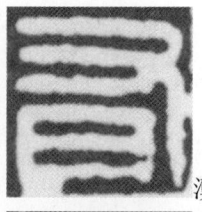

漢印文字徵

漢晉南北朝印風

漢晉南北朝印風

詛楚文・巫咸

東漢・從事馮君碑

東漢・夏承碑

東漢・泰山都尉孔宙碑額
○有漢泰山都尉孔君之銘

三國魏・三體石經尚書・篆文
○于皇天在大甲時則有若保

十六國前秦·定遠侯誌

○昌以北邊有警

北魏·和醜仁誌

北魏·陶浚誌

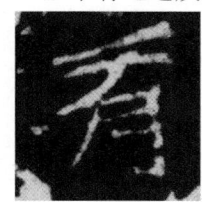

○五十有七邁疾

北魏·道量造像

○□陰主像韓德有□

北魏·元彧誌

○地非國有

東魏·閭叱地連誌

北齊·崔德誌

北齊·張起誌

北齊·韓裔誌

北齊·暴誕誌

北齊·柴季蘭造像

北齊·無量義經二

【𪔂】

《說文》：𪔂，有文章也。从有戫聲。

北魏·楊熙俒誌

【𪔃】

《說文》：𪔃，兼有也。从有龍聲。讀若聾。

朤部

【朤】

《說文》：朙，照也。从月从囧。凡朙之屬皆从朙。

【明】

《說文》：明，古文朙从日。

春晚・秦公鎛

春晚・秦公簋

春晚・秦公鎛

戰中・商鞅量

春早・秦公鎛

戰晚・左樂兩詔鈞權

春早・秦公鐘

秦代・兩詔銅橢量三

秦代・始皇詔版一

秦代・北私府銅橢量

秦代・大騩銅權

秦代・美陽銅權

漢銘・大常明行鐙

漢銘・椒林明堂銅錠三

漢銘・椒林明堂銅錠三

漢銘·光宮趙姬鍾

漢銘·明光宮匕二

漢銘·明光宮鼎三

漢銘·廣陵服食官釘一

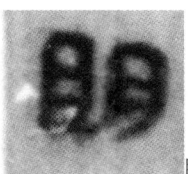

睡·語書 10

睡·語書 6

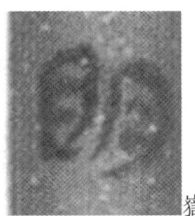

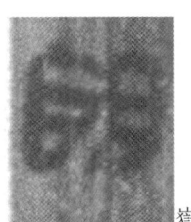

獄·為吏 39

獄·占夢書 41

里·第八層 1562

馬壹 6_29 下

馬壹 101_146

○明（明）故善

馬壹 75_38

馬貳 213_13/114

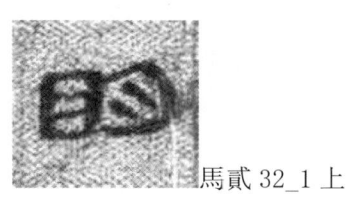

馬貳 32_1 上

張·奏讞書 29

張·脈書 25

銀壹 379

銀貳 1715

北貳・老子 79

敦煌簡 1824A

金關 T31:140

武・甲《特牲》48

武・甲《少牢》6

武・王杖 6

東牌樓 055 正

東漢・武氏石室祥瑞圖題字

廿世紀璽印三-GP

○疑者皆明

漢印文字徵

漢印文字徵

漢印文字徵

廿世紀璽印二-SP

廿世紀璽印二-SY

廿世紀璽印三-SY

廿世紀璽印三-SY

廿世紀璽印三-SY

廿世紀璽印三-SY

漢晉南北朝印風

柿葉齋兩漢印萃

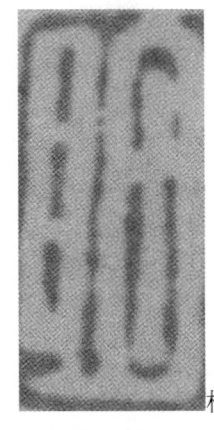

柿葉齋兩漢印萃

柿葉齋兩漢印萃

漢印文字徵

漢印文字徵

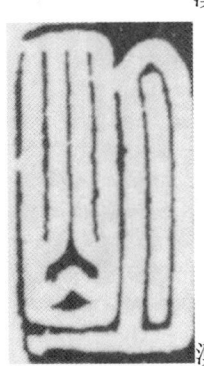

漢晉南北朝印風

秦駰玉版

泰山刻石
琅琊刻石
琅琊刻石 
東漢・楊震碑 
東漢・譙敏碑 
三國魏・何晏磚誌 
西晉・南鄉太守郛休碑 
東魏・劉幼妃誌 

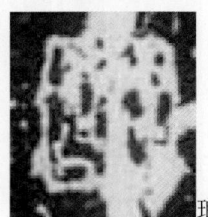

北齊・婁叡誌
東漢・從事馮君碑 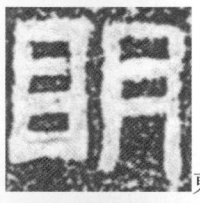
東漢・夏承碑 
東漢・三老諱字忌日刻石 
三國魏・三體石經尚書・古文 
北魏・韓顯宗誌 
北魏・李謀誌蓋 
北魏・劉氏誌 

○常望明月以撥青雲

北魏·寇治誌

北齊·無量義經二

北齊·吳遷誌

北齊·狄湛誌

南朝宋·義明塔記

【䶒】

《說文》：䶒，翌也。从明亡聲。

〖𣊡〗

北魏·薛慧命誌

○曾祖親裴𣊡女

囧部

【囧】

《說文》：囧，窗牖麗廔闓明。象形。凡囧之屬皆从囧。讀若獷。賈侍中說：讀與明同。

漢印文字徵
○蔡囧

漢晉南北朝印風
○蔡囧

北魏·青州元湛誌
○光風囧月

北魏·元暐誌
○字仲囧

北魏·劉滋誌
○逮於高祖囧

北魏·寇演誌
○刺史韋嘉其囧操

北魏·元廣誌
○囧月落暉

北魏·司馬悅誌
○如彼皎囧

北魏·元簡誌
○端宿墜囧

東魏·趙秋唐吳造像
○鉅鹿韓囧

東魏·長孫囧碑
○□諱囧

東魏·元鷙妃公孫甗生誌
○父囧

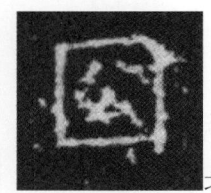

北齊·張思伯造浮圖記
○菩薩主亡弟文囧

【盟】

《說文》：盟，《周禮》曰："國有疑則盟。"諸侯再相與會，十二歲一盟。北面詔天之司慎司命。盟，殺牲歃血，朱盤玉敦，以立牛耳。從囧從血。

【盟】

《說文》：盟，古文從明。

【盟】

《說文》：盟，篆文從朙。

睡·為吏48

金關T30∶154
○始縣盟鄉嗇夫昊畢

三國魏·三體石經春秋·隸書

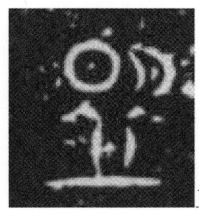

三國魏·三體石經春秋·古文

北魏·楊胤誌

北魏·張正子父母鎮石

北齊·徐顯秀誌

北齊·張忻誌

北齊·高顯國妃敬氏誌

北齊·張龍伯兄弟造像

詛楚文·沈湫

三國魏·三體石經春秋·篆文

夕部

【夕】

《說文》：?，莫也。从月半見。凡夕之屬皆从夕。

春早·秦公鐘

春晚·秦公鎛

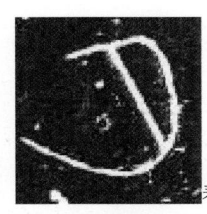

春早·秦公鎛

漢銘·新豐宮鼎

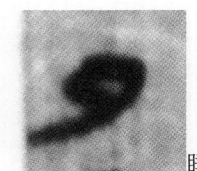

睡・秦律十八種 55

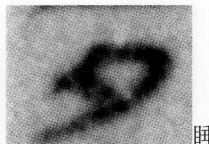

睡・日甲《歲》65

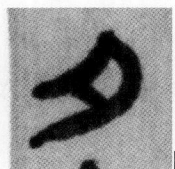

睡・日乙 26

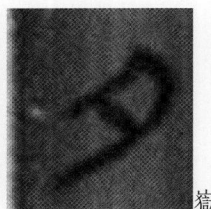

嶽・占夢書 3

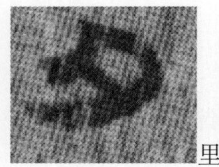

里・第八層 145

馬壹 36_26 上

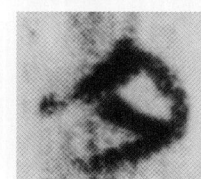

張・蓋廬 30

銀壹 188

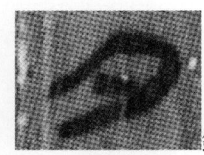

銀貳 1779

敦煌簡 0837

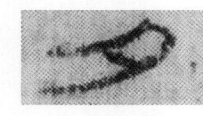

金關 T25:007A

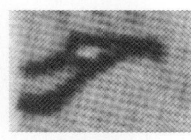

武・儀禮甲《服傳》4

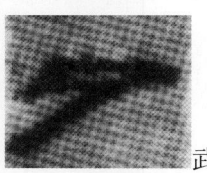

武・甲《特牲》6

東牌樓 036 正

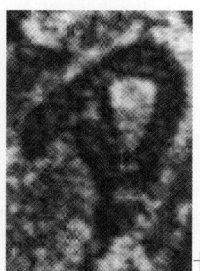

○朝夕

廿世紀璽印二-GP

秦代印風

○張夕

漢印文字徵

漢印文字徵

漢印文字徵

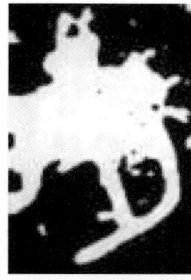

石鼓·吳人

東漢·東漢·婁壽碑陽

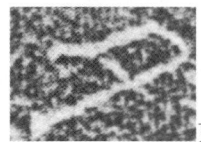

東漢·熹平石經殘石四

東漢·孔宙碑陽

北魏·元暐誌

北魏·元詮誌

北魏·元悌誌

北魏·尉氏誌

北齊·高肅碑

南朝宋·劉懷民誌

【夜】

《説文》：夜，舍也。天下休舍也。从夕，亦省聲。

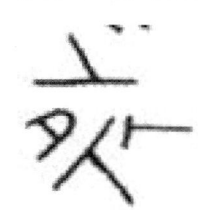

戰晚·上皋落戈

睡·日甲《詰》67

獄・魏盜案 153

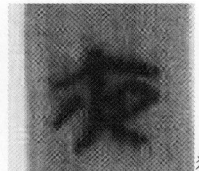

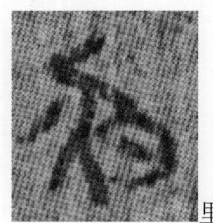

里・第八層 145

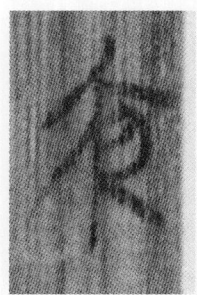

里・第八層背 1523

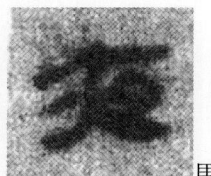

馬壹 42_24 下

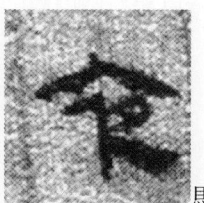

馬壹 178_72 下

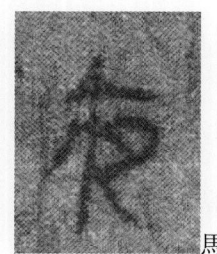

馬貳 110_33/33

張・奏讞書 183

張・蓋盧 16

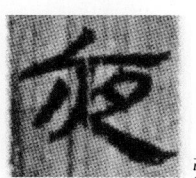

張・引書 42

銀壹 410

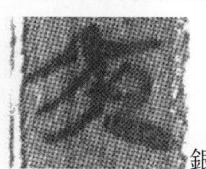

銀貳 1781

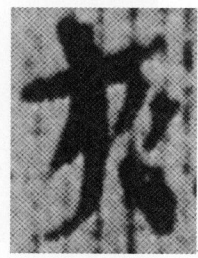

敦煌簡 2005A

金關 T26:003

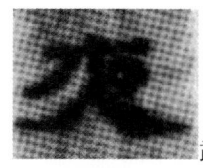

武·儀禮甲《士相見之禮》12

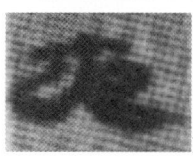

武·儀禮甲《服傳》4

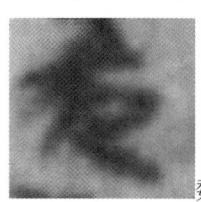

魏晉殘紙

秦代印風

○戎夜

廿世紀璽印三-GP

漢印文字徵

漢印文字徵

○趙夜私印

漢印文字徵

○龐夜

漢印文字徵

○李夜

歷代印匋封泥

○夜印

懷后磬

泰山刻石

東漢·西狹頌

東漢·陽嘉殘碑陽

○夙夜是力

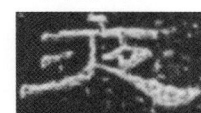

東漢·桐柏淮源廟碑

○□□晝夜

北魏·元靈曜誌

北魏·元子直誌

北魏·元煥誌

北魏·元朗誌

北魏·爾朱紹誌

北魏·元譚妻司馬氏誌

東魏·元延明妃馮氏誌

東魏·張玉憐誌

北齊·崔德誌

北齊·唐邕刻經記

○石比夜光

【夢】

《説文》：夢，不明也。从夕，瞢省聲。

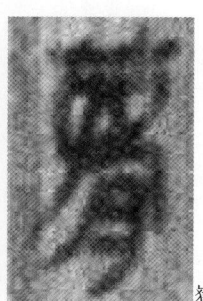

獄·占夢書 5

馬壹 136_58 上/135 上

○逆節夢（萌）生

張·津關令 518

○言雲夢附寶園一所

吳簡嘉禾·五·七六一

廿世紀璽印二-SP

〇大夢

廿世紀璽印三-GP

〇左雲夢丞

歷代印匋封泥

〇左雲夢丞

漢印文字徵

〇雲夢之印

北魏·元舉誌

北魏·元乂誌

北魏·元演誌

北魏·王普賢誌

北魏·元詮誌

北齊·無量義經二

【夗】

《說文》：夗，轉臥也。从夕从卩。臥有卩也。

東漢·北海太守爲盧氏婦刻石

【寅】

《說文》：寅，敬惕也。从夕寅聲。

《易》曰："夕惕若夤。"

【夤】

《説文》：夤，籀文夤。

春晚·秦公鎛

春晚·秦公簋

秦代印風
○夤律

歷代印匋封泥
○咸平洓夤

漢印文字徵
○夤饒

北魏·元爽誌
○蕭寶夤之女

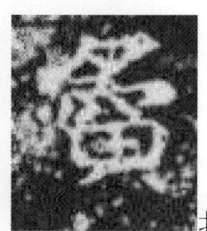

北魏·高貞碑
○夙夜惟夤

東魏·劉幼妃誌
○夤亮天工

【姓】

《説文》：姓，雨而夜除星見也。从夕生聲。

【外】

《説文》：外，遠也。卜尚平旦，今夕卜，於事外矣。

【外】

《說文》：外，古文外。

春早·秦子簋蓋

漢銘·始建國元年銅撮

漢銘·新嘉量一

漢銘·陽朔四年鍾

漢銘·外黃鼎

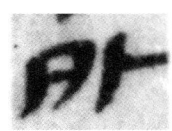

睡·法律答問 129

睡·為吏 13

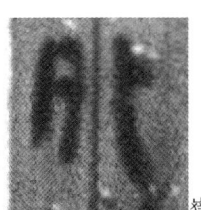

獄·占夢書 33

里·第八層 430

馬壹 80_6

〇五和不外燕

馬壹 37_47 下

馬貳 38_72 上

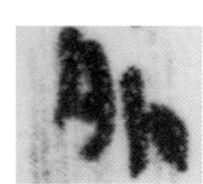

張·盜律 61

張·葢盧 31

銀壹 679

銀貳 1208

北貳・老子 140

○外其身而身存

敦煌簡 1272

○卒宋外

金關 T31:009

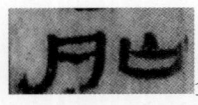

金關 T30:001

武・儀禮甲《士相見之禮》7

○於門外

武・甲《特牲》4

○門外

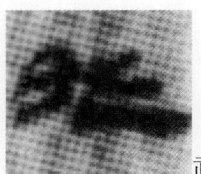

武・甲《有司》60

○門之外拜尸不顧拜

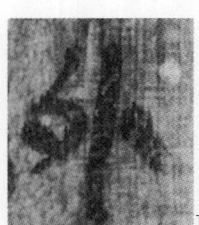

東牌樓 042

廿世紀璽印二-GP

○外樂

秦代印風

○中精外誠

歷代印匋封泥

○外樂

秦代印風

○外宅窯

漢晉南北朝印風

○外里祭尊

廿世紀璽印三-SY

○李外

漢印文字徵

○傅外印

漢印文字徵

○郝外人印

漢印文字徵

○外黃令印

漢印文字徵

○外營百長

漢印文字徵

○賈外人

漢印文字徵

○□外人

柿葉齋兩漢印萃

○關外侯印

漢晉南北朝印風

○關外侯印

詛楚文・亞駝

○外之則冒改

泰山刻石

東漢・舉孝廉等字殘碑
東漢・元嘉元年畫像石題記一 
東漢・史晨後碑 
○西流里外
東漢・石獅子題記 
東漢・燕然山銘 
東漢・成陽靈臺碑 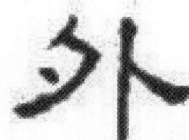
東漢・西狹頌 
○徼外來庭
北魏・給事君妻韓氏誌 
○黃麒麟之外孫
北魏・元詳造像 

北魏・元飆誌
北魏・元尚之誌 
○員外散騎常侍
北魏・元斌誌 
北魏・楊乾誌 
北魏・元顯魏誌 
北魏・元徽誌 
北魏・韓顯宗誌 
東魏・曇陵造像

東魏・元均及妻杜氏誌

東魏・隗天念誌

〇息寧

東魏・馮令華誌

北齊・元始宗誌蓋

〇齊故外兵參軍元君銘

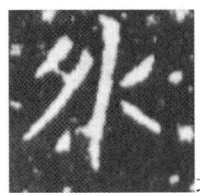

北齊・高次造像

〇妻馬外香息女高令

北周・李明顯造像

〇女阿他外孫女趙□

【夙】

《說文》：夙，早敬也。从丮，持事；雖夕不休：早敬者也。

【㐁】

《說文》：㐁，古文夙从人、囟。

【㐁】

《說文》：㐁，亦古文夙，从人、囟。宿从此。

春晚・秦公鎛

春早・秦公鐘

春早・秦公鎛

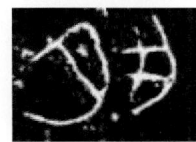

春早・秦公鎛

睡・日甲《詰》39

〇人皆夙（縮）筋

漢印文字徵

〇夙夜間田宰

東漢・夏承碑

東漢・陽嘉殘碑陽
○夙夜是力功成匪解

東漢・石祠堂石柱題記
○惟主吏夙性忠孝

北魏・元弼誌
○溫恭夙夜

北魏・元彬誌
○倏焉夙徂

北魏・封魔奴誌

北魏・元楨誌
○眷命夙降

東魏・司馬昇志

東魏・元仲英誌
○夙播奇聲

北齊・斛律氏誌

北周・寇嶠妻誌

【夢】

《說文》：夢，宋也。从夕莫聲。

〖㝱〗

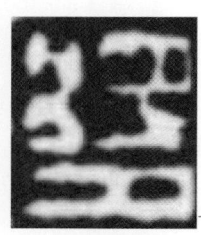

廿世紀璽印三-SY
○筍㝱

多部

【多】

《說文》：多，重也。从重夕。夕者，相繹也，故爲多。重夕爲多，重日爲疊。凡多之屬皆从多。

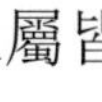

【夛】

《說文》：夛，古文多。

春早・秦公鎛

西晚・不其簋

漢銘・五銖多成泉範

睡・效律 1

睡・日甲 23

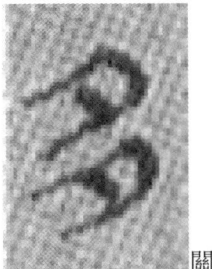

關・日書 193

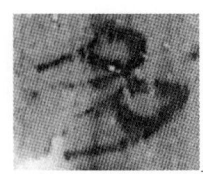

獄・為吏 32

獄・癸瑣案 10

里・第八層 2161

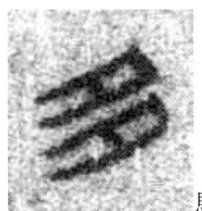

馬壹 16_13 下\106 下

馬貳 131_53

張・盜律 71

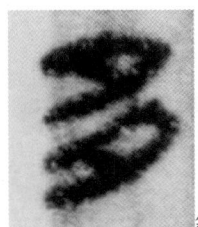

銀壹 341

北貳・老子 21

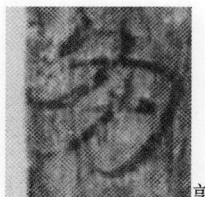

敦煌簡 0169

○以故多病物

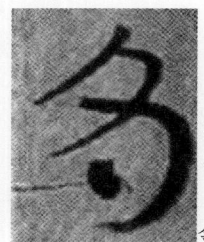

金關 T23:481A

○子賓多十

金關 T02:002

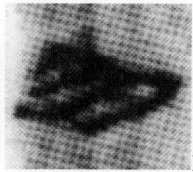

武·甲《少牢》33

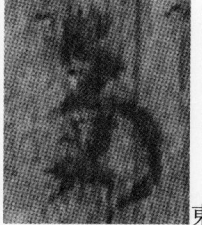

東牌樓 034 背

○□不多云菱見

廿世紀璽印三-SP

○衛多

廿世紀璽印三-SY

秦代印風

秦代印風

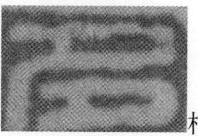

柿葉齋兩漢印萃

漢印文字徵

漢印文字徵

○封多牛

漢印文字徵

○萞多

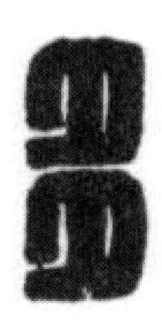

漢印文字徵

○向多

漢印文字徵

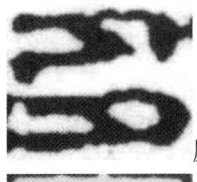

歷代印匋封泥

漢晉南北朝印風

漢晉南北朝印風

詛楚文・亞駝

石鼓・鑾車

東漢・成陽靈臺碑

東漢・尹宙碑

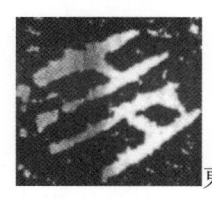

東漢・元嘉元年畫像石題記一

西晉・郭槐柩記

北魏・元瓆誌

北魏・穆彦誌

【夥】

《說文》：夥，齊謂多爲夥。從多果聲。

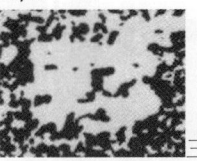

三國魏・管寧誌

○從學者夥

【䣊】

《說文》：䣊，大也。從多圣聲。

【㦤】

《說文》：㦤，厚脣皃。從多從尚。

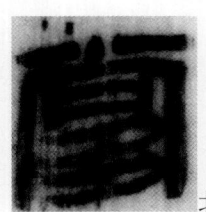

北壹・倉頡篇21

○謢求㦤閭堪

毌部

【毌】

《說文》：毌，穿物持之也。從一橫貫，象寶貨之形。凡毌之屬皆從毌。讀若冠。

【貫】

《說文》：貫，錢貝之貫。從毌、貝。

戰晚・二年邙貫府戈

馬壹178_65下

馬貳72_83/83

銀貳2094

漢印文字徵

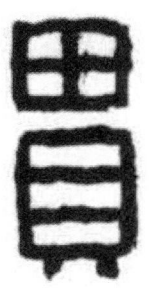

漢印文字徵

漢印文字徵

東漢・高頤闕銘東

東漢・曹全碑陽

東漢・趙寬碑

北魏・元肅誌

北魏・張玄誌

北魏・慈慶誌

北魏・元鸞誌

北齊・唐邕刻經記

【虜】

《説文》：虜，獲也。从毌从力，虍聲。

里・第八層 757

○移治虜御史

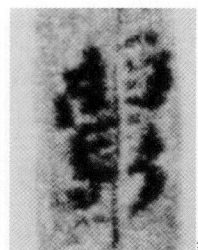

銀壹 489

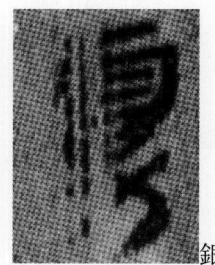

銀貳 1868

○人民虜賞（償）

敦煌簡 2257

○望見虜一人以上入

金關 T23:878

○捕反虜陳伯陽王孫

金關 T06:068A

○賓遠虜事願

金關 T06:022A

○匈奴虜

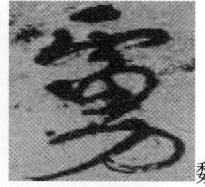

魏晉殘紙

○羅從北虜中

漢晉南北朝印風

○珍虜男家丞

漢晉南北朝印風

漢晉南北朝印風

○漢匈奴破虜長

漢晉南北朝印風

○漢匈奴破虜長

第七卷

漢印文字徵

○李虜

柿葉齋兩漢印萃

柿葉齋兩漢印萃

○征虜將軍章

漢晉南北朝印風

廿世紀璽印四-GY

○防虜將軍章

東漢·子游殘碑

○時虜旋不

西晉·石尠誌

○征虜將軍

北魏·鄯乾誌

○征虜將軍

北魏·寇憑誌

○征虜府司馬

北魏·趙超宗誌

○征虜將軍

丐部

【丐】

《說文》：丐，嘾也。艸木之華未發函然。象形。凡丐之屬皆从丐。讀若含。

3201

【圅（函）】

《説文》：圅，舌也。象形。舌體㔾㔾。㔾从㔾，㔾亦聲。

【肣】

《説文》：肣，俗圅从肉、今。

西晚·不其簋

漢銘·陽信家銅二斗鼎

漢銘·陽信家溫酒器一

漢銘·陽信家溫酒器二

馬壹 132_27 上\104 上
○因而肣（擒）之

張·津關令 492

張·津關令 502
○書言函谷關上女子

銀貳 1354
○肣（貪）而廉龍（寵）而敬

敦煌簡 1823
○隧藥函

金關 T31:087
○輒移函出。

吳簡嘉禾·五·四八五
○函丘男子應雙佃田

馬貳 275_198/218
○肣虒（踞）

漢印文字徵
〇函谷東丞

柿葉齋兩漢印萃
〇□函光印

漢代官印選
〇函谷關都尉印

漢印文字徵
〇徐肣

東漢・張表造虎函題記
〇元光造作虎函

北魏・元誕業誌
〇函丈之傳

東魏・高盛碑
〇退則函丈

北齊・唐邕刻經記
〇開七寶之函

【甹】

《説文》：甹，木生條也。从丂由聲。《商書》曰："若顛木之有㽞枿。"古文言由枿。（shuowen）

【甬】

《説文》：甬，艸木華甬甬然也。从丂用聲。

戰晚・八年蜀東工戈

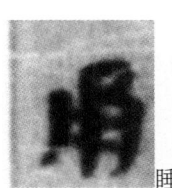

睡・秦律十八種 194
〇斗甬（桶）期

睡·效律3

○一盾甬（桶）不

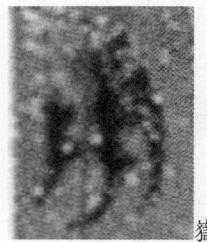

獄·數110

○桼甬（桶）六之五

里·第八層982

○爲口甬布今

馬壹265_11

○甬（用）歲後

馬貳219_38/49

○三曰平甬（踊）

張·引書51

○引要（腰）甬（痛）兩手之指

銀貳2074

○石斗甬（桶）是

金關T05∶009

【丂】

《説文》：丂，艸木丂盛也。从二丂。

東部

【東】

《説文》：東，木垂華實。从木、丂，丂亦聲。凡東之屬皆从東。

【棘】

《説文》：棘，束也。从東韋聲。

卤部

【卤】

《説文》：卤，艸木實垂卤卤然。象形。凡卤之屬皆从卤。讀若調。

【𠧪】

《說文》：𠧪，籒文三卥爲卥。

【桌（栗）】

《說文》：桌，木也。从木，其實下垂，故从卥。

【㮚】

《說文》：㮚，古文桌从西从二卥。徐巡說：木至西方戰桌。

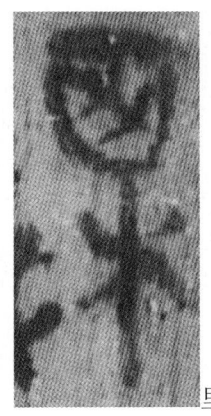

里·第八層 454

〇園栗

馬貳 271_149/167

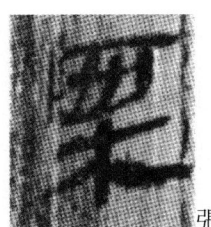

張·引書 16

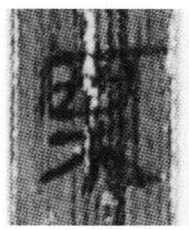

銀貳 2150

金關 T01:066

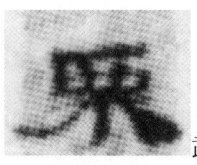

〇貫糴栗

武·甲《特牲》48

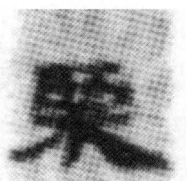

武·甲《有司》64

武·甲《燕禮》50

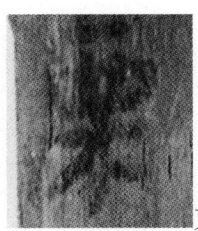

東牌樓 149 背

北壹·倉頡篇 25

〇蓮芰栗瓠瓜

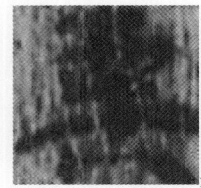

第七卷

吳簡嘉禾・五・五六〇
〇栗丘男子石楊佃田

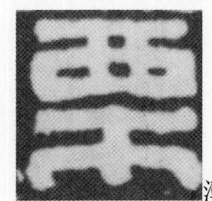

漢晉南北朝印風

廿世紀璽印三-GY

漢印文字徵

漢印文字徵

漢印文字徵
〇栗賞之印

漢印文字徵
〇栗都

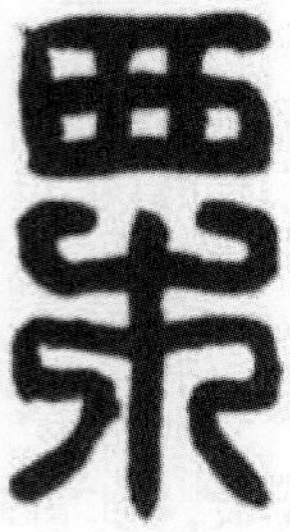

漢印文字徵
〇栗博

漢印文字徵

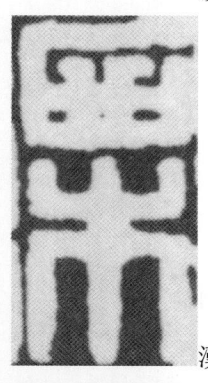

漢晉南北朝印風

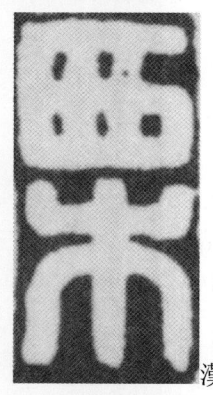

漢晉南北朝印風

東漢・柳敏碑
〇屬城震栗(慄)

3206

東漢·孔褎碑

○□桀骨栗

北魏·宋靈妃誌

北齊·西門豹祠堂碑

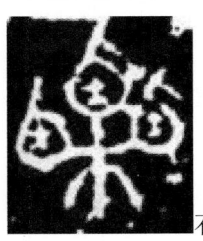

石鼓·作原

睡·效律22

里·第六層12

里·第八層1088

張·賊律8

敦煌簡0311

【㮚（粟）】

《說文》：㮚，嘉穀實也。从卤从米。孔子曰："㮚之爲言續也。"

【㮚】

《說文》：㮚，籀文㮚。

漢銘·一分圭

金關 T10:087

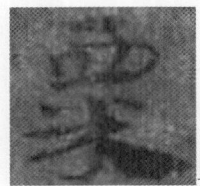

吳簡嘉禾・五・八〇三

秦代印風

漢晉南北朝印風

漢代官印選

漢印文字徵

○粟定之印

漢印文字徵

○粟子功

漢代官印選

東漢・曹全碑陽

○以家錢糴米粟賜癃盲

東漢・西狹頌

北魏・王蕃誌

北魏・元詮誌

北魏・元彧誌

○兼掌治粟

北魏·崔隆誌
〇君散積粟以濟賑

齊部

【齊】

《說文》：𠫼，禾麥吐穗上平也。象形。凡𠫼之屬皆从𠫼。

戰晚·六年漢中守戈

戰中·商鞅量

漢銘·齊大官盆

漢銘·光和斛二

漢銘·莒陽銅斧

漢銘·齊大官畜䰜二

漢銘·齊大官匕

漢銘·南宮鼎三

漢銘·齊食大官畜鼎

漢銘·大司農權

睡·封診式76

獄·為吏83

里·第八層 1320

馬壹 82_66

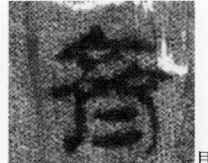

馬壹 78_97

馬壹 72_5

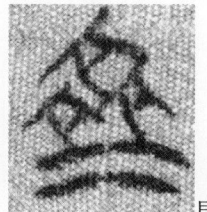

馬壹 242_8 上

馬貳 218_33/44

張·奏讞書 18

張·脈書 51

銀壹 240

○齊城高唐

北貳·老子 41

敦煌簡 1135

金關 T24:952

○庸燓里董齊年廿四

○齊郡臨菑　金關 T09∶003

○鄣守候何齊　金關 T05∶068A

○王齊　廿世紀璽印二-SY

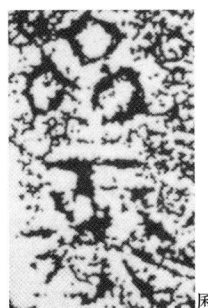

○丘齊□羆（鄉）　歷代印匋封泥

○丘齊□羆（鄉）　歷代印匋封泥

○丘齊鑃里王通

○齊　廿世紀璽印三-SY

○淳于齊　秦代印風

○田齊印　廿世紀璽印三-SY

廿世紀璽印三-SY

3211

漢印文字徵
○程齊

歷代印匋封泥
○齊衛士印

歷代印匋封泥

漢代官印選

漢印文字徵
○張齊

漢印文字徵
○定齊

漢印文字徵
○傅齊臣

漢印文字徵
○齊丘平

漢印文字徵
○馬齊

漢印文字徵
○焦嬰齊

漢晉南北朝印風

漢晉南北朝印風

○齊安之印

漢晉南北朝印風

○齊安

漢晉南北朝印風

○王齊印

詛楚文・亞駝

○衿以齊盟

東漢・曹全碑陽

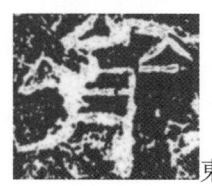

東漢・伯興妻殘碑

東漢・熹平石經殘石一

○正月暨齊平三

東漢・孔宙碑陽

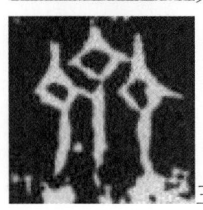

三國魏・三體石經春秋・古文

○晉侯齊師

三國魏・三體石經春秋・隸書

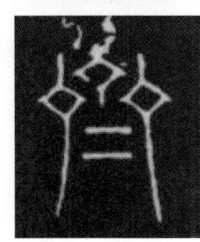

三國魏・三體石經春秋・篆文

○君頵公孫敖如齊

北魏・韓氏誌

北魏・宋靈妃誌

○齊芳曹婦

北魏・元誨誌

○齊東苑之好賢

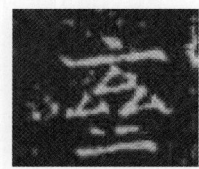

北魏・寇治誌

○齊竭潣淄

北魏・師僧達等造像

○齊郡臨菑

北齊・斛律昭男誌蓋

○齊故庫狄氏

北齊・尉孃孃誌蓋

北齊・張潔誌蓋

○齊故張君墓誌銘

北齊・庫狄迴洛誌蓋

北齊・張忻誌蓋

○齊故撫夷開國張君

北齊・庫狄業誌蓋

○齊故儀同庫狄公墓銘

北齊・韓裔誌蓋

○齊故特進韓公

北齊・狄湛誌蓋

○齊涇州刺史

北齊·高百年誌蓋

北齊·許儁卅人造像

○大齊皇建二年

北齊·徐顯秀誌

○擅高名於齊北

北齊·智度等造像

北齊·雋敬碑

○大齊鄉

北齊·高阿難誌蓋

【䶒】

《說文》：䶒，等也。从㠯妻聲。

朿部

【朿】

《說文》：朿，木芒也。象形。凡朿之屬皆从朿。讀若刺。

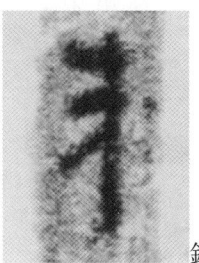

銀壹 773

○銛（鐱）諸有朿

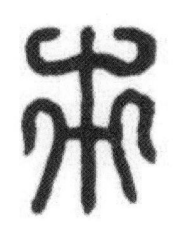

漢印文字徵

○中朿唯印

漢印文字徵

○徐朿之印

漢印文字徵

○王朿

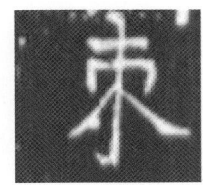

北周·王通誌

○㝒於朿城縣

【棗】

《説文》：棗，羊棗也。从重束。

睡・日甲《秦除》14
〇利棗（早）不利莫（暮）

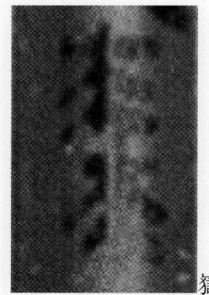

嶽・占夢書 34
〇夢見棗得君子好言

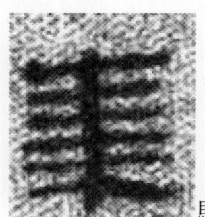

馬貳 32_10 上
〇上有棗

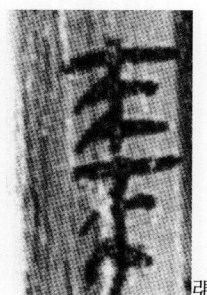

張・脈書 12
〇如棗爲牡

武・甲《有司》64
〇中執棗糗

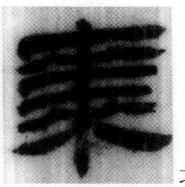

北壹・倉頡篇 63
〇桃李棗杏

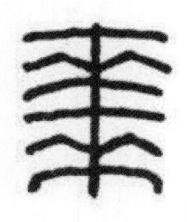

漢印文字徵
〇酸棗右尉

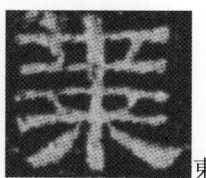

東漢・肥致碑
〇詔聞梁棗樹上有道人

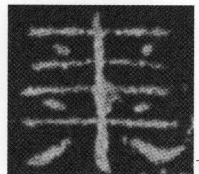

東漢・肥致碑
〇棗木上

西晉・華芳誌
〇適潁川棗臺產

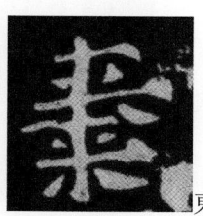

東魏・李次明造像
〇棗強縣千秋

北周·盧蘭誌

○金棗長枯

【棘】

《説文》：棘，小棗叢生者。从並束。

睡·日甲《詰》38

○是棘鬼在焉

馬壹 90_238

○煮棘（棗）將榆

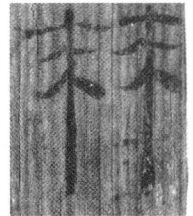

馬貳 300_47

○棘笴

銀壹 346

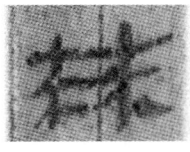

○曰藩棘

銀貳 1664

○棘不可以蓋

北貳·老子 201

○居楚棘生之善者果

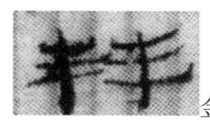

金關 T32:002

○陽郡棘陽楊里大夫

武·甲《特牲》48

○亙（萱）棘心枇（匕）刻

北壹·倉頡篇 37

○）梗栘棘條蕫

廿世紀璽印三-GP

○棘滿丞印

漢晉南北朝印風

○棘陽縣宰印

漢印文字徵

○棘翠

漢印文字徵

○平棘右尉

東漢・封龍山頌

○平棘李音

北魏・高珪誌

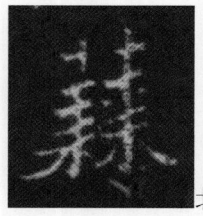

北魏・薛法紹造像

○秀九棘於華菀

北魏・韓顯宗誌

○昌黎棘城人也

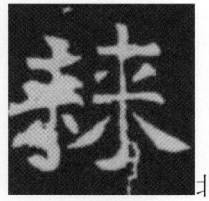

北魏・元誘妻馮氏誌

○九棘聯茂

北魏・寇臻誌

○方登槐棘

北魏・元瓚誌

○君登棘飛聲

北魏・元乂誌

○楊葉棘刺之妙

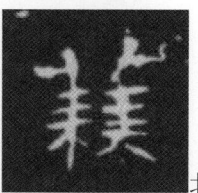

北魏・元宥誌

○方陵九棘

北魏・元子正誌

○馳譽棘門

東魏・侯海誌

○媚茲槐棘

北齊·狄湛誌

○方當論道槐棘

片部

【片】

《說文》：片，判木也。从半木。凡片之屬皆从片。

西晉·管洛誌

○爿（片）言

北魏·元延明誌

○折以片言

北魏·崔鴻誌

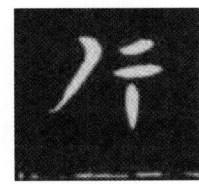

○片言無爽

北魏·元寧誌

○片言折獄

北魏·侯太妃自造像

○早傾片體

【版】

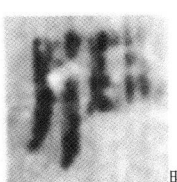

《說文》：版，判也。从片反聲。

睡·秦律十八種131

馬壹226_87

馬壹212_40

馬貳9_13下\5

○築三版基三尺土功

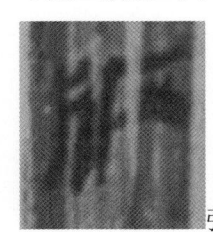

張·引書72

○纍版（板）令

張·遣策8

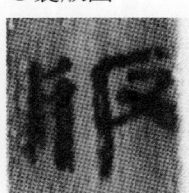

○囊版圖一

銀貳1889

北魏·元天穆誌

北魏·元融誌

【牘】

《説文》：牘，判也。从片畐聲。

【牘】

《説文》：牘，書版也。从片賣聲。

里·第八層1494

金關 T21:213

北魏·元乂誌

北魏·盧令媛誌

【牒】

《説文》：牒，札也。从片枼聲。

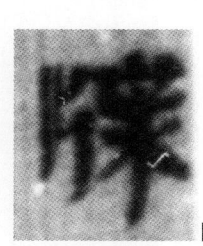

睡·秦律十八種35

嶽·魏盜案169

里·第八層225

馬貳293_396/154

張·田律256

張·奏讞書177

敦煌簡0213

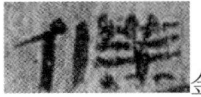

金關T23:362

○奏名牒

金關T21:047

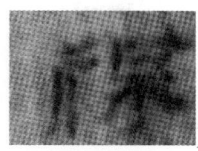

東牌樓005

北壹·倉頡篇20

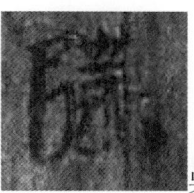

○稀支衺牒膠竊

吳簡嘉禾·四·二

○如牒

東漢·乙瑛碑

○除龢補名狀如牒

北魏·元懷誌

北魏·王普賢誌

東魏·司馬韶及妻侯氏誌

北齊·唐邕刻經記

北齊·元賢誌

【牐】

《說文》：牐，牀版也。从片扁聲。讀若邊。

【牖】

《說文》：牖，穿壁以木爲交窗也。从片、戶、甫。譚長以爲：甫上日也，非戶也。牖，所以見日。

睡·日甲《門》143

馬壹 138_16 上/158 上

馬壹 5_25 上

張·脈書 24

銀壹 799

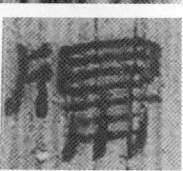

北貳·老子 27

武·甲《特牲》46

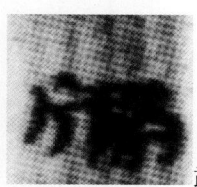

武·甲本《少牢》36

北壹·倉頡篇 54

○屋內窗牖戶房

東漢·東漢·婁壽碑陽

○棬樞甕牖

北魏·趙廣者誌

北魏·胡明相誌

北魏·高衡造像

北魏·成嬪誌

北周·盧蘭誌

【牏】

《說文》：牏，築牆短版也。从片俞聲。讀若俞。一曰若紐。

睡·秦律十八種 125

〖牉〗

東魏·趙氏妻姜氏誌

○牉合中傾

北齊·袁月璣誌

○以從牉合之禮

〖牋〗

廿世紀璽印四-SY

○屠驤白牋

廿世紀璽印四-SY

○孫寔白牋

鼎部

【鼎】

《說文》：鼎，三足兩耳，和五味之寶器也。昔禹收九牧之金，鑄鼎荊山之下，入山林川澤，螭魅蝄蜽，莫能逢之，以協承天休。《易》卦：巽木於下者爲鼎，象析木以炊也。籀文以鼎爲貞字。凡鼎之屬皆从鼎。

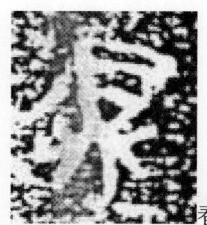

春早・秦公鼎

春早・秦公鼎

戰早・中敃鼎

戰晚或秦代・桄陽鼎

春早・秦公鼎

漢銘・杜鼎一

漢銘・美陽鼎

漢銘・衛鼎

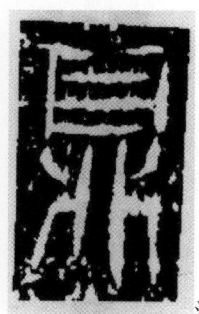

漢銘・鳌厔鼎

漢銘・好畤鼎

漢銘・離棫陽鼎

漢銘・第七平陽鼎

漢銘·安成家鼎

漢銘·美陽高泉宮鼎蓋

漢銘·筍少夫鼎

漢銘·杜鼎二

漢銘·臨晉鼎

漢銘·陶陵鼎一

漢銘·陶陵鼎二

漢銘·安成家鼎

漢銘·永始乘輿鼎一

漢銘·楊鼎

漢銘·承安宮鼎一

漢銘·承安宮鼎二

漢銘·右丞宮鼎

漢銘·上林鼎一

漢銘・中水鼎

漢銘・上林銅鼎一

漢銘・西鄉鼎蓋

漢銘・永始三年乘輿鼎

漢銘・酈偏鼎

漢銘・長楊鼎一

漢銘・張氏鼎

漢銘・南宮鼎二

漢銘・筍少夫鼎

漢銘・上林鼎二

漢銘・蕡陽鼎

漢銘・陶陵鼎二

漢銘・南宮鼎一

漢銘・長楊鼎二

漢銘·楚大官廚鼎

漢銘·楚大官廚鼎

漢銘·平息侯家鼎

漢銘·陽平頃侯石鼎

漢銘·羽陽宮鼎

漢銘·羽陽宮鼎

漢銘·齊大官畜鼎

漢銘·南宮鼎三

里·第八層 276

馬壹 36_23 上

馬壹 15_11 上\104 上

馬貳 235_165

〇畫木鼎七

馬貳 221_3

〇雋一鼎

馬貳 263_61/81
○羹一鼎

馬貳 241_221
○其六鼎盛羹

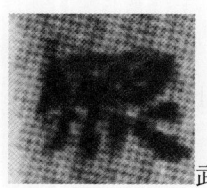

武‧甲《特牲》14

武‧甲《有司》15
○受于鼎西

歷代印匋封泥
○鼎胡苑丞

廿世紀璽印三-GP
○鼎胡苑丞

秦駰玉版

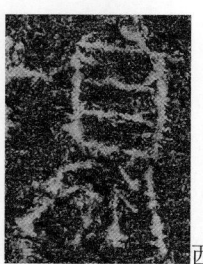

西漢‧楚王墓塞石銘
○不布瓦鼎

東漢‧鮮於璜碑陽

東漢‧曹全碑陽
○極鼎足

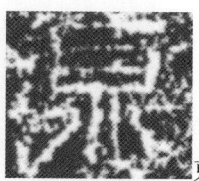

東漢‧北海相景君碑陽

東漢‧趙菿殘碑

北魏‧丘哲誌
○遷鼎伊洛

3228

北魏·公孫猗誌

〇鼎食唯良

北魏·元壽安誌

北魏·劇市誌

北魏·王遺女誌

北魏·元羽誌

北齊·婁黑女誌

北周·梁嗣鼎誌

〇寇將軍武騎司馬梁嗣鼎

【鼒】

《說文》：鼒，鼎之圜掩上者。從鼎才聲。《詩》曰："鼐鼎及鼒。"

【鎡】

《說文》：鎡，俗鼒從金從茲。

【鼐】

《說文》：鼐，鼎之絕大者。從鼎乃聲。《魯詩》說：鼐，小鼎。

北齊·報德像碑

【鼏】

《說文》：鼏，以木橫貫鼎耳而舉之。從鼎冂聲。《周禮》："廟門容大鼏七箇。"即《易》"玉鉉大吉"也。

春晚·秦公簋

〇天命鼏（宓）宅

秦公大墓石磬

○蟬鼎平二

克部

【克】

《說文》：亨，肩也。象屋下刻木之形。凡克之屬皆从克。

【㝃】

《說文》：㝃，古文克。

【㮯】

《說文》：㮯，亦古文克。

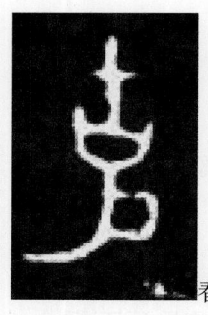

春早·秦公鐘

馬壹 126_63 上

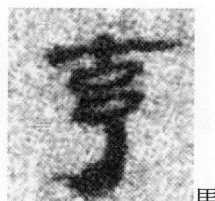

馬壹 4_7 下

○弗克攻吉

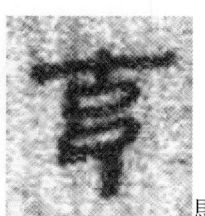

馬壹 4_7 下

○弗克攻吉

銀貳 1133

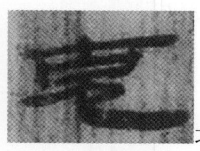

北貳·老子 61

敦煌簡 1296A

○里乾克字子神爵

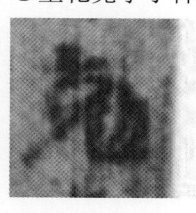

吳簡嘉禾·九二九三

○得妻大女剋（克）年廿

廿世紀璽印二-SP

○當陽克

3230

第七卷

秦代印風

○王尅

歷代印匋封泥

○當陽克

廿世紀璽印三-SY

廿世紀璽印三-SY

廿世紀璽印三-SP

廿世紀璽印三-SY

廿世紀璽印三-SY

廿世紀璽印三-SY

漢印文字徵

○李克得

漢印文字徵

○李克

詛楚文・巫咸

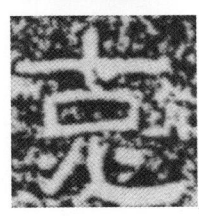

東漢・西狹頌

○克長克君

東漢・劉熊碑

3231

東漢・夏承碑
○克讓有終

東漢・史晨後碑

東漢・楊統碑陽
○克忠克力

東漢・北海相景君碑陽
○剋（克）己治身

東漢・北海相景君碑陽
○攸剋（克）不遺

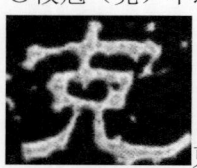

東漢・楊震碑

東漢・趙寬碑

三國魏・王基斷碑

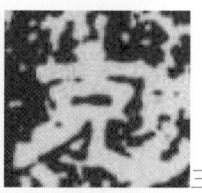

三國魏・三體石經尚書・隸書

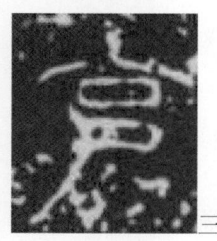

三國魏・三體石經尚書・篆文
○大弗克龏上在

三國魏・三體石經尚書・古文
○克有正迪

東晉・劉剋誌
○鄉容丘里劉剋（克）

北魏・封魔奴誌
○深誠剋（克）應

北魏・丘哲誌

3232

○不時尅（克）剪

北魏・元顯魏誌

○廿一日壬辰尅（刻）

北魏・馮季華誌

○尅茲相敬

北魏・李伯欽誌

○方隆克家之寄

北魏・封魔奴誌

○尅（克）調衮曜

北魏・元誘妻馮氏誌

北魏・楊氏誌

○尅（克）廣德心

北魏・王僧男誌

○尅當乾心

北魏・尉氏誌

○尅紹鴻構

北魏・楊無醜誌

北魏・王誦妻元妃誌

○克誕淑德

北魏・王普賢誌

北魏・元詮誌

○氛霧尅（克）清

北魏·李蕤誌

○克誕若人

北魏·元暐誌

東魏·趙氏妻姜氏誌

○女功克允

北齊·婁黑女誌

○克誕良媛

北齊·宋買等造像

北齊·吳洛族造像

○剋（刻）檀爲功

北齊·斛律氏誌

彔部

【彔】

《說文》：彔，刻木录录也。象形。凡彔之屬皆从彔。

禾部

【禾】

《說文》：禾，嘉穀也。二月始生，八月而孰，得時之中，故謂之禾。禾，木也。木王而生，金王而死。从木，从𠂹省。𠂹象其穗。凡禾之屬皆从禾。

戰晚·高奴禾石權

漢銘·新量斗

睡·秦律十八種 21

睡·日甲《星》84

睡・日甲 151

關・病方 349

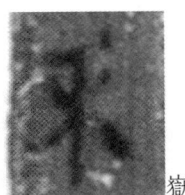

嶽・為吏 55

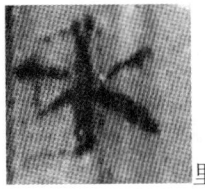

里・第八層 740

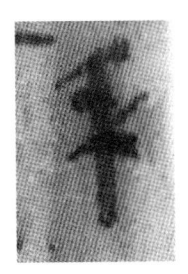

里・第八層背 734

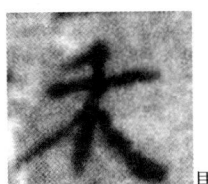

馬壹 80_6

張・置吏律 216

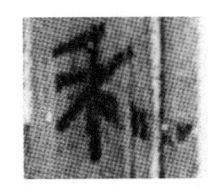

銀貳 1793

敦煌簡 2325

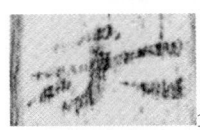

金關 T23:575A

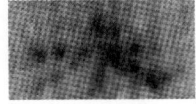

東牌樓 005

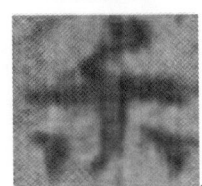

吳簡嘉禾・五・二五七
○嘉禾六年

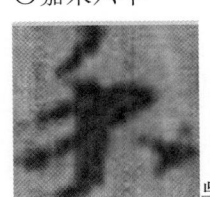

吳簡嘉禾・五・七〇〇
○嘉禾六年

吳簡嘉禾・五・一一一六
○嘉禾六年

秦代印風

秦代印風

漢晉南北朝印風

○木禾右執奸

歷代印匋封泥

○居攝禾

漢印文字徵

○木禾丞印

漢印文字徵

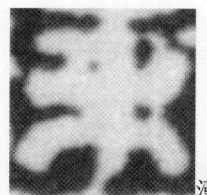

漢晉南北朝印風

○張多禾

東漢·李禹通閣道記

○禾都尉

東漢·西狹頌

東漢·五瑞圖摩崖

○嘉禾

北齊·司馬遵業誌

北周·韋彪誌

【秀】

《說文》：秀，上諱。漢光武帝名也。

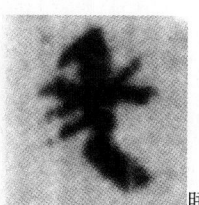

睡·日甲《除》13

銀貳1211

漢印文字徵
○陳印秀眾

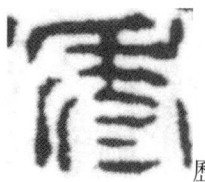

歷代印匋封泥
○陳秀眾印

石鼓·田車

西晉·荀岳誌

北魏·元誨誌

北魏·丘哲誌

北魏·寇憑誌

北魏·元廣誌

北魏·元濬嬪耿氏誌

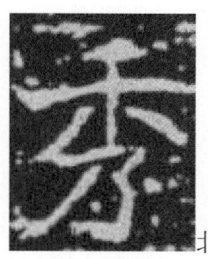

北齊·爾朱元靜誌

北齊·徐顯秀誌
○王諱穎字顯秀

北周·馬龜誌
○秀出不群

【稼】

《說文》：稼，禾之秀實爲稼，莖節爲禾。从禾家聲。一曰稼，家事也。一曰在野曰稼。

睡·秦律十八種 1

睡·法律答問 150

獄·為吏 63

里·第八層 1554

張·置吏律 216

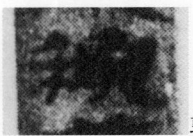

敦煌簡 2325

武·甲《少牢》33

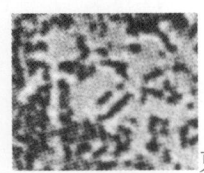

東漢·三公山碑

東漢·耿勳碑

東漢·相張壽殘碑

東漢·石門頌

北魏·元廞誌

【穧】

《說文》：穧，穀可收曰穧。从禾齊聲。

張·田律 253

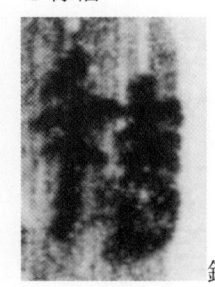

○稼穧

銀壹 691

○愛何穧萬物皆得何

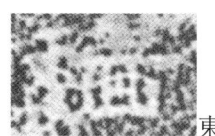

東漢・三公山碑

○稼穡穰穰

北魏・弔比干文

○慰稼穡之艱難

北魏・元廞誌

○爲稼未穡

【穜】

《說文》：穜，埶也。从禾童聲。

睡・秦律十八種 38

睡・秦律十八種 39

睡・日甲 151

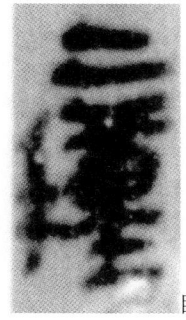

睡・日書乙種 64

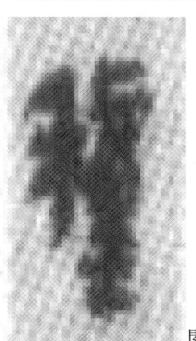

關・病方 349

關・病方 350

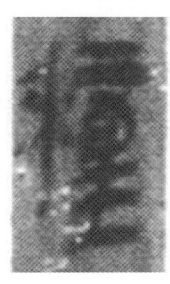

獄・為吏 77

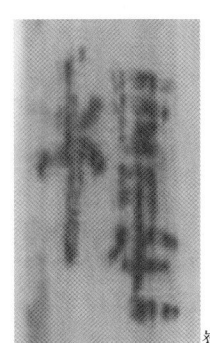

獄・學為偽書案 219

馬壹 126_55 上

馬壹 16_9 下\102 下

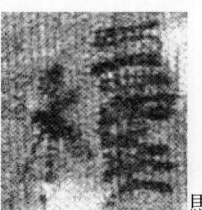

馬貳 62_8

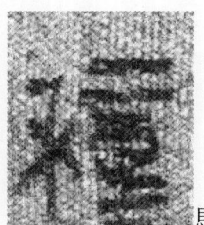

馬貳 62_15

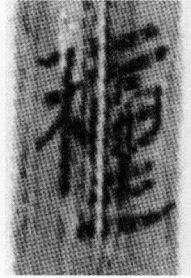

張·奏讞書 63

張·脈書 24

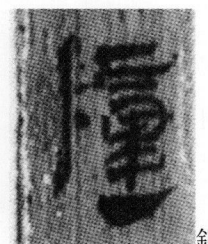

銀貳 1915

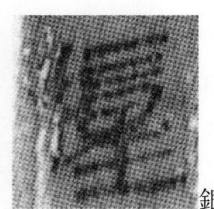

銀貳 1819

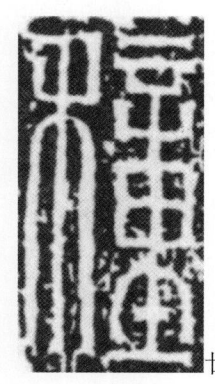

廿世紀璽印三-SY

漢印文字徵

漢印文字徵

【稙】

《說文》：稙，早穜也。从禾直聲。

《詩》曰："稙稚未麥。"

東漢·西狹頌

○民以貨稙

【種】

《説文》：穜，先種後孰也。从禾重聲。

敦煌簡 0515

金關 T24:557

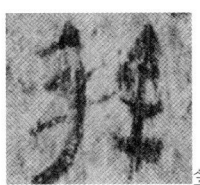

金關 T23:917A

○盡以種禾舍東

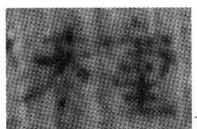

東牌樓 005

○八石種替

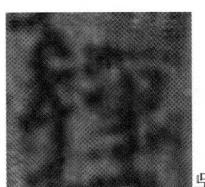

吳簡嘉禾·四·三二

○力火種田其六欸旱

漢印文字徵

○徐印種已

漢印文字徵

○郅種已

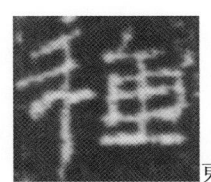

東漢·石祠堂石柱題記

○列種松柏

東漢·史晨後碑

○各種一行梓

北魏·元恭誌

北魏·元舉誌

北魏·盧令媛誌

北齊·無量義經二

北齊·赫連子悦誌

北周·二種無我摩崖
〇二種无我究竟通達

北周·李府君妻祖氏誌

北周·種字摩崖
〇種

【稵】

《說文》：稵，疾孰也。从禾坴聲。《詩》曰："黍稷種稵。"

【穋】

《說文》：穋，稵或从翏。

【稺】

《說文》：稺，幼禾也。从禾屖聲。

秦文字編 1112

秦文字編 1112

秦文字編 1112

里·第八層 2093
〇俱佐稺入徒所爲

里·第八層 2210
〇臣稺曰佁

張·蓋盧 47

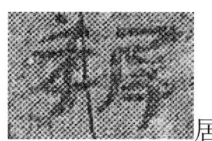

居·EPT51.654

金關 T32:058

○襄國稺楚里

漢印文字徵

○焦印稺文

漢印文字徵

○陳稺君

漢印文字徵

○王稺

漢印文字徵

○馬稺孺

漢印文字徵

○闕稺孺

漢印文字徵

○李稺

漢晉南北朝印風

○成稺季

漢晉南北朝印風

○田稺季印

漢晉南北朝印風

○司馬翁稺

【稹】

《說文》：稹，穜穊也。从禾眞聲。
《周禮》曰："稹理而堅。"

【稠】

《說文》：稠，多也。从禾周聲。

馬貳 112_67/67

張·奏讞書 119

北魏·元襲誌

○細草方稠

北魏·元孟輝誌

北魏·元珍誌

北魏·嚴震誌

○質以方翰之稠

【穊】

《說文》：穊，稠也。从禾旣聲。

【稀】

《說文》：稀，疏也。从禾希聲。

睡·封診式 78

○中央稀者五寸

北壹·倉頡篇 20

○飲獸然稀

北齊·賈致和造像

北周·叱羅協誌

○逕稀賓騎

北周·張僧妙法師碑

○依稀至寂

【穖】

《說文》：穖，禾也。从禾幾聲。

【穆】

《說文》：穆，禾也。从禾㣆聲。

3244

戰晚·五十年詔事戈

漢印文字徵

春晚·秦公鎛

廿世紀璽印四-SP
○張穆

春晚·秦公簋

漢晉南北朝印風
○馬穆印信

北壹·倉頡篇5
○景桓昭穆豐盈

詛楚文·沈湫
○先君穆公及楚成王繆

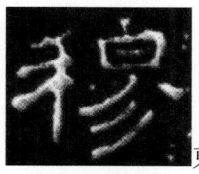

歷代印匋封泥
○張穆

東漢·楊震碑

歷代印匋封泥
○庶穆

東漢·張遷碑陽

漢印文字徵
○張穆印信

東漢·司馬芳殘碑額
○孝友穆於家庭

東漢・譙敏碑

○於穆使君

東漢・寬以濟猛殘碑

東漢・圉令趙君碑

東漢・西狹頌

東漢・建寧三年殘碑

東漢・肥致碑

東漢・陽嘉殘碑陰

○故吏劉穆

東漢・開母廟石闕銘

○陰陽穆清

東漢・少室石闕銘

○廷掾趙穆

東漢・夏承碑

三國魏・受禪表

西晉・郭槐柩記

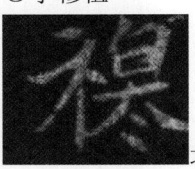

東晉・溫嶠誌

○字穆祖

北魏・寇演誌

○河南宣穆公

北魏・穆纂誌蓋

○穆君墓誌之銘

北魏·元純陀誌

北魏·元融誌

北魏·寇治誌

○雍州刺史河南宣穆公

北魏·鮮于仲兒誌

○道穆群宗

北魏·薛伯徽誌

○景穆皇帝之曾孫

北魏·元崇業誌

○景穆皇帝之曾孫

北魏·元斌誌

○恭宗景穆皇帝之曾孫

北魏·元彬誌

○恭宗景穆皇帝之孫

北魏·程法珠誌

北魏·元榮宗誌

○景穆皇帝之玄，

北魏·元思誌

○恭宗景穆皇帝之孫

北魏·穆亮誌

○開國公穆文獻公

北魏·寇臻誌

○河南宣穆公之少子

北魏·張盧誌

○於穆斯公

北魏·元洛神誌蓋

○魏故穆氏元夫人墓誌

北魏·寇憑誌

○河南宣穆公之孫

北魏·元嵩誌

○魏恭宗景穆皇帝之孫

北魏·穆循誌

○南穆君

北魏·封昕誌

○銘石松墳其妻穆氏

北魏·馮會誌

○穆矣太師

北魏·元彥誌

○恭宗景穆皇帝之曾孫

北魏·王誦妻元妃誌

○穆穆高宗

北魏·穆彥誌蓋

○魏故穆君之墓誌銘

東魏·元惊誌

北齊·高淯誌

北齊·暴誕誌

【私】

《說文》：𥝢，禾也。从禾厶聲。北道名禾主人曰私主人。

邵宮盉·秦銅圖版 194

邵宮盉·秦銅圖版 194

3248

漢銘·楚私官量

睡·語書 4

○及爲閒（奸）私

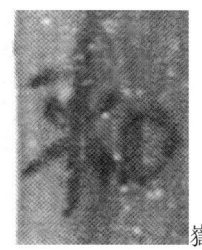

獄·爲吏 46

○悉毋私

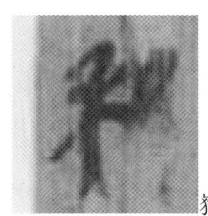

獄·癸瑣案 20

○先受私錢二千

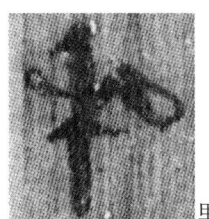

里·第八層 920

○私爲陽里大女

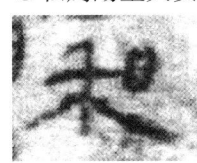

馬壹 84_106

○有私義（議）

馬壹 43_34 上

○私心論之

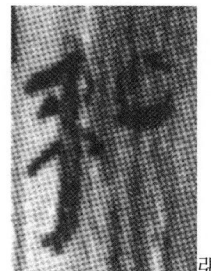

張·亡律 162

○私屬婢爲庶人

銀壹 503

○爭私結怨貴以不

北貳·老子 140

○其無私虖

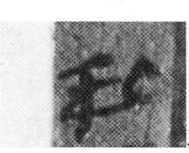

敦煌簡 0536

○私驢一匹

金關 T02:065

○二人私從

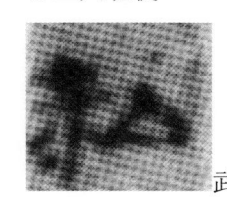

武·儀禮甲《士相見之禮》7

○賤私也

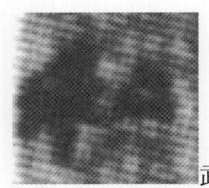

武・儀禮甲《服傳》13
○其私尊也

北壹・倉頡篇 72
○妃秩私鹽

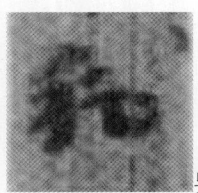

吳簡嘉禾・五五零一
○元年私學限米

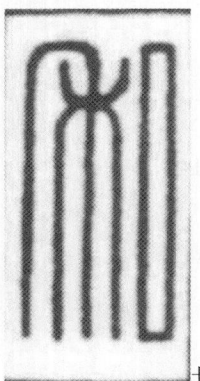

廿世紀璽印二-SY

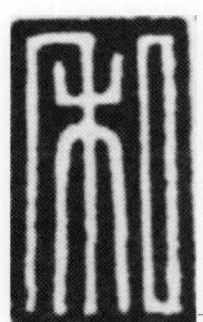

廿世紀璽印三-SY

廿世紀璽印三-GP
○私官丞印

秦代印風
○大夫奕私印

秦代印風
○王俎私印

秦代印風
○北私庫印

歷代印匋封泥
○私般右官

廿世紀璽印三-GP
○私府丞印

廿世紀璽印三-SY
○子廚私印

廿世紀璽印三-SY
○王寬私印

歷代印匋封泥
○北宮私丞

廿世紀璽印三-SY
○黃禹私印

廿世紀璽印三-SY
○私信

廿世紀璽印三-SY
○王光私印

廿世紀璽印三-SY
○孫敞私印

歷代印匋封泥
○季若私印

廿世紀璽印三-SY
○徐武私印

漢印文字徵
○信私印

廿世紀璽印三-SY
○王欽私印

歷代印匋封泥
○王昌私印

歷代印匋封泥
○毒況私印

柿葉齋兩漢印萃
○丁寬私印

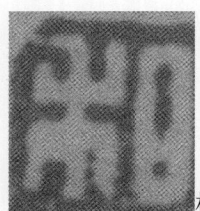

柿葉齋兩漢印萃
○張戎私印

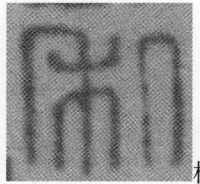

柿葉齋兩漢印萃
○劉勝私印

漢印文字徵
○郯光私印

歷代印匋封泥
○崔敵私印

漢印文字徵
○王昌私印

漢印文字徵
○尹輔私印

漢印文字徵
○臣趙長私

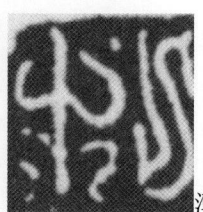

漢晉南北朝印風
○李□私印

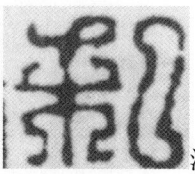

漢晉南北朝印風
○田忠私印

漢晉南北朝印風
○田忠私印

漢晉南北朝印風
○靳並私印

3252

第七卷

漢晉南北朝印風
〇李君私印

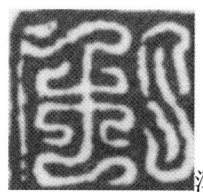

漢晉南北朝印風
〇張滇私印

漢晉南北朝印風
〇毛獲私印

漢晉南北朝印風
〇趙博私印

漢晉南北朝印風
〇楊卯私印

漢晉南北朝印風
〇盧豐私印

漢晉南北朝印風
〇張並私印

漢晉南北朝印風
〇布昌私印

漢晉南北朝印風
〇趙望私印

漢晉南北朝印風
〇弭佗私印

漢晉南北朝印風
〇潘剛私印

漢晉南北朝印風
〇王褒私印

漢晉南北朝印風
○成昌私印

漢晉南北朝印風
○臣趙長私

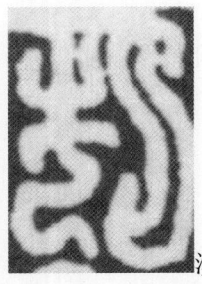

漢晉南北朝印風
○尚普私印字子良

漢晉南北朝印風
○焦武私印

漢晉南北朝印風
○驕郤私印

漢晉南北朝印風
○張壽私印

漢晉南北朝印風
○鮑勳私印

東漢・校官碑
○屈私趨公

三國吳・買冢城磚
○爲憑有私約者

北魏・陳天寶造像
○乃於中練里私宅造塔三級

北魏・元誘誌

北魏・劉滋誌
○卒於私第

北魏・吳光誌
○俯沐恩私

北魏·法文法隆等造像

○願割竭私財

北魏·奚智誌

北魏·姚伯多碑

北魏·元瞻誌

東魏·蕭正表誌

○薨于私第

【穤】

《說文》：穤，稻紫莖不黏也。从禾
糞聲。讀若靡。

【稷】

《說文》：稷，齋也。五穀之長。从
禾畟聲。

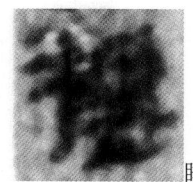

【䅤】

《說文》：䅤，古文稷省。

睡·日甲《秦除》18

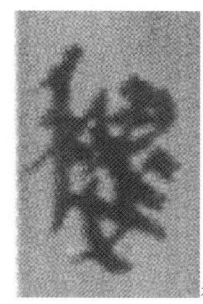

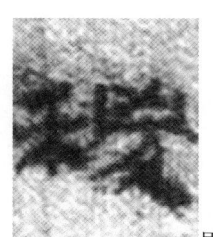

獄·數104

○一石稷毇（穀）

馬壹172_7下

○德黍稷之匪

馬壹47_2上

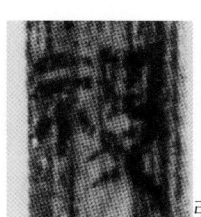

○安社禝（稷）

張·蓋盧4

○其社稷凡用兵之謀

銀壹594

○爲社稷亡則亡之

銀貳 1258
○存社稷者爲一官

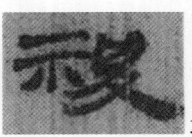

北貳・老子 115
○謂社褑（稷）之主

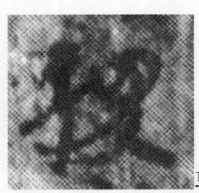

敦煌簡 0364
○貸黍稷米計

金關 T06:049
○新野稷里王常年廿

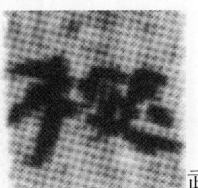

武・甲《特牲》17
○取黍褑（稷）肺祭授尸尸

廿世紀璽印三-SY
○稷林之印

詛楚文・巫咸
○伐我社稷

東漢・史晨前碑
○立稷而祀

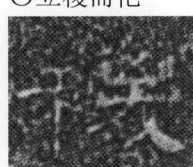

東漢・史晨後碑
○社稷品制

東漢・張遷碑陽
○非社稷之重

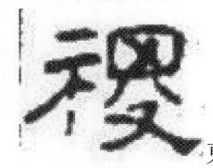

東漢・成陽靈臺碑
○日稷不夏

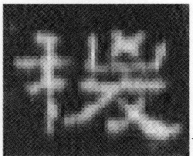

東漢・營陵置社碑
○定天地山川社稷宗廟之正典

東漢・尚博殘碑
○每懷禹稷恤民飢溺之思

北魏・寇憑誌
○后褑（稷）之苗胤

北魏・元恭誌

○社禝（稷）攸賴

北魏・寇臻誌

北魏・王蕃誌

○以安社禝（稷）之勳

北魏・李璧誌

○遊心禝（稷）下

北魏・元引誌

北魏・元誘誌

北魏・于景誌

○安魏社稷者

北魏・笥景誌

○社禝（稷）無主

北魏・王悅及妻郭氏誌

北魏・元天穆誌

○社禝（稷）焉歸

東魏・高盛碑

北齊・石信誌

北齊・房周陁誌

北齊・李難勝誌

○禝（稷）契以道教顯

北周·時珍誌
○英侔禝（稷）下之奇

【𪗊】

《說文》：𪗊，稷也。从禾𠈌聲。

【齍】

《說文》：齍，𪗊或从次。

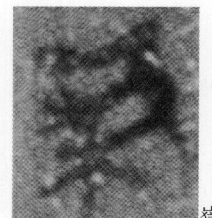

嶽·數109
○齍一石

里·第八層2014
○居齍（資）中華里

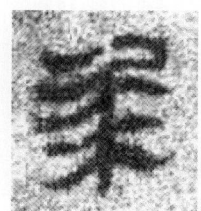

馬壹9_60上
○齍涕洟无咎

馬貳232_128
○黃齍食四器盛

【秫】

《說文》：秫，稷之黏者。从禾；朮，象形。

【朮】

《說文》：朮，秫或省禾。

睡·法律答問101
○有賊殺傷人衝朮

睡·日甲《秦除》18
○龍寅朮丑

里·第八層200
○朮卮朮求請得以卮

3258

馬貳 234_144

○稻白秋二石布

馬貳 211_98

○心毋秋（怵）蕩

馬貳 69_25/25

○秋根去皮

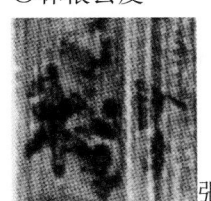

張·遣策 4

○襦一秋米囊一

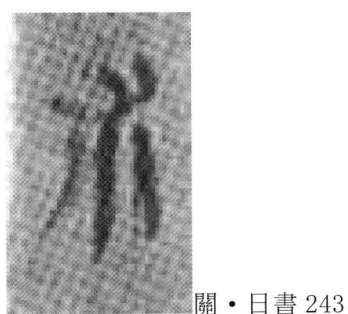

關·日書 243

○求斗朮曰以廷子爲

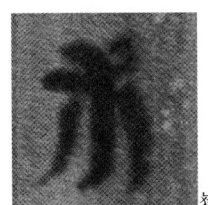

獄·數 179

○三百朮（術）曰

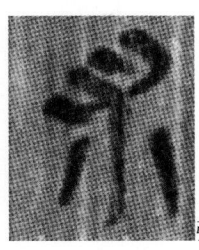

張·算數書 17

○約分朮（術）曰

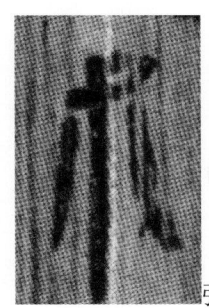

張·算數書 7

○乘分朮（術）皆

東漢·元嘉元年畫像石題記一

○局秋穩析好弱完

【穄】

《說文》：穄，䵖也。从禾祭聲。

【稻】

《說文》：稻，稌也。从禾舀聲。

睡·秦律十八種 35

睡·日乙 47

嶽·數101

里·第八層1794

馬壹254_42上

馬貳109_12/12

張·算數書110

廿世紀璽印三-GY

漢代官印選

東漢·白石神君碑

【稌】

《說文》：稌，稻也。从禾余聲。《周禮》曰："牛宜稌。"

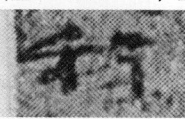

敦煌簡1718

〇稌一斗

【稬】

《說文》：稬，沛國謂稻曰稬。从禾耎聲。

【稴】

《說文》：稴，稻不黏者。从禾兼聲。讀若風廉之廉。

【秔】

《說文》：秔，稻屬。从禾亢聲。

【稉】

《說文》：稉，秔或从更聲。

【秏】

《說文》：秏，稻屬。从禾毛聲。伊尹曰："飯之美者，玄山之禾，南海之秏。"

3260

睡·效律24

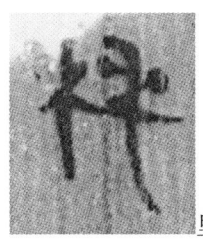

獄·數9

里·第八層183

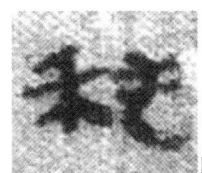

馬壹173_34上

張·算數書50

銀貳1169

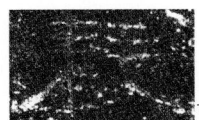

東漢·楊德安題記

○聞噩耗

東魏·趙紹誌

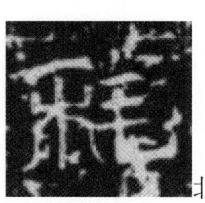

北齊·劉悅誌

北齊·元賢誌

【穬】

《說文》：穬，芒粟也。从禾廣聲。

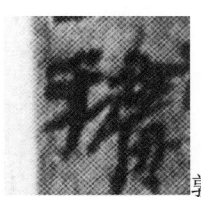

敦煌簡0532

○穬麥小石

金關T23:917A

○盡種穬

【秜】

《說文》：秜，稻今季落，來季自生，謂之秜。从禾尼聲。

【稗】

《說文》：稗，禾別也。从禾卑聲。琅邪有稗縣。

睡·秦律十八種83

○與其稗官分如其事

馬貳113_74/74

○□以稗□五

張·秩律470

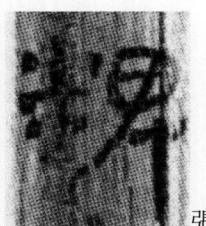

○官之稗官

張·算數書102

○稗米四分升

【移】

《說文》：移，禾相倚移也。从禾多聲。一曰禾名。

睡·語書13

睡·秦律十八種44

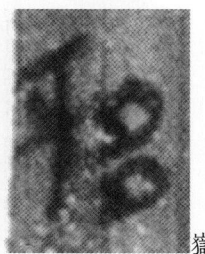

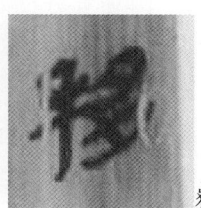

獄·為吏72

獄·癸瑣案6

里·第八層757

馬貳282_268/260

○畫大移容四升

張·具律117

銀壹 414

銀貳 1576

敦煌簡 1161

○之官移檄

金關 T02:083

○府謹移

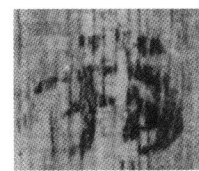

東牌樓 127

○移前至四月不

漢代官印選

○移中廄監

東漢・肥致碑

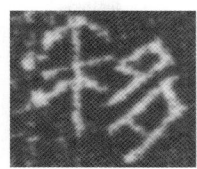

東漢・石祠堂石柱題記

○歲移在卯

東漢・張景造土牛碑

西晉・臨辟雍碑

北魏・元頊誌

北魏・奚智誌

○中古遷移

北魏・元思誌

北魏・司馬紹誌

北魏·元濬嬪耿氏誌

○嬪固節不移

北魏·叔孫協及妻誌

北魏·封魔奴誌

○匪移其性

北魏·封魔奴誌

○陵壑有移

北魏·李媛華誌

北魏·元子直誌

北魏·寇偘誌

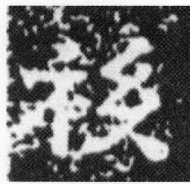

北魏·劉賢誌

○移秦大姓

北魏·公孫猗誌

北齊·法懃塔銘

北周·馬龜誌

【穎】

《説文》：穎，禾末也。从禾頃聲。《詩》曰："禾穎穟穟。"

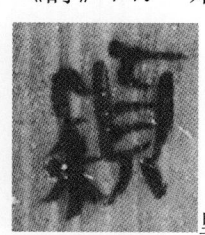

里·第八層 161

○庚申穎(潁)陰相來行田

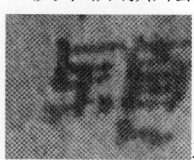

敦煌簡 0829A

○穎(潁)川

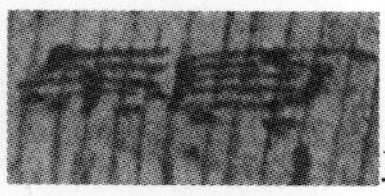

敦煌簡 0807

○穎(潁)川

3264

金關 T09:081
○戍卒穎(潁)川郡

金關 T08:033
○戍卒穎(潁)川

金關 T31:001
○穎(潁)川郡

歷代印匋封泥
○穎(潁)陽丞印

漢印文字徵
○穎(潁)川太守

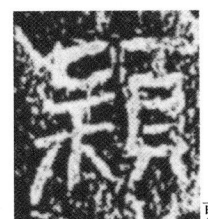

東漢·楊淮表記

東漢·成陽靈臺碑
○穎(潁)川襄城楊調

東漢·洛陽刑徒磚
○無任穎(潁)川舞陽

東漢·冠軍城石柱題名
○故吏郎中穎(潁)川唐虒休仲

東漢·曹全碑陰

東漢·成陽靈臺碑

東漢·尹宙碑

東漢·孔彪碑陽

東漢·衛尉卿衡方碑

東漢·禮器碑
○穎(潁)川長社王玄君真二百

3265

東漢・尹宙碑

晉・張永昌神柩刻石

○穎(穎)陰

西晉・石尠誌

○穎(穎)川

西晉・趙氾表

○穎(穎)陰

西晉・荀岳誌

東晉・李纂武氏誌

○穎(穎)川

東晉・溫嶠誌

○穎(穎)川

北魏・元羽誌

○陵秋擢穎

北魏・元子正誌

○風神穎發

北魏・元子永誌

○穎秀

北魏・薛慧命誌

○劍崿韜穎

北魏・元恭誌

○父安固伯閭世穎

東魏・道寶碑記

○希希獨穎

北齊・吳遷誌

○汝穎載清

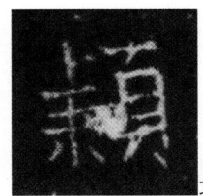

北齊·張思伯造浮圖記
○穎(潁)州城

北周·寇熾誌
○穎(潁)川陷沒

【秾】

《說文》：秾，齊謂麥秾也。从禾來聲。

【采】

《說文》：采，禾成秀也，人所以收。从爪、禾。

【穗】

《說文》：穗，采或从禾惠聲。

張·引書4
○多食采（菜）

北壹·倉頡篇14
○包穗

漢印文字徵
○臨□采鐵

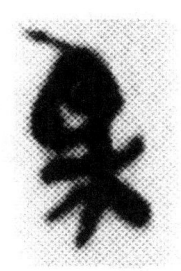

秦文字編 1116

秦文字編 1116

秦文字編 1116

北魏·楊胤誌
○陵霄擢穗

東魏·張瑾誌
○吟謠兩穗

【秒】

《說文》：秒，禾危穗也。从禾勺聲。

【穟】

《說文》：𥢶，禾采之皃。从禾遂聲。
《詩》曰："禾穎穟穟。"

【䆂】

《說文》：𦳫，穟或从艸。

【𥢑】

《說文》：𥢑，禾垂皃。从禾耑聲。讀若端。

【𥢶】

《說文》：𥢶，禾舉出苗也。从禾曷聲。

【秒】

《說文》：𥝭，禾芒也。从禾少聲。

【穖】

《說文》：𥢮，禾穖也。从禾幾聲。

【秠】

《說文》：𥞶，一稃二米。从禾丕聲。
《詩》曰："誕降嘉穀，惟秬惟秠。"天賜后稷之嘉穀也。

【秨】

《說文》：𥝱，禾搖皃。从禾乍聲。讀若昨。

【穮】

《說文》：𥣁，耕禾閒也。从禾麃聲。
《春秋傳》曰："是穮是蔉。"

【案】

《說文》：𥡶，轢禾也。从禾安聲。

【秄】

《說文》：𥝫，壅禾本。从禾子聲。

【穧】

《說文》：𥣂，穫刈也。一曰撮也。从禾齊聲。

【穫】

《說文》：𥣫，刈穀也。从禾蒦聲。

睡·秦律十八種 132

睡·日甲 152

里·第八層背 143

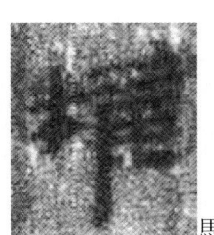

馬壹 47_14 上

○耕而穫戎（農）夫

馬壹 45_70 上

○左腹穫明夷

金關 T06:022A

【穧】

《說文》：穧，積禾也。从禾齊聲。
《詩》曰："穧之秩秩。"

【積】

《說文》：積，聚也。从禾責聲。

戰中·商鞅量

漢銘·新嘉量一

漢銘·新量斗

漢銘·新嘉量一

漢銘·律量籥

睡·秦律十八種 24

獄·為吏 19

里・第八層 135

馬壹 113_6\409

張・算數書 61

北貳・老子 61

敦煌簡 0236B

○積三日糧食

金關 T09∶237

金關 T29∶080

漢印文字徵

○積射督印

漢印文字徵

漢晉南北朝印風

○右積弩將軍章

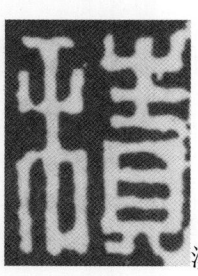

漢晉南北朝印風

○左積弓百人將

東漢・夏承碑

西晉・徐義誌

北魏・劉華仁誌

北魏・穆亮誌

北魏・李慶容誌

北魏・元廣誌

北魏・宇文永妻誌

北魏・李絜蘭誌

北魏・長孫忻誌

北魏・元仙誌

北魏・元瓚誌

〇積聖爲源

北魏・李謀誌

北魏・楊乾誌

北魏・寇治誌

北魏・王翊誌

北魏・尉氏誌

東魏・鄭氏誌

北齊・元賢誌

【秩】

《說文》：秩，積也。从禾失聲。《詩》曰："稽之秩秩。"

睡·秦律十八種 46

里·第八層 2106

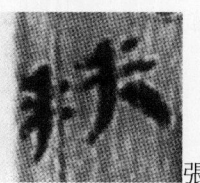

張·秩律 445

○輕車秩各八百石

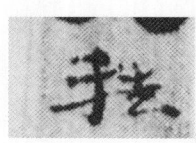

敦煌簡 1961

○卒史秩各百石員二

金關 T07:114

北壹·倉頡篇 72

○猒妃秩私□

廿世紀璽印三-GP

○郁秩丞印

歷代印匋封泥

○秩睦子印章

漢印文字徵

○陽秩男則相

漢印文字徵

○郁秩丞印

東漢·楊統碑陽

東漢·西狹頌

東漢·孔彪碑陽

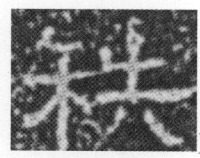

東漢·白石神君碑

東漢·鮮於璜碑陽

東漢·倉頡廟碑側

東漢·封龍山頌

東漢·北海相景君碑陽

○辨秩東衍

東漢·倉頡廟碑側

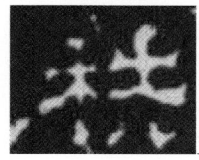

三國魏·孔羨碑

○群祀咸秩

西晉·王君侯碑

○天秩有德

北魏·鄭乾誌

○有秩斯流

北魏·王悅及妻郭氏誌

○拜黄秩

北魏·元爽誌

○禮秩

北魏·元誘妻馮氏誌

○析華分秩

東魏·元季聰誌

○有秩其祐

北齊·高淯誌

○秩標方地

北齊·張海翼誌

○徽猷秩秩

北周·須蜜多誌

○既稱有秩

【稇】

《說文》：稇，絭束也。从禾囷聲。

【稞】

《說文》：稞，穀之善者。从禾果聲。一曰無皮穀。

【䅷】

《說文》：䅷，舂粟不漬也。从禾昏

【秔】

《説文》：秔，稻也。从禾亢聲。

【稃】

《説文》：稃，穅也。从禾孚聲。

【粰】

《説文》：粰，稃或从米付聲。

【穫】

《説文》：穫，穗也。从禾會聲。

【穅】

《説文》：穅，穀皮也。从禾从米，庚聲。

【康】

《説文》：康，穅或省。

【穖】

《説文》：穖，禾皮也。从禾羔聲。

【稭】

《説文》：稭，禾稾去其皮，祭天以爲席。从禾皆聲。

【稈】

《説文》：稈，禾莖也。从禾旱聲。《春秋傳》曰："或投一秉稈。"

【秆】

《説文》：秆，稈或从干。

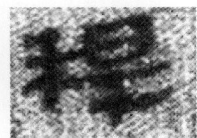

馬貳 32_17 上

【稾】

《説文》：稾，稈也。从禾高聲。

獄·數 73

○稾一石六錢

馬壹 76_65

○隨（墮）黨稾（崇）壽（雠）

歷代印匋封泥

○咸郦里稾

漢印文字徵

〇槀張

秦文字編 1117

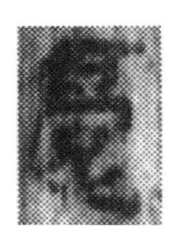

秦文字編 1117

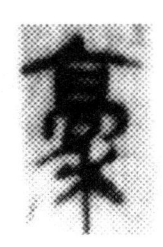

秦文字編 1117

【秕】

《説文》：秕，不成粟也。从禾比聲。

【稍】

《説文》：稍，麥莖也。从禾肖聲。

北壹·倉頡篇 14

〇遏包穗稍苦姨

秦代印風

【穊】

《説文》：穊，黍穰也。从禾㓞聲。

【穰】

《説文》：穰，黍穊已治者。从禾襄聲。

秦文字編 1118

秦文字編 1118

馬壹 88_201

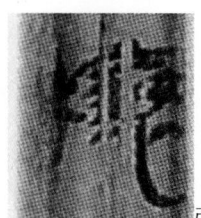

張·秩律 447

〇宛穰

金關 T15∶004
○福大穰里公乘徐襃

漢印文字徵
○楊穰

柿葉齋兩漢印萃
○馬穰印

漢印文字徵
○穰左尉印

漢印文字徵
○㝅穰

漢印文字徵
○馬穰

漢印文字徵
○臣穰

漢印文字徵
○范穰私印

漢印文字徵
○李穰私印

漢晉南北朝印風

3276

○侯穰

漢晉南北朝印風

○臣穰

漢晉南北朝印風

○張穰

東漢·桐柏淮源廟碑

東漢·史晨前碑

○以祈豐（豐）穰

北魏·李媛華誌

○膺此穰穰

北魏·元恭誌

○歲會穰々

【秧】

《說文》：秧，禾若秧穰也。從禾央聲。

【稴】

《說文》：稴，稴程，穀名。從禾旁聲。

【程】

《說文》：程，稴程也。從禾皇聲。

【秊（年）】

《說文》：秊，穀孰也。從禾千聲。《春秋傳》曰："大有秊。"

戰中·四年相邦樛斿戈

戰晚·十四年屬邦戈

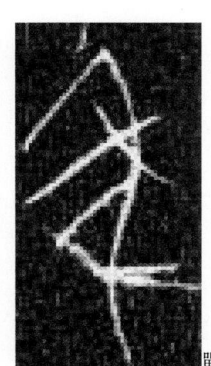

戰晚·二十六年蜀守武戈

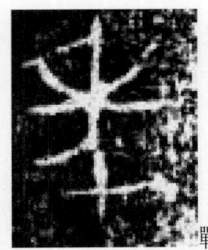

戰晚·十三年少府矛

戰晚·十二年上郡守壽戈

春早·秦公鎛

戰晚·二十一年相邦冉戈

戰晚·卅年詔事戈

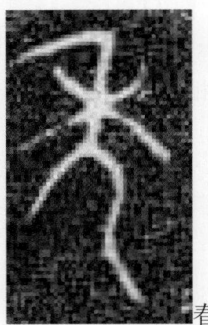

戰晚·四十八年上郡假守暨戈

春早·秦公鐘

戰晚·六年漢中守戈

戰晚·二十一年相邦冉戈

戰中·商鞅量

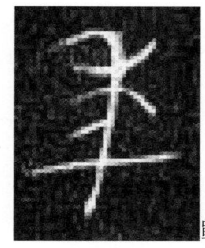

戰晚·廿二年臨汾守戈

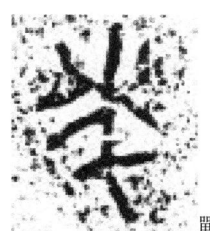

戰晚·高奴禾石權

戰晚·囗年上郡守戈

戰晚·十七年丞相啟狀戈

戰晚·二十五年上郡守廟戈

戰晚·二十七年上守墻戈

戰晚·二年上郡守戈

戰晚·三年上郡守戈

戰晚·五年呂不韋戈（一）

戰晚·五年相邦呂不韋戈二

戰晚・七年相邦呂不韋戟

戰晚・二年宜陽戈二

戰中・大良造鞅鐓

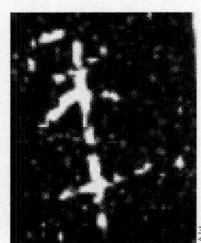

秦代・始皇詔銅橢量六

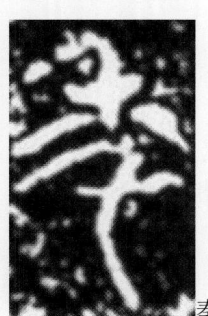

秦代・始皇詔八斤權一

秦代・大騩銅權

秦代・始皇十六斤銅權三

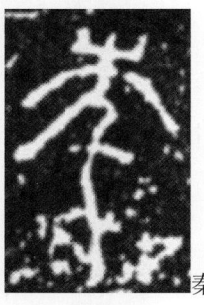

秦代・始皇十六斤銅權二

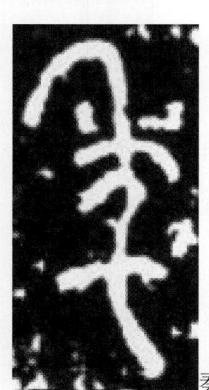

秦代・始皇詔銅權三

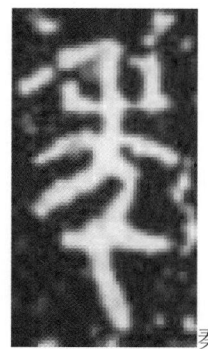

秦代·始皇詔銅方升一　　　秦代·始皇詔銅橢量二

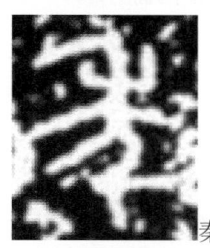

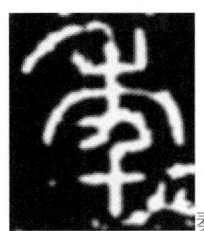

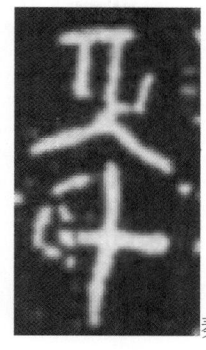

秦代·始皇詔銅權一　　　漢銘·壽成室鼎二

秦代·始皇詔銅橢量五　　漢銘·中山內府銅盆二

漢銘·中山內府銅銷三

秦代·始皇詔銅橢量四　　漢銘·中山內府銅銷一

漢銘·綏和銷

秦代·始皇詔銅權九　　　漢銘·酈偏鼎

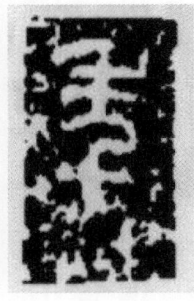

漢銘·長楊五年鼎

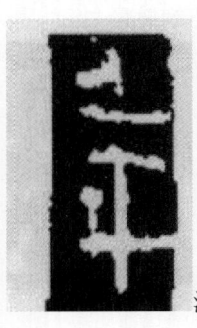

漢銘·安陵鼎蓋

漢銘·長安鋗

漢銘·文帝九年句鑃七

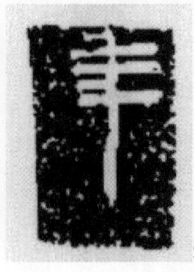

漢銘·中山宦者常浴銅鋘二

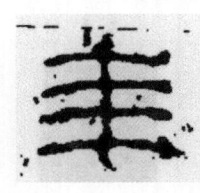

漢銘·光和七年洗

漢銘·永始乘輿鼎二

漢銘·建始元年鐙

漢銘·上林鐙

漢銘·劉少君高鐙

漢銘·南陵鍾

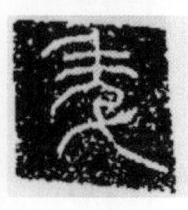

漢銘·南宮鍾

漢銘·中山內府銅鑊

漢銘·永始乘輿鼎一

漢銘・泰山宮鼎

漢銘・成山宮渠斗

漢銘・慮俿尺

漢銘・長安下領宮高鐙

漢銘・苦宮行燭定

漢銘・駘蕩宮高鐙

漢銘・谷口宮鼎

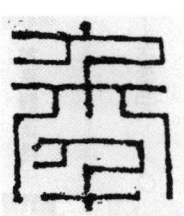

漢銘・永和六年洗

漢銘・永平平合

漢銘・建武平合

漢銘・元興元年堂狼作洗

漢銘・大司農平斛

漢銘・和平二年堂狼造洗

漢銘・永元二年堂狼造洗

漢銘・永興二年洗

漢銘・建安元年鑯

漢銘·長年未央鉤

漢銘·山陽邸鐙

漢銘·更始泉範一

漢銘·更始泉範一

漢銘·五鳳熨斗

漢銘·延平元年堂狼造作鑒

漢銘·上林銅鑒七

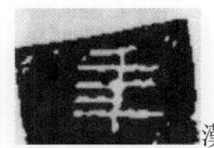

漢銘·綏和鴈足鐙

漢銘·新嘉量二

漢銘·楊鼎

漢銘·谷口鼎

漢銘·河東鼎

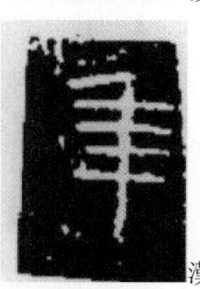

漢銘·陽信家銅二斗鼎

漢銘·中尚方鐎斗

漢銘・中平三年洗

漢銘・敬武主家銚

漢銘・十六年鍪

睡・編年記 42
〇卅二年攻少曲

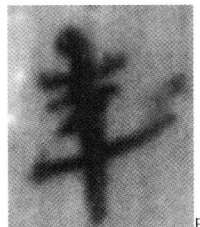

睡・編年記 14
〇十四年

睡・編年記 26

睡・秦律十八種 90

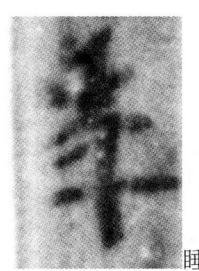

睡・封診式 97

睡・為吏 22

睡・日甲《詰》41

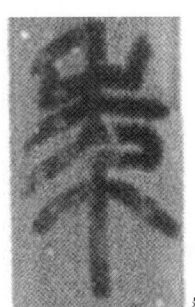

獄・質日 341

嶽·占夢書5

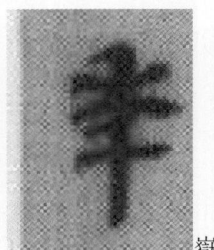

嶽·魏盜案169

里·第六層36

里·第八層839

里·第八層背2004

馬壹6_27下

馬壹174_18下

馬壹242_4上\12上

馬壹171_6上

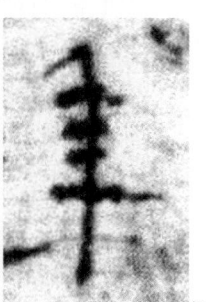

馬壹81_30

馬貳3_26

馬貳 218_28/39

張·具律 86

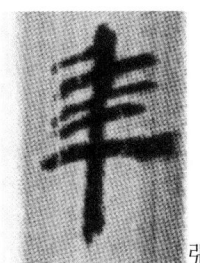

張·奏讞書 11

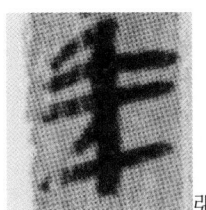

張·蓋盧 3

張·歷譜 12

銀壹 931

銀貳 1277

敦煌簡 1962A

金關 T23:354A

金關 T29:097

金關 T04:074

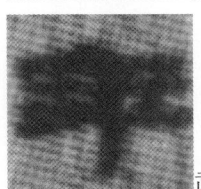

武·儀禮·甲本《服傳》11

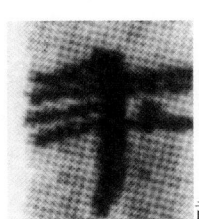

武·甲《少牢》33

武·王杖 10

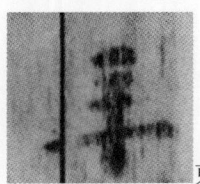

東牌樓 035 正

吳簡嘉禾·四·一

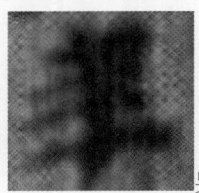

吳簡嘉禾·五·一〇〇三

吳簡嘉禾·五·一〇一六

吳簡嘉禾·五·三二一

秦代印風
○李年

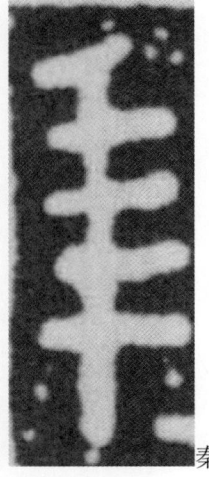

秦代印風
○萬年

廿世紀璽印三-SY
○蔡延年印

廿世紀璽印三-GY
○少年祭尊

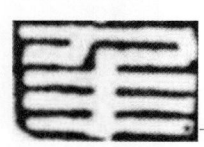

廿世紀璽印三-SY
○任萬年

漢晉南北朝印風
○有年宰之印

廿世紀璽印三-GP
○都建國四年保城都司空

漢晉南北朝印風
○長壽萬年單左平政

廿世紀璽印三-SY
○魏長年

漢印文字徵
○喪延年

漢印文字徵
○斬延年印

漢印文字徵
○王延年

漢印文字徵
○梁年

漢印文字徵
○建明德子千億保萬年治無極

漢印文字徵
○有年宰之印

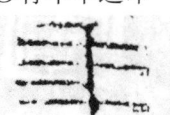

歷代印匋封泥
○始建國四年保城都司空

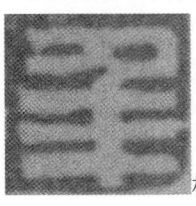

柿葉齋兩漢印萃
○潘年私印

柿葉齋兩漢印萃
○周年私印

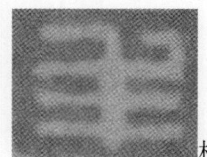

柿葉齋兩漢印萃
○音延年

柿葉齋兩漢印萃
○王萬年印

漢印文字徵
○濕印延年

歷代印匋封泥
○都元壽二年瓦

歷代印匋封泥
○宗正宮瓦元延元年

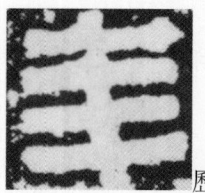

歷代印匋封泥
○居攝二年

廿世紀璽印四-SY
○華弘年

漢晉南北朝印風
○藐延年印

漢晉南北朝印風
○楊年

漢晉南北朝印風

○田延年

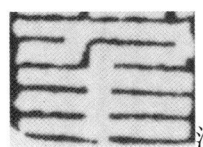

漢晉南北朝印風

○任萬年

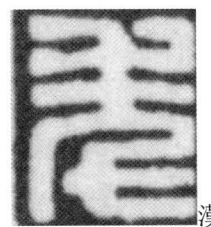

漢晉南北朝印風

○張延年

漢晉南北朝印風

○公乘延年

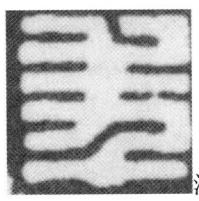

漢晉南北朝印風

○鄧長年印

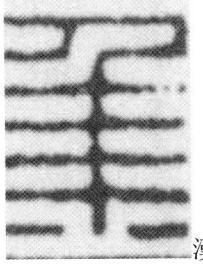

漢晉南北朝印風

○秦延年

漢晉南北朝印風

○李延年印

漢晉南北朝印風

○□萬年印

漢晉南北朝印風

○臣延年

漢晉南北朝印風

○櫟陽延年

秦公大墓石磬

泰山刻石

東漢・王得元畫像石墓題記
○永元十二年四月八日王得元室宅

東漢・乙瑛碑
東漢・李孟初神祠碑 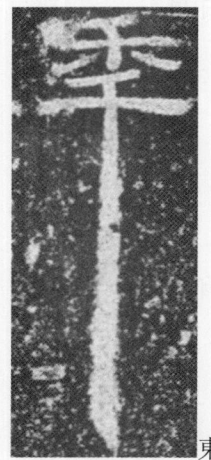
東漢・楊淮表記 
東漢・韓仁銘 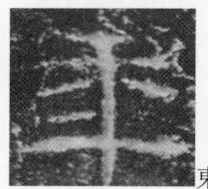
東漢・張盛墓記 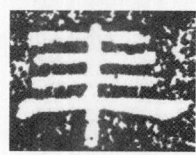
○元初二年記
東漢・司徒袁安碑 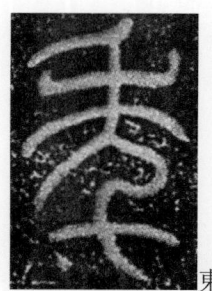

三國魏・三體石經春秋・古文
○卅年春
三國魏・三體石經春秋・篆文 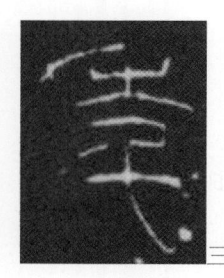
○元年春王正月公即
三國魏・三體石經春秋・隸書 
北魏・元悅誌 
北魏・鄭黑誌 
北魏・趙廣者誌 
○大魏普泰元年

西魏·鄧子詢誌

○曉曙何年

北齊·王福芝造像

【穀】

《說文》：穀，續也。百穀之總名。从禾㱿聲。

漢銘·聖主佐宮中行樂錢

獄·為吏 63

○補五穀禾稼當監者

馬壹 130_11 上\88 上

○清孟穀乃蕭（肅）

馬壹 91_265

○不穀唯（雖）小已（巳）悉起之矣

銀壹 687

○其野草茅勝穀

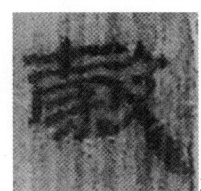

北貳·老子 16

○孤寡不穀

敦煌簡 2033B

○日奉穀

敦煌簡 1290

○效穀縣泉置嗇夫光

金關 T08:080

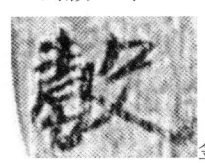

○出穀口斗

金關 T07:115

金關 T01:117

○入穀簿

武·甲《特牲》52

東牌樓 047 背

秦代印風

廿世紀璽印三-GY

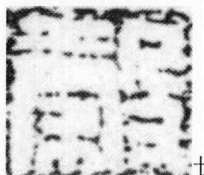

廿世紀璽印三-GY

○穀陽之印

漢晉南北朝印風

廿世紀璽印三-SY

○穀定私印

漢印文字徵

漢代官印選

○穀陽邑長

漢印文字徵

漢印文字徵

漢印文字徵

東漢·營陵置社碑

東漢·成陽靈臺碑

○百穀孰成

東漢·張遷碑額

3294

○漢故穀城長蕩

東漢·張遷碑陽

東漢·曹全碑陽

東漢·桐柏淮源廟碑

○年穀豐殖

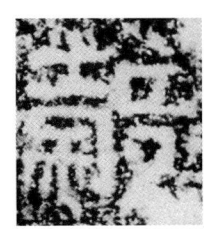

東漢·買田約束石券

○得收田上毛物穀實自給

北魏·元嵩誌

○河陰縣穀水之北崗

北魏·馮會誌

北魏·于纂誌

○穀陽里第迫

北魏·筍景誌

○當穀城之北

北魏·和醜仁誌

○穀陽里

北魏·元誘妻馮氏誌

○卒穀水

北齊·李難勝誌

【稔】

《說文》：稔，穀孰也。从禾念聲。《春秋傳》曰：“鮮不五稔。”

東漢·析里橋郙閣頌

○豐（豐）稔

東漢·西狹頌

東漢·孔宙碑陽

3295

北魏·于纂誌

北魏·李榘蘭誌

北齊·等慈寺殘塔銘
○恐時淹歲稔

北齊·張起誌
○金姿發於悼稔

【租】

《說文》：租，田賦也。从禾且聲。

睡·法律答問 157

獄·為吏 11

里·第八層 1180

○租錢百廿

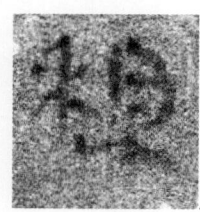

馬貳 28_21

張·奏讞書 116

張·算數書 34

東牌樓 105 背

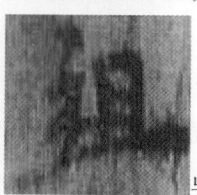

吳簡嘉禾·五·七九一

吳簡嘉禾·三四三五

吳簡嘉禾·四·四六三

秦代印風

○租

廿世紀璽印三-GY

漢印文字徵

東漢·司馬芳殘碑額

○故吏租胄新豐張□

東漢·宋伯望買田刻石右

○出更賦租銖不逋

【稅】

《說文》：稅，租也。从禾兌聲。

關·病方 329

獄·為吏 68

獄·數 38

里·第八層 1519

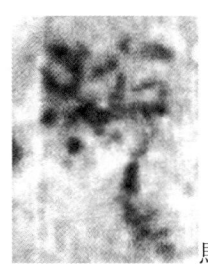

馬壹 219_136

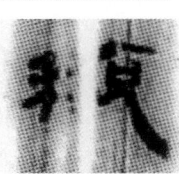

張·金布律 437

張·算數書 38

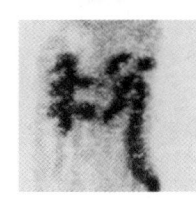

銀壹 159

敦煌簡 0728

○三束稅取兩

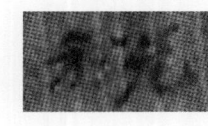

東牌樓 005

○田稅禾當爲百二

吳簡嘉禾·四·一四二

○畝收稅米一斛二斗

吳簡嘉禾·二七七七

○五年稅米五斛一斗

吳簡嘉禾·三七零八

北魏·侯剛誌

北魏·乞伏寶誌

北齊·庫狄迴洛誌

【䅤】

《説文》：䅤，禾也。从禾道聲。司馬相如曰："䅤，一莖六穗。"

【䒻】

《説文》：䒻，虛無食也。从禾荒聲。

【穌】

《説文》：穌，把取禾若也。从禾魚聲。

睡·秦律十八種 8

○芻自黃穌

秦文字編 1140

【稍】

《説文》：稍，出物有漸也。从禾肖聲。

睡·秦律十八種 78

○以稍賞（償）

獄・為吏 59

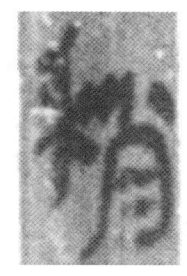

里・第八層 427

馬貳 69_22/22

張・奏讞書 131

銀壹 695

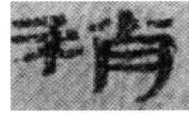

金關 T24:148

武・甲《燕禮》51

○授矢稍屬不以樂志

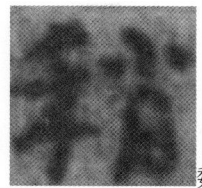

魏晉殘紙

北魏・元倪誌

北魏・元瞻誌

北魏・吐谷渾氏誌

○楊原稍故

北魏・蘭將誌

北魏・秦洪誌

北魏・李超誌

北周・馬龜誌

○雖可榮祿稍隆

【秋】

《説文》：烁，禾穀孰也。从禾，爐省聲。

【䆋】

《説文》：䆋，籀文不省。

漢銘·楊氏區

漢銘·昆陽乘輿銅鼎

漢銘·千秋壺

漢銘·大司農權

漢銘·光和斛一

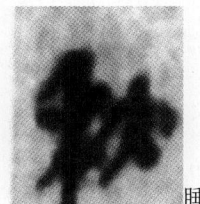

睡·秦律十八種 120

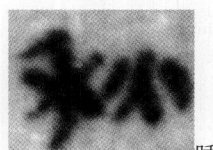

睡·日甲《人字》151

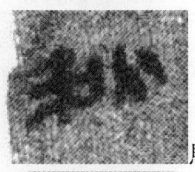

獄·為吏 25

獄·占夢書 15

馬壹 40_8 下

馬貳 276_205/225

張·秩律 462

張·田律 246

銀貳 1648

敦煌簡 0032A

〇門千秋燧

金關 T05:039

〇國杼秋東平里士五

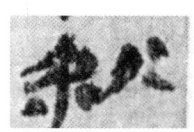

金關 T06:038A

廿世紀璽印三-GP

廿世紀璽印三-SY

漢代官印選

○大長秋印章

漢印文字徵

歷代印匋封泥

柿葉齋兩漢印萃

柿葉齋兩漢印萃

漢印文字徵

○秋成

漢晉南北朝印風

漢晉南北朝印風

漢晉南北朝印風

東漢・石門頌

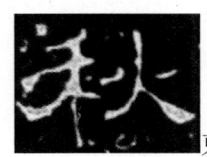

東漢・楊震碑

3301

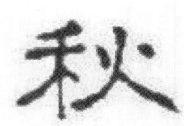

東漢・成陽靈臺碑

東漢・洛陽刑徒磚

○秋司寇周捐永

東漢・楊著碑額

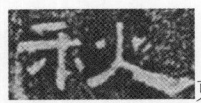

東漢・孔宙碑陽

東漢・乙瑛碑

北魏・元壽妃麴氏誌

北魏・檀賓誌

北魏・張寧誌

○春秋六十有五

北魏・爾朱襲誌

北魏・山徽誌

○春秋五十八

北魏・元宥誌

北魏・元弘嬪侯氏誌

○春秋五十三

北魏・李頤誌

北魏・淨悟浮圖記

○示千秋

北魏・王蕃誌

○秋鏡春暄

北魏・劉氏誌

○春秋十七

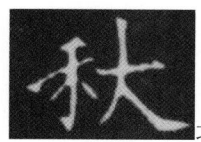

北魏·司馬紹誌

○桂折未秋

北魏·石婉誌

北魏·李伯欽誌

北魏·張正子父母鎮石

○春秋祭祀

北魏·公孫猗誌

東魏·淨智塔銘

○春秋七十有三

北周·寇熾誌

【秦】

《說文》：秦，伯益之後所封國。地宜禾。从禾，舂省。一曰秦，禾名。

【䅵】

《說文》：䅵，籀文秦从秝。

戰晚·卅七年上郡守慶戈

春早·秦公鐘

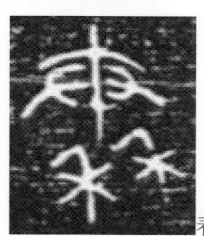

春早·秦公鼎

西晚或戰早·秦公壺

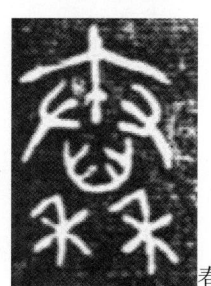

春早·秦公簋

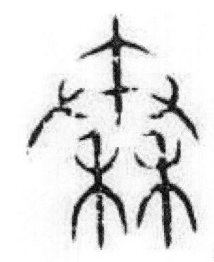

春晚·秦公鎛

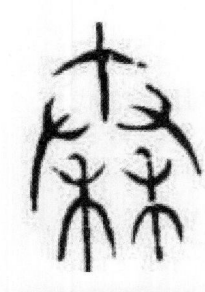

春晚·秦公鎛

春早·秦公鎛

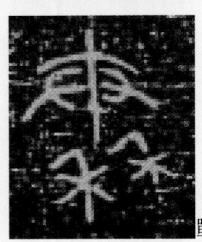

戰晚·禮縣獲秦公鼎

春早·秦政伯喪戈之一

春晚·秦王鐘

睡·秦律雜抄 5

睡·法律答問 178

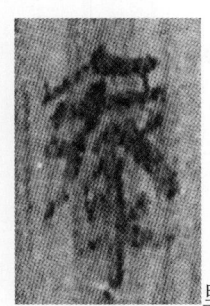

獄·尸等案 33

里·第八層 67

馬壹 83_88

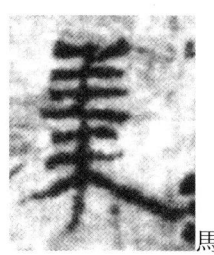

馬壹 85_136

○夫秦何厭之有

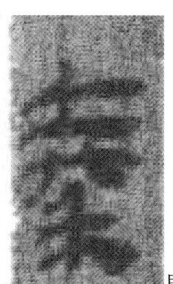

馬貳 218_27/38

銀壹 409

敦煌簡 0639B

敦煌簡 1076

金關 T30:184

○公乘秦始年卅長七

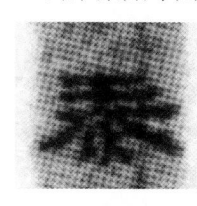

武・甲《燕禮》48

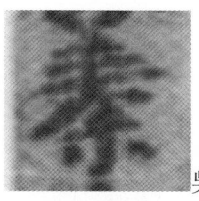

吳簡嘉禾・七九零一

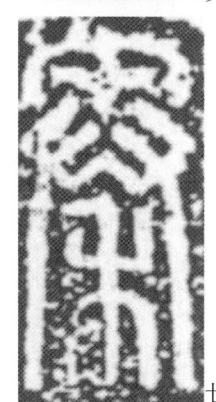

廿世紀璽印二-SY

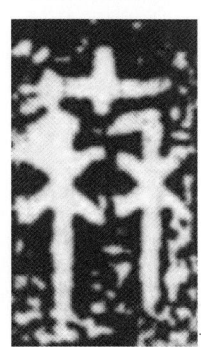

廿世紀璽印二-SY

○秦狼

歷代印匋封泥

○甯秦

廿世紀璽印三-SY

秦代印風

秦代印風

秦代印風

○秦疾

秦代印風

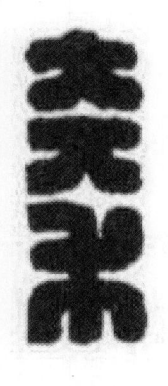

漢印文字徵

○秦安成

漢印文字徵

○秦譚

漢印文字徵

○臣秦八千万

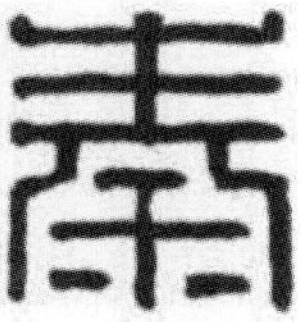

漢印文字徵

○秦穆印信

柿葉齋兩漢印萃

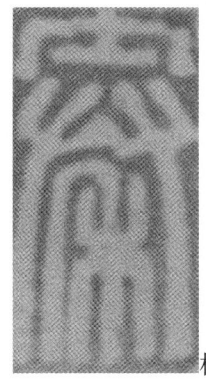

柿葉齋兩漢印萃

漢印文字徵
○秦調

漢印文字徵
○秦類

漢印文字徵
○秦豐

漢印文字徵
○秦顯

廿世紀璽印四-SY

廿世紀璽印四-SY

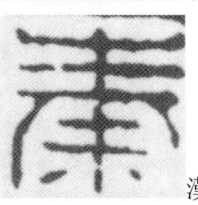

漢晉南北朝印風

漢晉南北朝印風

漢晉南北朝印風
○秦譚

漢晉南北朝印風

漢晉南北朝印風

○趙秦

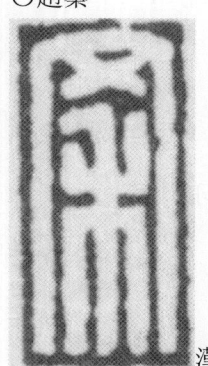

漢晉南北朝印風

歷代印匋封泥

東漢・禮器碑

東漢・孔宙碑陰

東漢・西岳華山廟碑陽

東漢・曹全碑陽

東漢・曹全碑陽

東漢・曹全碑陰

○故門下史秦並靜先

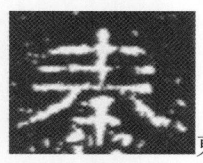

東漢・武氏前石室畫像題字

東漢・開母廟石闕銘

東漢・秦君神道石闕

三國魏・三體石經春秋・篆文

○秦人于溫天

三國魏・三體石經春秋・隸書

北魏・寇憑誌

○秦州刺史

北魏・元爽誌

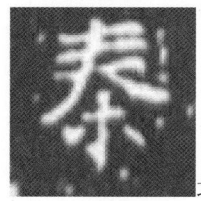

北魏・楊侃誌

北魏・元顯魏誌

○都督並雍懷洛秦肆北豫七州諸軍事

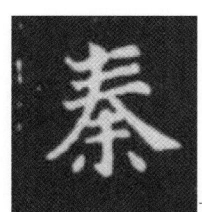

北魏・元固誌

北魏・元乂誌

○雖秦之喪百里

北魏・元尚之誌

北魏・秦洪誌蓋

北魏・元乂誌

東魏・元鷙妃公孫甑生誌

○撫軍將軍兗秦相三州刺史

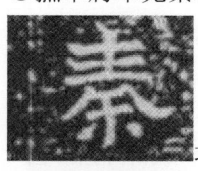

北齊・石信誌

北齊・斛律氏誌

北周・寇熾誌

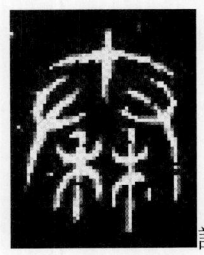

詛楚文・沈湫

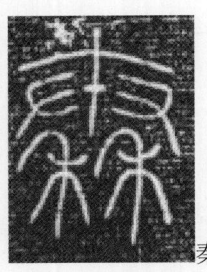

秦公大墓石磬

三國魏・三體石經春秋・古文

○秦人

【稱】

《說文》：稱，銓也。从禾再聲。春分而禾生。日夏至，晷景可度。禾有秒，秋分而秒定。律數：十二秒而當一分，十分而寸。其以爲重：十二粟爲一分，十二分爲一銖。故諸程品皆从禾。

秦代・元年詔版二

漢銘・光和斛二

漢銘・大司農權

睡・秦律十八種130

馬壹 36_44 上

銀壹 35

敦煌簡 0026

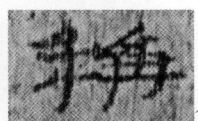

金關 T04:116

武・儀禮甲《士相見之禮》10

東牌樓 146

第七卷

廿世紀璽印二-GP

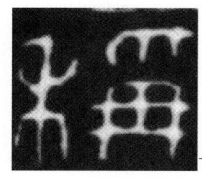

〇郢稱

廿世紀璽印三-SY

秦代印風

漢印文字徵

〇趙稱之印

漢印文字徵

〇趙稱

漢印文字徵

漢印文字徵

〇郢稱

漢晉南北朝印風

〇牛稱之印

琅琊刻石

泰山刻石

東漢・楊統碑陽

東漢・從事馮君碑

東漢・朝侯小子殘碑
東漢・肥致碑 
東漢・史晨後碑 
三國魏・張君殘碑 
北魏・寇猛誌 
北魏・張整誌 
北魏・元鸞誌 
北魏・楊氏誌 
北魏・王遺女誌 
○是以著稱

北魏・李謀誌
○有可稱者
北魏・寇治誌 
北魏・元融誌 
北魏・元略誌 
北魏・元弘嬪侯氏誌 
東魏・王令媛誌 
北齊・元賢誌 
○名稱史牒

第七卷

北齊·元賢誌

○既稱帶地

北齊·房周陁誌

北周·馬龜誌

○在朝稱霸

【科】

《說文》：程也。从禾从斗。斗者，量也。

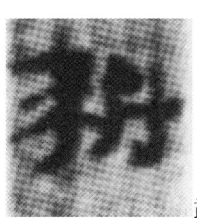

武·甲《少牢》11

○東有科（枓）

東牌樓 019

○文書科笧

東牌樓 104 正

○科傳輸

北壹·倉頡篇 69

○頗科樹莖

北魏·元子正誌

○才備四科

北魏·元秀誌

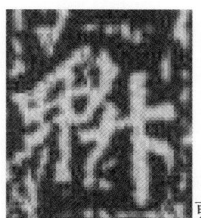

○科篆載輝

東魏·程哲碑

○論經則通並於四科

東魏·公孫略誌

○科奉三百戶

東魏·廣陽元湛誌

北齊·道明誌

○等以四科

【程】

《説文》：程，品也。十髮爲程，十程爲分，十分爲寸。从禾呈聲。

睡・秦律十八種 33

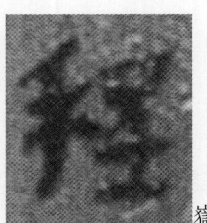

獄・數 2

里・第八層 883

張・算數書 83

敦煌簡 0639A

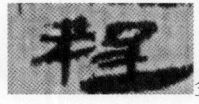

金關 T04:052

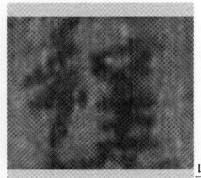

吳簡嘉禾・四・五〇三

秦代印風

○程□

廿世紀鉨印三-SY

○程聖之印

廿世紀鉨印三-SY

○程彊

漢印文字徵

○程印問仁

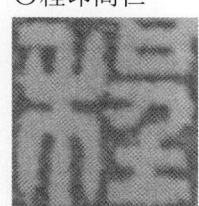

柿葉齋兩漢印萃

○程平之印

漢印文字徵

○程橫

歷代印匋封泥

○程倪之印

漢印文字徵

○程遇

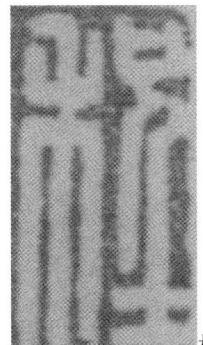

柿葉齋兩漢印萃

○程廣印

漢印文字徵

○程邑印信

漢印文字徵

○程遂

漢晉南北朝印風

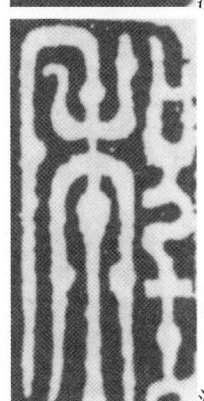

漢晉南北朝印風

○程灶

漢晉南北朝印風

○程融之印

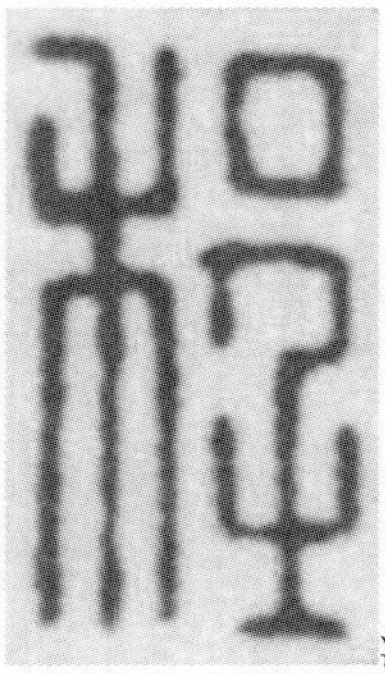

漢晉南北朝印風

漢晉南北朝印風

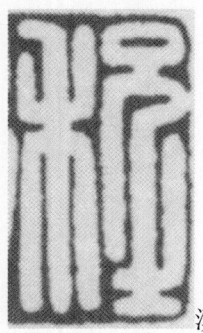

漢晉南北朝印風

○程湯

東漢·買田約束石券

東漢·曹全碑陽

東漢·曹全碑陽

北魏·李超誌

北魏·高猛妻元瑛誌

北魏·元寶月誌

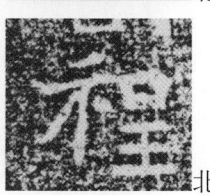

北齊·石夆門銘

【稯】

《說文》：稯，布之八十縷爲稯。從禾㚇聲。

【稅】

《說文》：糉，籀文稯省。

金關 T10:072

○稯布卅九匹

【秭】

《說文》：秭，五稯爲秭。從禾𠂔聲。一曰數億至萬曰秭。

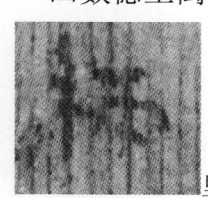

里·第八層背 1516

○城卒秭歸□里士五

【秏】

《說文》：秏，二秭爲秏。從禾毛聲。

《周禮》曰："二百四十斤爲秉。四秉曰筥，十筥曰稯，十稯曰秅，四百秉爲一秅。"

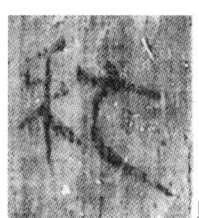

里·第八層 1033

○毋臬秅二

張·引書 100

○利鼻秅（吒）而

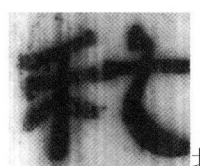

北壹·倉頡篇 15

○縠燔窯秅桶麻

【秖】

《說文》：秖，百二十斤也。稻一秅爲粟二十升，禾黍一秅爲粟十六升大半升。从禾石聲。

【稘】

《說文》：稘，復其時也。从禾其聲。《虞書》曰："稘三百有六旬。"

【穩】

《說文》：穩，蹂穀聚也。一曰安也。从禾，隱省。古通用安隱。

東漢·元嘉元年畫像石題記一

○局秝穩析好弱完

北齊·王有存妻造像

○一切衆生安穩

【稈】

《說文》：稈，束稈也。从禾章聲。

〖秣〗

東晉·謝球誌

○郡秣陵縣

北魏·元暐誌

○王脂車秣駟

東魏·蔡儁斷碑

○徒君乃秣馬底戈

〖秙〗

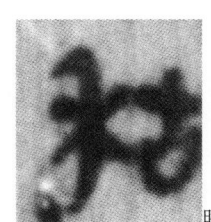

睡·秦律十八種 35

3317

嶽·綰等案 240

〖秎〗

敦煌簡 1409A

○莫隅於秎

〖秤〗

北魏·緱靜誌

○群寮秤信

北魏·山徽誌

○朝廷秤為有禮

北魏·劇市誌

○衛秤貞惠

〖种〗

漢銘·元初二年鐖

漢印文字徵

○種資印信

漢晉南北朝印風

○種昂印信

漢晉南北朝印風

○蔡種印信

北周·乙弗紹誌

○還軾种暠之車

〖秪〗

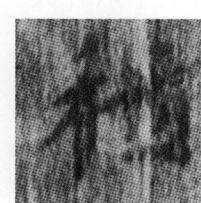

東牌樓 036 背

○時領並秪領

〖秄〗

馬壹 36_42 上

○德之秄（柄）也

〖秅〗

漢代官印選

○秅侯之章

〖秄〗

秦文字編 1136

〖稦〗

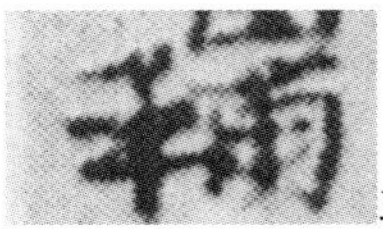

敦煌簡 1676

○當時賊燔稦

北壹・倉頡篇 15

○燔窯秏稦麻荅

〖稦〗

秦文字編 1136

〖秭〗

銀貳 1667

○平者秭莠生之其高

〖稜〗

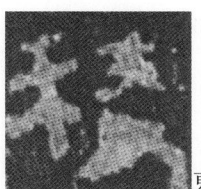

東漢・楊統碑陽

○武稜攜貳

東魏・元鷙誌

○稜稜峻節

北齊・庫狄迴洛誌

○威稜後服

〖稚〗

敦煌簡 0803B

○適卒候薪留稚

居・EPT51.680

金關 T30:028A
○稚萬足下善毋

金關 T04:043

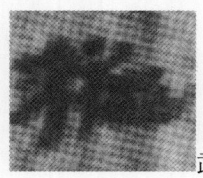

武·儀禮甲《服傳》23
○稚子幼子

廿世紀璽印三-SY
○任稚文印

漢印文字徵
○□公稚君

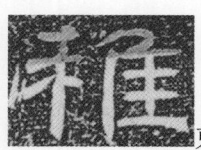

東漢·建寧三年殘碑

東漢·石門頌

東漢·郭稚文畫像石墓題記
○郭稚文萬年室宅

三國魏·曹真殘碑

北魏·宋靈妃誌

北魏·元馗誌

北魏·馮邕妻元氏誌

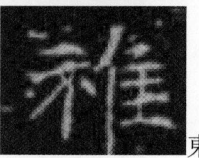

東魏·王僧誌
○聲播稚齒

〖秌〗

睡·秦律十八種 34
○秌（秋）勿以稟人

〖稄〗

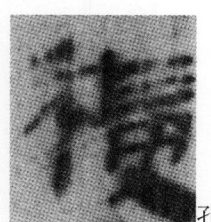

孔·盜日 375
○依販（阪）險稄之

〖稰〗

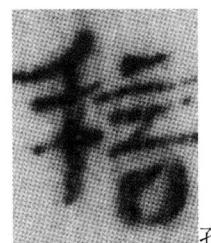

孔·羅451

○再稰（倍）三

〖䅮〗

秦文字編1136

〖楊〗

馬貳113_82/82

○楊（暘）之乾

〖穧〗

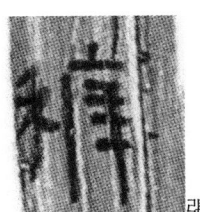

張·脈書41

○口熱舌穧（𪏮）

〖穮〗

〖穮〗

秦文字編1136

〖稼〗

秦代印風

○稼

〖穖〗

里·第八層875

○官相付受毋過壹穖

〖糜〗

金關T30:040

○出糜一石九斗三升

〖穭〗

北魏·王基誌

○崇穭僬僥

3321

〖積〗

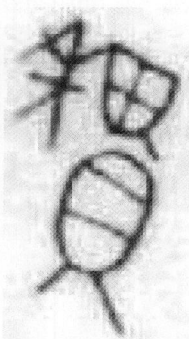

戰中・十三年相邦義戈

廿世紀璽印三-SY

○綦毋積

歷代印匋封泥

○宮積

漢印文字徵

○馬積信印

漢印文字徵

○毛積

〖穚〗

漢印文字徵

○張穚女

〖穢〗

敦煌簡 1017B

東牌樓 048 背

○術污穢滋列惶□戰

東漢・樊敏碑

東漢・桐柏淮源廟碑

3322

北魏・和邃誌

東魏・王僧誌

北齊・高淯誌

北齊・道榮造像

北周・宇文恪造龍華浮圖銘

〖穙〗

北魏・無名氏誌

○華穙有□

北魏・華山郡主誌銘

○穙華矣

北魏・韓賄妻高氏誌

○穙花日見

東魏・元季聰誌

○茂兹穙李

〖稬〗

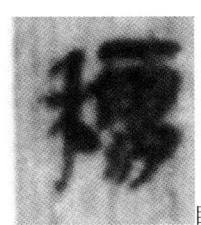

睡・秦律十八種35

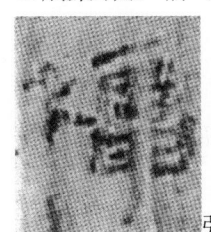

○別粲（秈）稬（糯）

張・賜律298

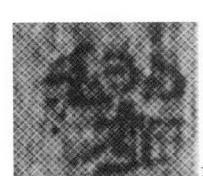

○粲（秈）稬（糯）

〖糶〗

敦煌簡1407

○糶（糶）粟出錢

秝部

【秝】

《說文》：秝，稀疏適也。从二禾。凡秝之屬皆从秝。讀若歷。

【兼】

《說文》：兼，并也。从又持秝。兼持二禾，秉持一禾。

戰晚・二十六年始皇詔書銅權

戰中・商鞅量

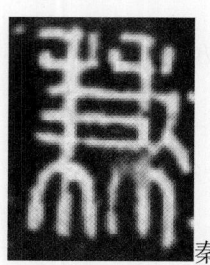

秦代・始皇詔銅方升一

秦代・大騩銅權

秦代・始皇詔銅權十

秦代・始皇詔版一

漢銘・元延乘輿鼎

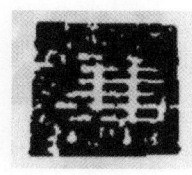

漢銘・元始鈁

漢銘・魏其侯盆

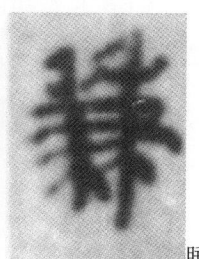

睡・秦律十八種 137

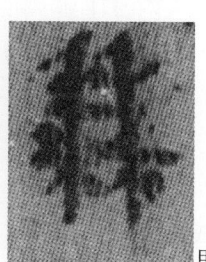

里・第八層 63

〇兼手

馬壹 139_9 下/151 下

第七卷

馬壹 81_42

馬貳 63_25

張·捕律 140

銀貳 1161

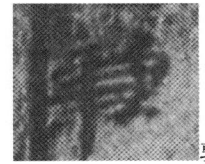

敦煌簡 2438

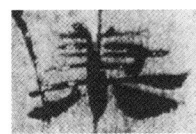

敦煌簡 1894

金關 T21:429

○長史兼行大守事

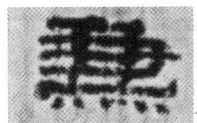

金關 T05:007

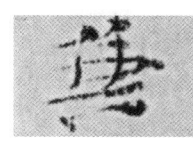

金關 T03:078

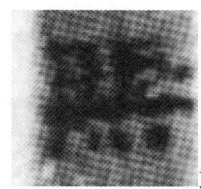

武·甲《少牢》3

東牌樓 093

○兼門下功曹史何戒

北壹·倉頡篇 8

○漢漢兼天

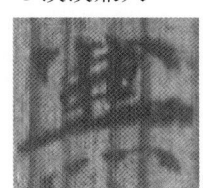

吳簡嘉禾·五·三○二

○女丞兼佃田十町凡

廿世紀璽印三-SY

歷代印匋封泥

○鹹亭里兼

3325

秦代印風
○姚兼

秦代印風

漢印文字徵

漢印文字徵

漢晉南北朝印風
○王兼

漢晉南北朝印風

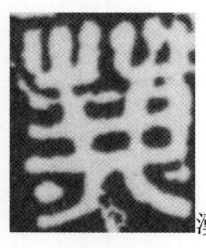

漢晉南北朝印風
○兼前將軍司馬

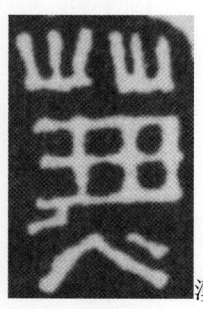

漢晉南北朝印風
○兼南陽別屯司馬

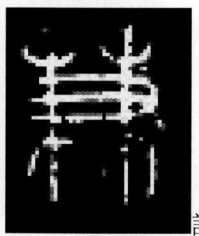

詛楚文·巫咸
○而兼倍十八世之盟

東漢·孔少垂墓碣
○兼行相事

東漢・西岳華山廟碑陽

○兼命斯章

東漢・尹宙碑

○秦兼天下

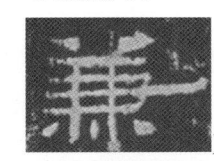

東漢・朝侯小子殘碑

北魏・馮邕妻元氏誌

北魏・元子永誌

○辭兼博麗

北魏・王蕃誌

○敕兼侍中

北魏・寇憑誌

北魏・元顥誌

○洞兼釋氏

北魏・辛穆誌

北魏・和醜仁誌

北魏・王基誌

○恥兼子長

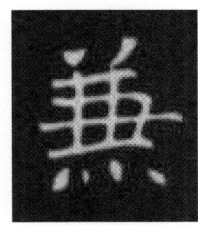

北魏・元爽誌

○兼市爲珍

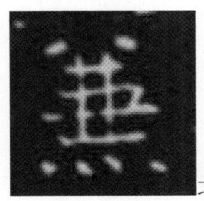

北魏・元顥誌

○公慮兼家國

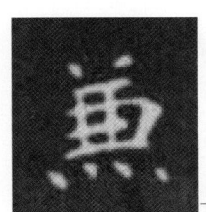

北魏・王誦誌

○公道兼大小

北魏・源延伯誌

○兼掌戎武

北魏・元固誌

○兼將作大匠

北魏・寇治誌

○兼姿文武

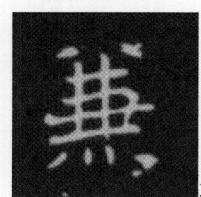

北魏・元誘誌

○理兼獻替

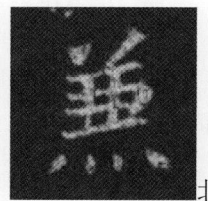

北魏・元茂誌

○風憲兼舉

北魏・元隱誌

北魏・元誨誌

○兼武衛將軍

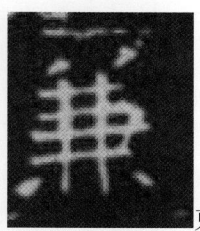

東魏・李挺誌

東魏・元均及妻杜氏誌

○威信兼著

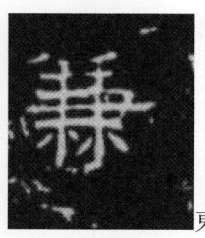

東魏・元延明妃馮氏誌

○兼以信向大乘

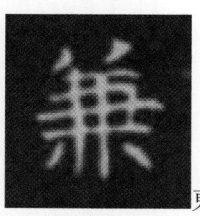

東魏・廣陽元湛誌

東魏・廣陽元湛誌

東魏・高歸彥造像

○兼脩將來

北齊·崔德誌

○威兼猛獸

北齊·吐谷渾靜媚誌

○兼以天情儉素

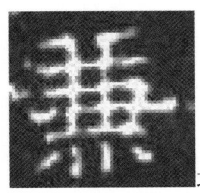

北齊·婁叡誌

○兼錄尚書事

北齊·武成胡后造像

北齊·唐邕刻經記

北齊·梁迦耶誌

○以君才兼文武

北齊·高湝誌

黍部

【黍】

《說文》：黍，禾屬而黏者也。以大暑而穜，故謂之黍。从禾，雨省聲。孔子曰："黍可爲酒，禾入水也。"凡黍之屬皆从黍。

漢銘·一分圭

漢銘·新量斗

睡·秦律十八種 33

○程禾黍

睡·日乙 47

○己及丑黍

關·病方 354

○旁膴黍裹臧藏

獄·數 103

○黍粟廿三斗六升

馬壹 257_4 下

○夜食黍肉必多酒

馬壹 172_7 下

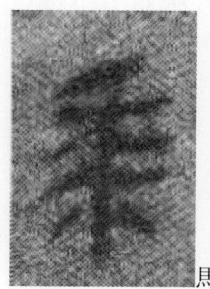

○德黍稷之匱

馬貳 118_166/165

○即釀黍其上

馬貳 271_146/164

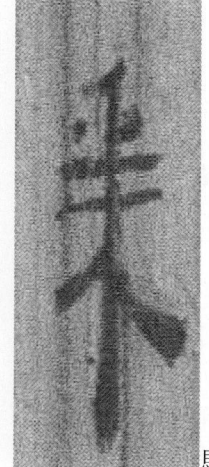

○稻黍一笥

馬貳 274_184/204

○三石黍

張·算數書 88

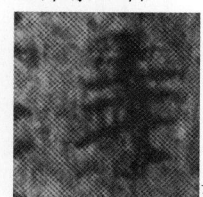

○禾黍一石

敦煌簡 0364

○所貸黍稷米

金關 T10:327A

○毋黍米願已賈

武·甲《少牢》21

○敦黍坐設于稷南

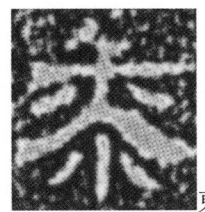

東漢·白石神君碑

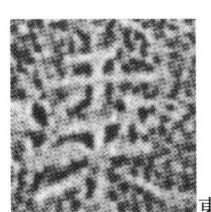

○黍稷稻糧

東漢·三公山碑

○介我稷黍

東漢·孔宙碑陽

北齊·高建妻王氏誌

○至於搏黍將移

【䵖】

《説文》：䵖，穄也。从黍麻聲。

【䄯】

《説文》：䄯，黍屬。从黍卑聲。

【黏】

《説文》：黏，相箸也。从黍占聲。

廿世紀璽印三-GP

○黏蟬丞印

東漢·秥蟬縣平山神祠碑

○秥蟬長□

北齊·柴季蘭造像

○秥(黏)草无異化生

【黏】

《説文》：黏，黏也。从黍古聲。

【粘】

《説文》：粘，黏或从米。

【䵜】

《説文》：䵜，黏也。从黍日聲。《春秋傳》曰："不義不䵜。"

【䵞】

《説文》：䵞，黏或从刃。

【黎】

《説文》：黎，履黏也。从黍，㓝省聲。㓝，古文利。作履黏以黍米。

睡·效律27

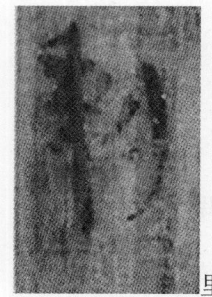

里·第八層 43

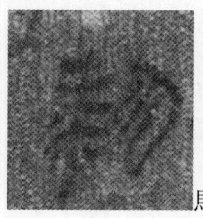

馬貳 87_376/366

○烏喙黎（藜）盧冶

馬貳 72_81/81

○以疾（蔡）黎（藜）白蒿

北壹·倉頡篇 35

○嫽啜唅黎櫨粉

廿世紀璽印三-SY

○渠黎

秦代印風

○月黎

泰山刻石

○窺鮒遠黎

東漢·孔宙碑陽

○黎儀以康

北魏·韓震誌

○扇教庶黎

北魏·吳高黎誌

○君諱高黎

北魏·給事君妻韓氏誌

○昌黎黃麒麟之外孫

北魏·□伯超誌

3332

北魏·元澄妃誌

○扇教庶黎

北魏·韓顯宗誌

○黎孫玄明之叔女

【𪗉】

《説文》：𪗉，治黍、禾、豆下潰葉。从黍畐聲。

香部

【香】

《説文》：𦞤，芳也。从黍从甘。《春秋傳》曰："黍稷馨香。"凡香之屬皆从香。

東牌樓 052 背

○許玄香頓首

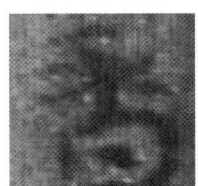

吳簡嘉禾·五·七五四

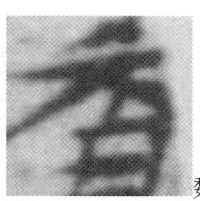

魏晉殘紙

漢印文字徵

○染香

漢印文字徵

○香澤之印

漢印文字徵

○香□

東漢·營陵置社碑

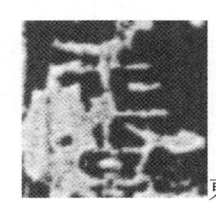

東漢·西岳華山廟碑陽

東漢・史晨後碑

北魏・元弼誌

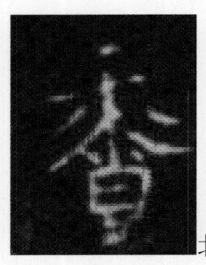

北魏・筍景誌

○如桂之香

北魏・淨悟浮圖記

東魏・高歸彥造像

東魏・李祈年誌

○祖諱天香

北齊・斛律氏誌

【馨】

《說文》：馨，香之遠聞者。从香殸聲。殸，籀文磬。

東漢・營陵置社碑

○亨我香馨

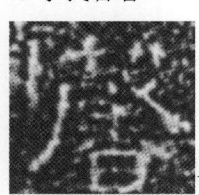

東漢・白石神君碑

○進其馨香

東漢・西岳華山廟碑陽

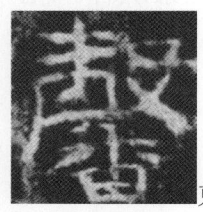

東漢・封龍山頌

北魏・元維誌

北魏・楊無醜誌

北魏·元廣誌

北魏·王蕃誌

北魏·元定誌

〇以刊遐馨

北魏·元楨誌

南朝梁·程虔誌

【馥】

《説文》：馥，香气芬馥也。从香复聲。

漢印文字徵

〇臣馥

漢印文字徵

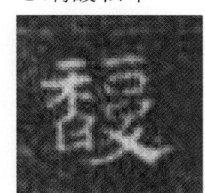

〇蟜馥私印

北魏·辛穆誌

〇君大息馥

北魏·元彝誌

〇蘭馥筠貞

北魏·緱光姬誌

北魏·元譚妻司馬氏誌

北魏·趙充華誌

北魏·劉氏誌
〇桂馥蘭馨

北魏·趙謐誌
〇迹馥蘭風

東魏·王僧誌

〖馼〗

北魏·石婉誌
〇汝陽公馼之季女

米部

【米】

《説文》：米，粟實也。象禾實之形。凡米之屬皆从米。

漢銘·大官南曹罍

漢銘·齊食官鈁一

漢銘·齊大官畜罍二

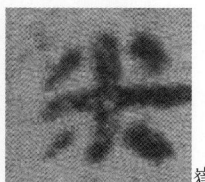

嶽·數 102

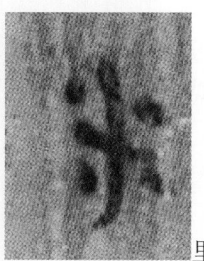

里·第八層 439

馬貳 78_194/181

張·算數書 98

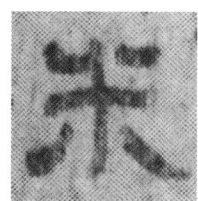

敦煌簡 0246

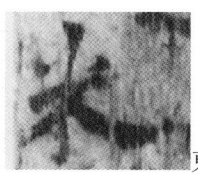

東牌樓 153 背

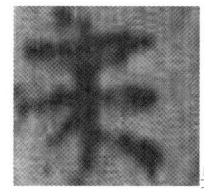

吳簡嘉禾・五・一〇〇三
○爲米廿斛五斗

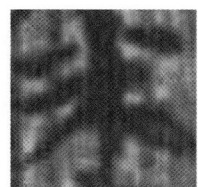

吳簡嘉禾・五・一〇二九

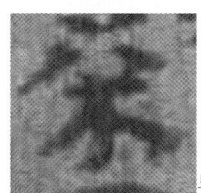

吳簡嘉禾・四・五六五
○收米一斛二斗

廿世紀璽印二-SP
○安米

漢晉南北朝印風

漢印文字徵

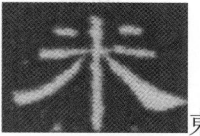

東漢・曹全碑陽

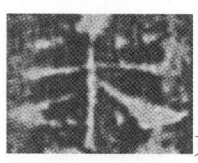

東漢・乙瑛碑

北魏・陶浚誌

東魏・張滿誌

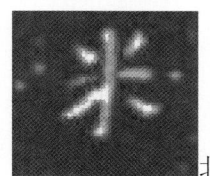

北齊・裴子誕誌

【粱】

《說文》：粱，米名也。从米，梁省聲。

漢銘・梁山宮熏鑪

漢銘・梁鍾

漢銘·梁山宮熏鑪

睡·日甲《馬禖》157

馬壹 91_272

馬壹 85_133

馬壹 80_7

馬壹 92_285

○梁（梁）必危矣田

張·秩律 456

張·奏讞書 75

銀貳 1167

北貳·老子 18

金關 T26:229A

武·柩銘考釋 3

○壺子梁之柩

○梁丞相印　廿世紀璽印三-GP

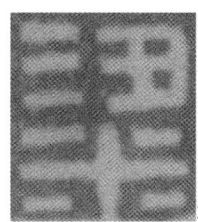

柿葉齋兩漢印萃

○金梁私印

秦代印風

○梁凶

秦代印風

○梁緩

漢晉南北朝印風

○梁菑農長

廿世紀璽印三-SY

○梁鳳私印

柿葉齋兩漢印萃

○梁福之印

歷代印匋封泥

○梁相之印章

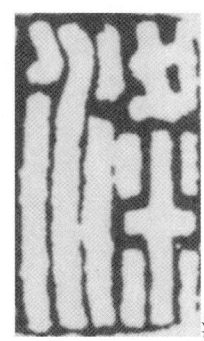

漢晉南北朝印風

○梁江

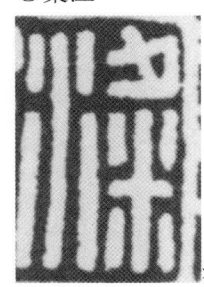

漢晉南北朝印風

○梁迎

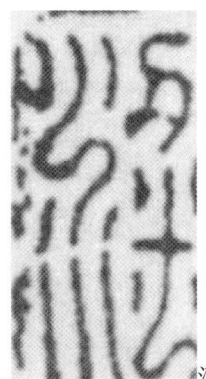

漢晉南北朝印風

○房梁

漢晉南北朝印風

○王梁私印

漢印文字徵

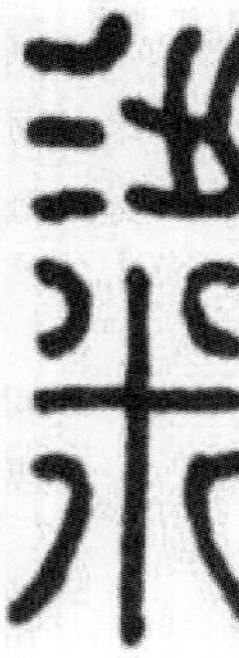

漢印文字徵

○梁安

漢印文字徵

○梁譚

漢印文字徵

○梁服

漢印文字徵

○梁請建印

北魏·元過仁誌

北周·尉遲將男誌

【糤】

《說文》：糤，早取穀也。从米焦聲。一曰小。

【粱】

《說文》：粱，稻重一秙，爲粟二十斗，爲米十斗，曰穀；爲米六斗太半斗，曰粱。从米叔聲。

漢銘·齊大官畜蠶一

漢銘·齊大官匕

漢銘·齊大官畜粲人鼎

睡·秦律十八種 35
○數別粲（釉）穤

睡·日甲《詰》57
○傷是粲迓之鬼

獄·數 87
○毇粲米三母

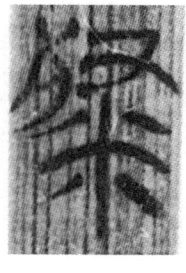

里·第八層 805
○薪白粲其當耐

馬貳 71_74/74
○汁粲叔（菽）若

張·具律 100
○薪白粲罪

張·算數書 89
○毇粲米六斗

北魏·元愔誌
○三珠粲爛

北魏·檀賓誌
○英粲播於弱齡

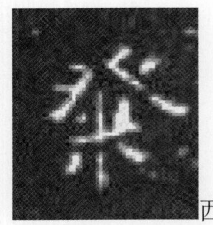

西魏・柳敬憐誌

○適隴西辛粲州主簿

北齊・韓裔誌

○忽粲彤之守遼東

【糲】

《説文》：糲，粟重一柘，爲十六斗太半斗，舂爲米一斛曰糲。从米蠆聲。

秦文字編 1142

秦文字編 1142

【精】

《説文》：精，擇也。从米青聲。

獄・為吏 44

獄・同顯案 148

馬貳 205_30

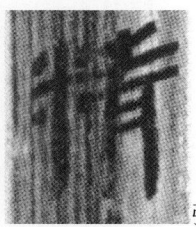

張・算數書 119

張・引書 35

北貳・老子 7

敦煌簡 0051

○璞郡精兵

敦煌簡 1557

第七卷

秦代印風

○中精外誠

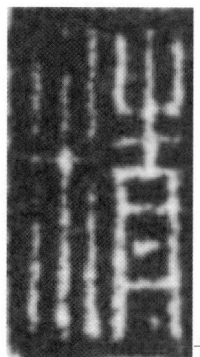

廿世紀璽印三-SY

○王精

漢印文字徵

○王精

漢印文字徵

○精印賢之

廿世紀璽印四-SY

○精期白疏

漢晉南北朝印風

○趙倚精

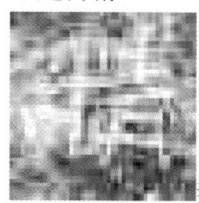

秦駰玉版

東漢・成陽靈臺碑

東漢・成陽靈臺碑

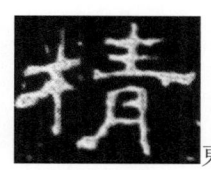

東漢・楊震碑

西晉・臨辟雍碑

○研精好古

北魏・馮會誌

北魏・元鸞誌

3343

○河海之精

北齊·徐顯秀誌

北齊·徐顯秀誌

北齊·赫連子悅誌

【粺】

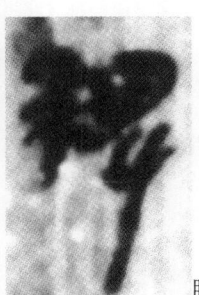

《說文》：粺，毇也。从米卑聲。

睡·秦律十八種 43

○稟毇（穀）粺者以十斗爲石倉

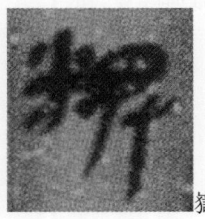

獄·數 96

○粟求粺卅七之五十

張·傳食律 233

○夫粺米半斗

張·算數書 101

○粺米四分升

敦煌簡 0246

○白粺米二斛

【粗】

《說文》：粗，疏也。从米且聲。

東牌樓 048 背

○粗鹵

北魏·李謀誌

北齊·雲榮誌

【粃】

《說文》：粃，惡米也。从米北聲。《周書》有《粃誓》。

【糵】

《說文》：糪，牙米也。从米辟聲。

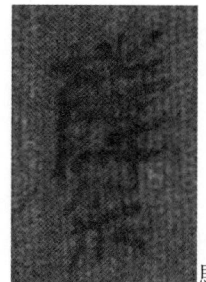

馬貳84_321/311

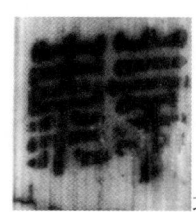

○冶糪米

北壹・倉頡篇15

○苔爨糪鞠猜

漢印文字徵

○糪勝時

漢印文字徵

○糪臣

漢印文字徵

○糪解

【粒】

《說文》：粒，糂也。从米立聲。

【𩛛】

《說文》：𩛛，古文粒。

北魏・元乂誌

北魏・元囧誌

【釋】

《說文》：釋，漬米也。从米睪聲。

漢印文字徵

○焦釋

【糂】

《説文》：糂，以米和羹也。一曰粒也。从米甚聲。

【糣】

《説文》：糣，古文糂从參。

【糣】

《説文》：糣，籀文糂从朁。

秦文字編 1144

【檗】

《説文》：檗，炊，米者謂之檗。从米辟聲。

【糜】

《説文》：糜，糝也。从米麻聲。

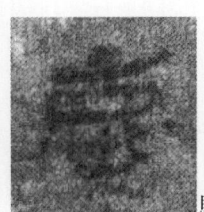

馬貳 120_216/212

〇合糜（眉）

敦煌簡 1960

〇出糜二斛

金關 T10:080

〇出糜小石十二石

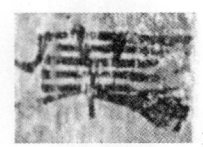

金關 T10:078

〇出糜小石五六斗

廿世紀璽印三-GP

〇糜圈

漢印文字徵

北魏・刁遵誌

〇糜刊泉石

南朝齊・劉岱誌

【糕】

《説文》：糕，糜和也。从米覃聲。讀若鄲。

【㲽】

《説文》：㲽，潰米也。从米尼聲。

交阯有麊泠縣。

【䴷】

《說文》：䴷，酒母也。从米，䵂省聲。

【䵃】

《說文》：䵃，䴷(當作䵂)或从麥，䱡省聲。

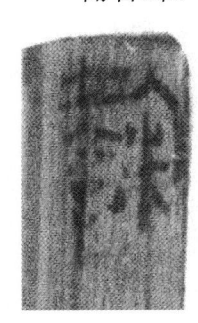

馬貳 274_179/199

○麴(䵃)三石布囊

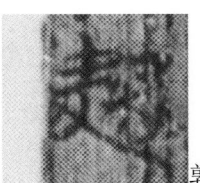

敦煌簡 0828

○麴(䵃)五斗

金關 T05:024

○麴二斗

北魏·元壽妃麴氏誌

○妃姓麴

北齊·姚景等造像

○石像主麴官針

【糟】

《說文》：糟，酒滓也。从米曹聲。

【䣴】

《說文》：䣴，籀文从酉。

漢銘·蟠龍紋壺

漢銘·代食官糟鍾

漢銘·右糟鍾

漢銘·右糟鍾

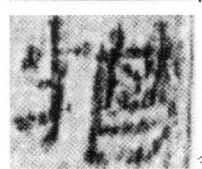

金關 T10:219A

○十八糟

【糈】

《說文》：䊯，乾也。从米葡聲。

馬貳 231_117

○蜜䊯一笥有縑囊

敦煌簡 0332

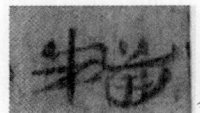

○食䊯二斗

金關 T21:131A

○使善䊯米

【糗】

《說文》：糗，熬米麥也。从米臭聲。

睡·日甲《馬禖》158

○鼻能糗（嗅）鄉香）

馬貳 273_170/190

○棘糗一笥

馬貳 231_119

○右方糗十一笥

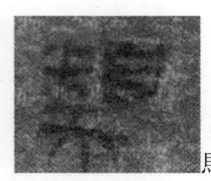

馬貳 110_33/33

○漬疸糗九分升二誨

秦代印風

○戴糗

漢印文字徵

○戴糗

【臬】

《說文》：臬，舂糗也。从臼、米。

【糈】

《說文》：糈，糧也。从米胥聲。

第七卷

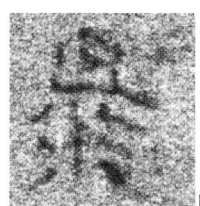

馬貳 31_67

○越其糈名

北壹・倉頡篇 69

○禋糈姪娣

【糧】

《說文》：糧，穀也。从米量聲。

岳・學為偽書案 212

張・蓋盧 31

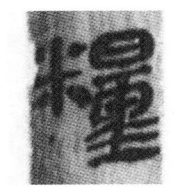

○糧少卒飢

銀貳 1223

敦煌簡 2390

○居貧粮（糧）食常有玄乏

敦煌簡 0104

○不自糧愚奴誠忿

北壹・倉頡篇 62

○偃鼂運糧攻穿

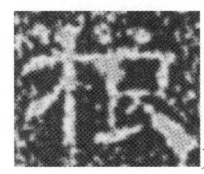

東漢・白石神君碑

○黍稷稻粮（糧）

東漢・西岳華山廟碑陽

東漢・禮器碑

北魏・元熙誌

北齊・報德像碑

○營資糧於曠路

北齊·徐顯秀誌

北周·獨孤渾貞誌

【粗】

《說文》：粗，雜飯也。从米且聲。

【糶】

《說文》：糶，穀也。从米翟聲。

馬壹 175_54 上
○糶貴星如杼

金關 T24:003
○以糶粟成人

漢印文字徵
○糶帶私印

【糠】

《說文》：糠，麩也。从米蔑聲。

【粹】

《說文》：粹，不雜也。从米卒聲。

北魏·韓震誌
○君稟粹開靈

北魏·長孫盛誌

北魏·馮邕妻元氏誌

北魏·王遺女誌
○性粹貞固

北魏·馮會誌
○陶清粹之氣

【氣】

《說文》：氣，饋客芻米也。从米气聲。《春秋傳》曰："齊人來氣諸侯。"

【餼】

《說文》：餼，氣或从食。

【氣】

《說文》：𩆝，氣或从旣。

睡·效律 29

睡·法律答問 207

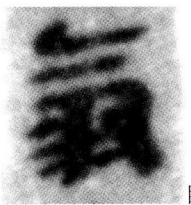

睡·日甲《詰》61

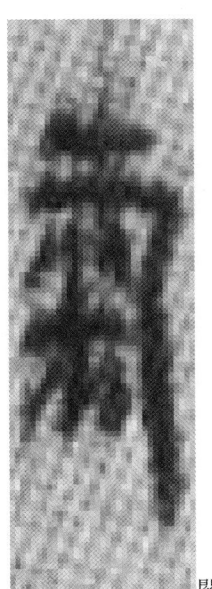

關·病方 312

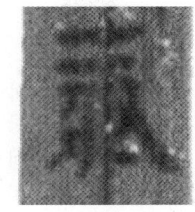

獄·占夢書 16

里·第八層 140

里·第八層 1550

里·第八層背 157

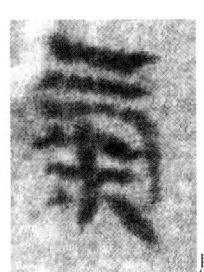

馬壹 105_64\233

馬貳 212_8/109

馬貳 120_220

張·蓋盧 19

張·脈書 5

張·引書 104

銀壹 389

銀貳 1000

北貳·老子 122

北貳·老子 16

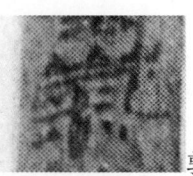

敦煌簡 0567

金關 T30:193

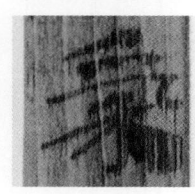

東牌樓 133

北壹·倉頡篇 60

漢印文字徵
○張從氣印

漢印文字徵

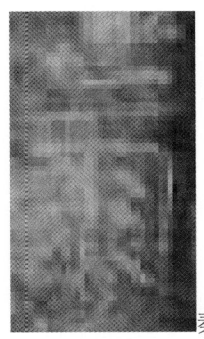

秦駰玉版

東漢·司馬芳殘碑額

○識□□氣

東漢·肥致碑

○時有赤氣

東漢·景君碑

東漢·朝侯小子殘碑

東晉·黃庭經

北魏·山暉誌

○氣藉重明之高

北魏·趙廣者誌

○氣齊攸露

北齊·李難勝誌

○義氣德光

北齊·狄湛誌

三國魏·受禪表

北魏·王蕃誌

【粓】

《說文》：粓，陳臭米也。从米工聲。

【粉】

《說文》：粉，傅面者也。从米分聲。

馬壹 42_14 下

馬貳 282_270/262

馬貳 241_227

○脂粉

馬貳 216_10/21

○食以粉（芬）放（芳）

北壹·倉頡篇 35

○粉臈脂膏

北魏·長孫子澤誌

北魏·韓震誌

北魏·元囧誌

【䊳】

《說文》：䊳，粉也。从米卷聲。

【䊳】

《說文》：䊳，㪔也。从米悉聲。

【㪔】

《說文》：㪔，䊳㪔，散之也。从米殺聲。

【䃺】

《說文》：䃺，碎也。从米靡聲。

【竊】

《說文》：竊，盜自中出曰竊。从穴从米，卨、廿皆聲。廿，古文疾。卨，古文偰。

獄·芮盜案 70

○即擅竊治蓋以爲肆

里·第八層 1563
○竊敢之洞庭尉

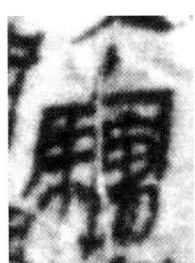

馬壹 87_189
○久矣竊自赦（赦）

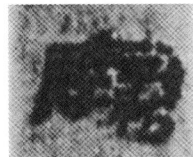

敦煌簡 1788
○時臣竊樂之

金關 T04:065
○吏並竊不勝權

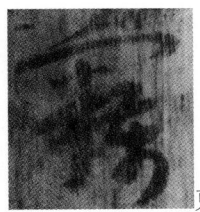

東牌樓 048 背
○鹵虛竊榮祿歸命下

北壹·倉頡篇 20
○亥牒膠竊鮒鱻

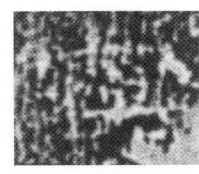

東漢·孔彪碑陽
○斯多草竊

東漢·建寧元年殘碑
○瑛少子熹竊晞商魯

北魏·元乂誌
○曾何竊比

北魏·于景誌
○忽屬權臣竊命

東魏·馮令華誌
○竊恃報施

東魏·劉雙周造塔記
○凡俗竊聞

北齊·赫連子悅誌
○竊據洛水

【粻】

《說文》：粻，食米也。从米長聲。

北魏·溫泉頌

○莫不宿粻而來賓

【粕】

《說文》：粕，糟粕，酒滓也。从米白聲。

【粔】

《說文》：粔，粔籹，膏環也。从米巨聲。

馬貳 296_16

○粔女（籹）笥

【籹】

《說文》：籹，粔籹也。从米女聲。

【糉】

《說文》：糉，蘆葉裹米也。从米㚇聲。

【糖】

《說文》：糖，飴也。从米唐聲。

馬貳 270_135/152

○糖一笥

〖䉁〗

秦代印風

○䉁募學佤

〖籾〗

北魏·源延伯誌

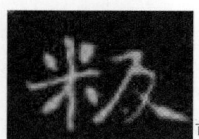

○但胡戎籾（叛）渙

東魏·王僧誌

○民懷籾（叛）扈

〖粢〗

廿世紀璽印二-GP

○㫉粢

〖粃〗

第七卷

〖秕〗

東魏·元寶建誌

○朝無秕政

〖粈〗

廿世紀璽印二-GP

○王粈

〖粖〗

秦文字編 1144

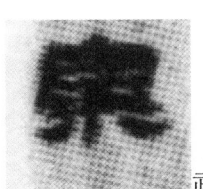

〖梟〗

武·甲《有司》34

○與梟修

〖粧〗

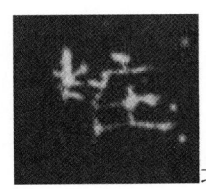

北齊·董洪達造像

○畫採金粧

〖粲〗

〖精〗

秦文字編 1143

〖䊾〗

北魏·劇市誌

○韜□䊾之謐

〖桯〗

秦文字編 1144

〖䒼〗

馬貳 232_124

○餢䒼（飪）

〖粽〗

馬壹 101_135

○粽（餘）食贅行物或惡之

【槳】

關·病方 339

○禹步漬房槳

【粿】

武·甲《有司》72

○婦人贊者執棗粿

武·甲《有司》69

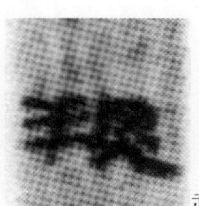

○粿在棗西

【粮】

武·甲《有司》64

○粮坐執（設）之

【稚】

東牌樓 005

○大男稚張

【餎】

東漢·東漢·婁壽碑陰

【楬】

馬貳 277_210/230

○楬（餲）一器

【糅】

北魏·孟敬訓誌

○蘭叢蕙糅

【糒】

馬貳 231_117

○蜜糒一筒有縑囊

敦煌簡 0332

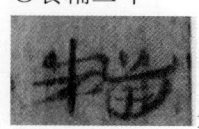

○食糒二斗

金關 T21:131A

○使善糒米

【糙】

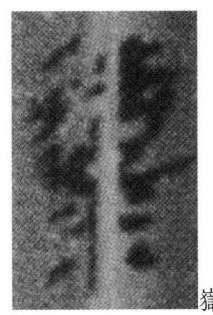

獄·數 153

○而有糙二粟

〖糒〗

秦文字編 1144

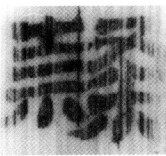

〖䉛〗

北壹·倉頡篇 45

○耒旬䉛氏百冊四

〖糳〗

張·賊律 18

○或命糳謂虉毒

張·賊律 18

○謹（菫）毐（毒）

〖糠〗

南朝梁·舊館壇碑

○糠粃塵務

〖粱〗

漢印文字徵

○粱邑

〖禮〗

武·甲《有司》20

○受之奠禮（醴）

〖糏〗

張·算數書 111

○粟求糏（糳）廿四之

〖糲〗

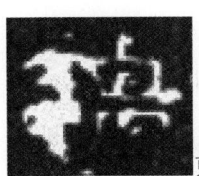

東漢·東漢·婁壽碑陽

○糲苔蔬菜之食

3359

【糌】

馬貳 300_51

○糌（餐）笥

馬貳 276_209/229

○卵糌餐一器

【檗】

馬壹 114_20\423

○華檗

張·算數書 88

○爲檗

毇部

【毇】

《說文》：毇，米一斛舂爲八斗也。从臼从殳。凡毇之屬皆从毇。

【糳】

《說文》：糳，糲米一斛舂爲九斗曰糳。从毇丵聲。

馬壹 114_16\419

○身糳行

張·賜律 298

○吏食糳

張·算數書 90

○毀（毇）糳者

敦煌簡 0290A

○舂碓糳米

臼部

【臼】

《說文》：臼，舂也。古者掘地爲臼，其後穿木石。象形。中，米也。凡臼

3360

之屬皆从臼。

漢銘·重廿斤銅臼

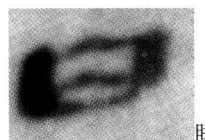

睡·日甲《詰》45

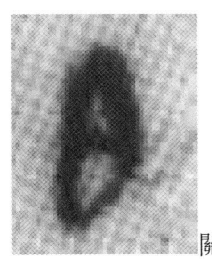

關·病方 372

馬貳 71_73/73
○舂木臼中煮以酒□

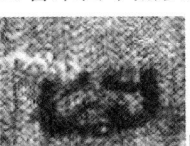

馬貳 37_58 下
○有偃臼玄也

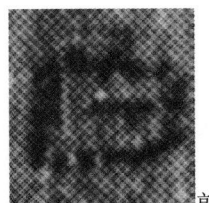

敦煌簡 1407
○買臼出錢二百一

金關 T04:061
○餘藥臼

秦代印風
○公臼敦

漢印文字徵
○公臼敦

東晉·高句麗好太王碑
○臼模盧城

【舂】

《說文》：𦥑，擣粟也。从𠂇持杵臨臼上。午，杵省也。古者雝父初作舂。

睡·秦律十八種 95
○舂衣

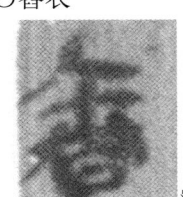

嶽·數 9
○舂之爲米七斗

里・第八層 805
○城旦舂耐以爲鬼薪

張・賊律 4
○城旦舂其失火延燔

張・亡律 157
○城旦舂

張・奏讞書 195
○完爲舂不亦重

張・奏讞書 25
○匿黥舂罪論

敦煌簡 0290A
○隧就舂碓穀米

金關 T28:107
○汲齊舂糜徹迹見二

廿世紀璽印三-GY
○舂陵之印

漢印文字徵
○舂陵之印

北魏・元略誌
○舂相於是默音

北魏・元寧誌
○鄰婦掩相於舂邊

【䆼】

《說文》：䆼，齊謂舂曰䆼。从臼屮聲。讀若膊。

【䕼】

《說文》：䕼，舂去麥皮也。从臼，干所以䕼之。

3362

秦文字編 1145

馬壹 82_54

○籠操舀毋辱大王之

敦煌簡 0222

○男毋舀砍殺秉妻

【舀】

《說文》：舀，抒臼也。从爪、臼。《詩》曰："或簸或舀。"

【㧬】

《說文》：㧬，舀或从臼、宂。

【抌】

《說文》：抌，舀或从手从宂。

東魏·劉天恩造像

○母□□鬼舀立有□

【臽】

《說文》：臽，小阱也。从人在臼上。

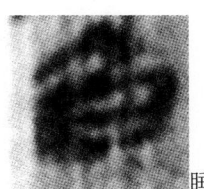

睡·日甲《詰咎》137

睡·日乙 101

○卯天臽

睡·日乙 99

○十月己臽

馬壹 77_75

○亓（其）幾而臽（陷）之惡

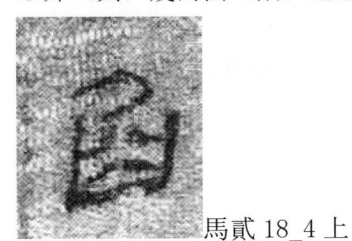

馬貳 18_4 上

○臽日壬癸

張·蓋廬 28

○日日臽十二日皆可

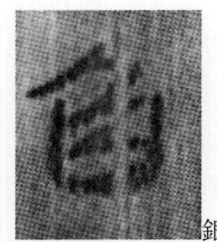

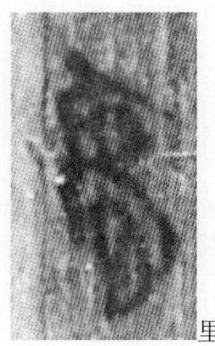

銀貳 1160
○右則臽（陷）於

【豐】

里·第八層 405
○豐手

凶部

【凶】

《說文》：凶，惡也。象地穿交陷其中也。凡凶之屬皆从凶。

睡·日甲《土忌》138

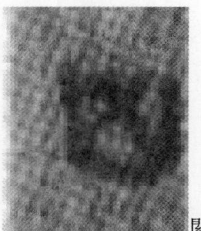

關·日書 203

馬壹 5_18 上

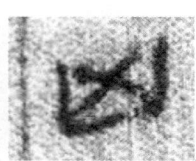

馬貳 20_25 上

敦煌簡 2013

金關 T29：052

金關 T29：052

秦代印風
○王凶

漢印文字徵
○除凶去央

西漢
○降茲殈（凶）疾

東漢·朝侯小子殘碑

東漢・從事馮君碑

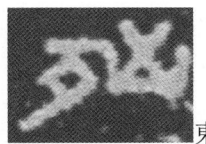

東漢・鮮於璜碑陽

○丁此咎殈（凶）

東漢・西岳華山廟碑陽

西晉・石尠誌

北魏・高珪誌

北魏・元思誌

北魏・宇文永妻誌

北魏・胡明相誌

北魏・劉華仁誌

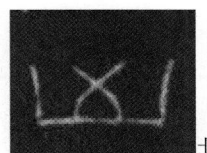

北齊・感孝頌

【兇】

《說文》：兇，擾恐也。从人在凶下。《春秋傳》曰："曹人兇懼。"

漢銘・除兇去殃鈴範

秦文字編 1148

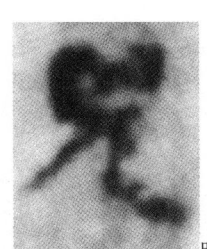

睡・日書甲種《行》130

睡・日書甲種《詰》25

睡・日書乙種《官》81

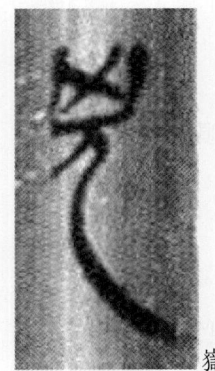

第七卷

獄・占夢書 3

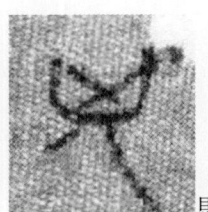

馬壹 242_5 上

馬壹 246_1 上

馬壹 5_19 上

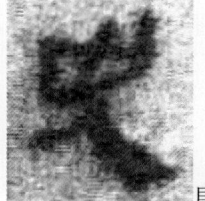

馬壹 3_9 上

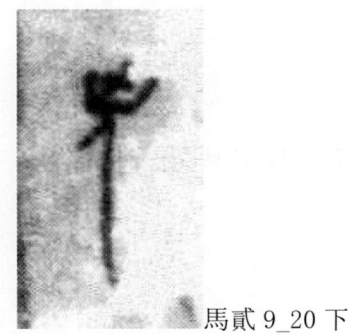

馬貳 9_20 下

銀貳 1979

北貳・老子 164

秦代印風

○梁凶

秦代印風

○凶囗

漢印文字徵

〇郭兇

漢印文字徵

〇牛兇

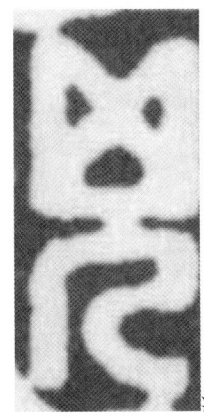

漢晉南北朝印風

〇王凶

漢晉南北朝印風

〇傅兇

秦文字編 1147

北魏・源延伯誌

北魏・元彬誌

北魏・高兇造像

〚象〛

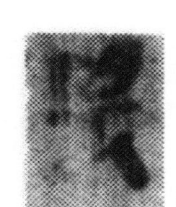

秦文字編 1148

木部

【木】

《說文》：朩，分枲莖皮也。从中，八象枲之皮莖也。凡朩之屬皆从朩。讀若髕。

漢印文字徵

○隼朩

【枲】

《說文》：枲，麻也。从木台聲。

【檾】

《說文》：檾，籀文枲从林从辝。

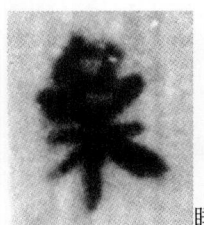

睡·秦律十八種 91

○用枲三斤爲褐

岳·數 17

○數大枲也

獄·數 16

○田租枲述（術）

里·第八層 913

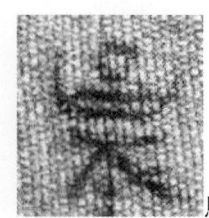

馬貳 69_37/37

○治以枲絮

張·算數書 91

○取枲程取枲程十步

金關 T21：070

○枲八斤

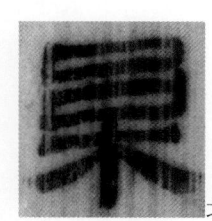

北壹·倉頡篇 13

○孯弟經枲

北魏·元洛神誌

林部

【林】

《說文》：朮，葩之總名也。林之為言微也，微纖為功。象形。凡林之屬皆从林。

【縈】

《說文》：縈，枲屬。从林，熒省。《詩》曰："衣錦縈衣。"

【枚】

《說文》：枚，分離也。从支从林。林，分枚之意也。

麻部

【麻】

《說文》：麻，與林同。人所治，在屋下。从广从林。凡麻之屬皆从麻。

漢銘·新量斗

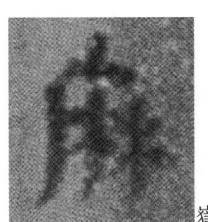

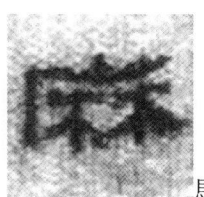

獄·數106

馬壹 175_49 上

馬貳 234_151

張·算數書 90

敦煌簡 1650

金關 T28:114

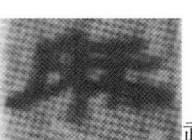

武·儀禮甲《服傳》2

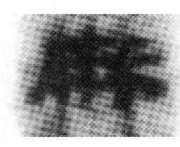

武·乙本《服傳》10

北壹·倉頡篇 15

○窯秅補麻苔□

漢印文字徵

歷代印匋封泥

北魏·高猛妻元瑛誌

北魏·□伯超誌

北周·王榮及妻誌

北齊·朱曇思等造塔記

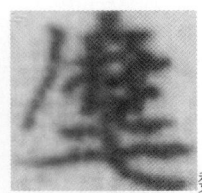

○摹兜率庬聖

〖麈〗

魏晉殘紙

北魏·長孫盛誌

北魏·元龍誌

【䵃】

《說文》：䵃，未練治纑也。从麻後聲。

【䕇】

《說文》：䕇，麻藍也。从麻取聲。

【䕀】

《說文》：䕀，榮屬。从麻俞聲。

〖庬〗

尗部

【尗】

《說文》：尗，豆也。象尗豆生之形也。凡尗之屬皆从尗。

【䪳】

《說文》：䪳，配鹽幽尗也。从尗支聲。

【豉】

《說文》：豉，俗䪳从豆。

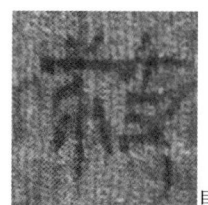

馬貳 86_361/351

○弱（溺）漬陵（菱）茇（芰）

張・遣策 18

○茇一筲䩨車一乘馬

金關 T21:007

○鹽豉各一斗

秦文字編 1149

北魏・宋紹祖誌

○鹽豉卅斛

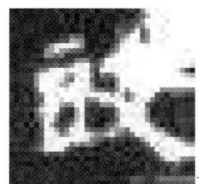

北齊・高叡修定國寺碑

○印泥作豉

馬壹 242_8 上

○以澤耑□□□耑以

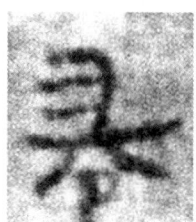

馬壹 112_27\378

○爲物耑（端）見必

北壹・倉頡篇 64

○蒲藺蔣耑末根

耑部

【耑】

《說文》：耑，物初生之題也。上象生形，下象其根也。凡耑之屬皆从耑。

韭部

【韭】

《說文》：韭，菜名。一種而久者，故謂之韭。象形，在一之上。一，地也。此與耑同意。凡韭之屬皆从韭。

里・第八層 1664

馬貳 209_77

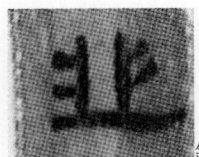

銀貳 1779

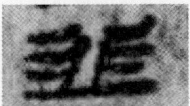

金關 T23∶765

武·甲《少牢》26

武·甲《有司》72

武·甲《有司》20

北齊·劉悅誌

○剪韭復生

【䪢】

《說文》：䪢，韲也。从韭隊聲。

【韲】

《說文》：，䪢也。从韭，次、朿皆聲。

【𩐏】

《說文》：𩐏，韲或从齊。

【韱】

《說文》：韱，菜也。葉似韭。从韭叡聲。

里·第八層 1620

○韱（薤）日壹

馬貳 90_450/440

○一咀韱（薤）以封之

馬貳 70_43/43

○擇韱（薤）一把

馬貳 78_195/182

○贏牛二七韱（薤）一并

東漢·孔宙碑陰

北魏·元延明誌

○韱（薤）歌悽咽

【韯】

《說文》：韯，山韭也。从韭𢏗聲。

3372

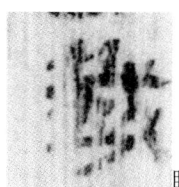

第七卷

睡·為吏 5
○微密韱（纖）察

獄·為吏 48
○棄親韱（賢）安

里·第八層 1239
○大女韱十月

馬貳 34_34 上
○韱入目下

漢印文字徵
○尚韱

北魏·叔孫協及妻誌
○韱（殲）我良賢

【䪥】

《說文》：䪥，小蒜也。从韭番聲。

【䪥】

秦文字編 1149

瓜部

【瓜】

《說文》：瓜，㼌也。象形。凡瓜之屬皆从瓜。

秦文字編 1149

馬貳 235_156
○瓜苴（菹）一資

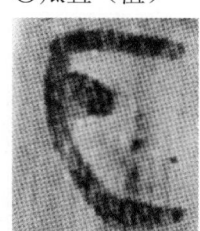

張·遣策 27
○瓜一盎

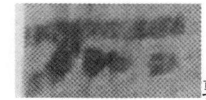

敦煌簡 0009
○私王瓜一枚重卅斤

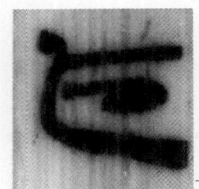

北壹・倉頡篇 25
○㼌瓜堅㲉

漢印文字徵
○南郭瓜印

秦文字編 1149

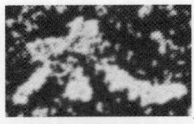

東漢・仙人唐公房碑陽

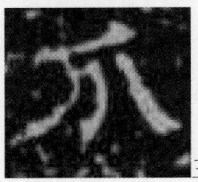

三國魏・上尊號碑
○同心之瓜

北魏・元瑱誌
○固能秀發瓜瓞

北魏・元均之誌
○蒙贈平西將軍瓜州刺史

北魏・元㻌誌
○志同灌瓜

北魏・席盛誌
○灌瓜之德有聞

北魏・元孟輝誌
○瓜葛河誕之潤

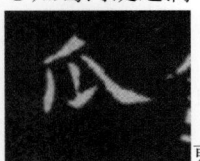

東魏・王令媛誌
○瓜瓞綿綿

【㼉】

《說文》：㼉，小瓜也。从瓜交聲。

【瓞】

《說文》：瓞，㼉也。从瓜失聲。《詩》曰："緜緜瓜瓞。"

【㼐】

《說文》：㼐，瓞或从弗。

北魏・元瑱誌

北魏·赫連悅誌

〇綿㼓之盛

北魏·王翊誌

〇綿㼓開源

北魏·元謐誌

〇悠哉綿㼓

東魏·王令媛誌

〇瓜㼓綿綿

【㼕】

《說文》：㼕，小瓜也。从瓜，熒省聲。

【𤬏】

《說文》：𤬏，瓜也。从瓜，繇省聲。

【瓣】

《說文》：瓣，瓜中實。从瓜辡聲。

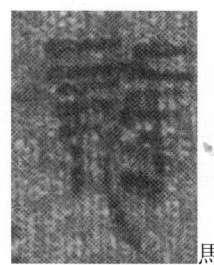

馬貳 86_362/352

〇苦瓠瓣并以饒膏弁

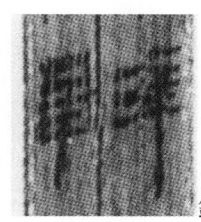

銀貳 2144

〇三瓣者及大禽

【𤬓】

《說文》：𤬓，本不勝末，微弱也。从二瓜。讀若庾。

瓠部

【瓠】

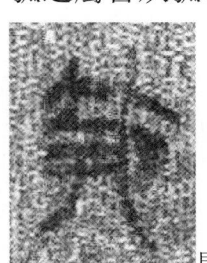

《說文》：瓠，匏也。从瓜夸聲。凡瓠之屬皆从瓠。

馬貳 80_230/217

〇穿小瓠令其空

銀貳 1819

〇冬葵瓠以堅苞

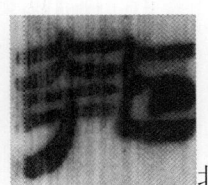

北壹·倉頡篇 25

○亲栗瓠瓜堅

漢印文字徵

○瓠青

北魏·薛慧命誌

○玄瓠鎮將

北魏·慈慶誌

○值玄瓠鎮將

【瓢】

《說文》：瓢，蠡也。从瓠省，票聲。

宀部

【宀】

《說文》：宀，交覆深屋也。象形。凡宀之屬皆从宀。

【家】

《說文》：家，居也。从宀，豭省聲。

【家】

《說文》：家，古文家。

西晚·不其簋

戰晚·王二十三年秦戈

漢銘·王家尚食釜

漢銘·中私府鍾

漢銘·侯家器

漢銘·菑川太子家鑪

漢銘·陽信家銅錠

漢銘·富平侯家銷

漢銘·平陽子家舫

漢銘·衛少主鍾

漢銘·敬武主家銚

漢銘·敬武主家銚

漢銘·陽信家鉐鏤

漢銘·平息侯家鼎

漢銘·衛少主鼎

漢銘·陽信家銅鍾

睡·法律答問 106

關·日書 229

嶽·為吏 39

里·第八層 1730

馬壹 4_15 下

張・置吏律 217

張・奏讞書 193

張・奏讞書 190

○祠其家三日

銀壹 692

銀壹 818

北貳・老子 47

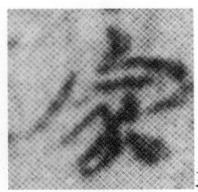

敦煌簡 0239A

金關 T07:003

金關 T32:046

○言昌家室不與子文

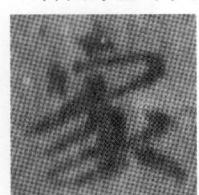

東牌樓 012

○便歸家召喚不可復

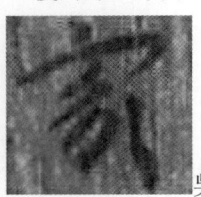

吳簡嘉禾・四・三

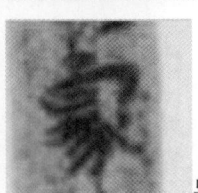

吳簡嘉禾・九七四三

吳簡嘉禾・四・一

秦代印風

秦代印風

秦代印風

秦代印風

秦代印風

〇樂家

秦代印風

〇文家

廿世紀璽印三-GP

廿世紀璽印三-GY

〇家丞

漢晉南北朝印風

漢晉南北朝印風

漢晉南北朝印風

漢晉南北朝印風

漢晉南北朝印風

漢晉南北朝印風

漢晉南北朝印風

漢晉南北朝印風

漢晉南北朝印風

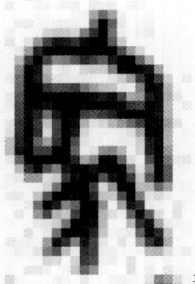

秦駰玉版

東漢・乙瑛碑

○財出王家錢

東漢・曹全碑陽

西漢

○家父主吏

東漢・元嘉元年畫像石題記一

○有倡家

三國魏・曹真殘碑

西晉・郭槐柩記

北魏・張安姬誌

北魏・康健誌

○永篤家風

北魏・王普賢誌

3380

第七卷

北魏·元弼誌

北魏·爾朱襲誌

東魏·元寶建誌

○開邦家之基

北齊·孫靜造像

北齊·□德造像

○侍處後願家

北齊·馬天祥造像

【宅】

《說文》：宅，所託也。从宀乇聲。

【㡯】

《說文》：㡯，古文宅。

【庀】

《說文》：庀，亦古文宅。

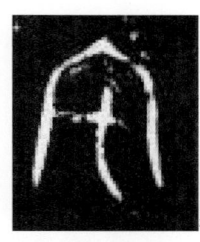

春早·秦公鐘

春早·秦公鐘

春晚·秦公簋

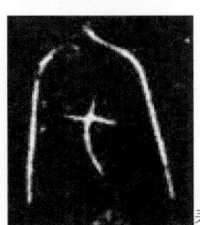

春早·秦公鎛

睡·日甲《詰》40

獄·識劫案115

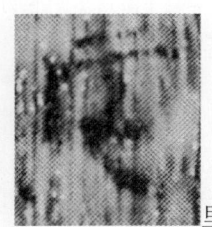

里・第六層 37

馬壹 85_136

張・戶律 315

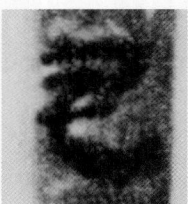

銀壹 521

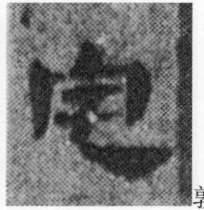

敦煌簡 2130

金關 T23:919A

○以田宅泉累子涇業

武・日忌木簡乙 2

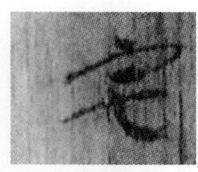

東牌樓 070 正

秦代印風

○外宅窯

東漢・郭夫人畫像石墓題記

○大高平令郭君夫人室宅

東漢・乙瑛碑

東漢・王得元畫像石墓題記

東漢・徐無令畫像石墓題記

北魏・于纂誌

北魏·山暉誌

北魏·李超誌

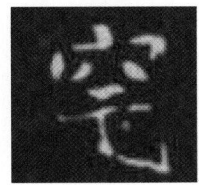

北魏·元弼誌

○卒于孝義里宅

北魏·劉華仁誌

北齊·斛律氏誌

北魏·鄴乾誌

○遠二金宅

【室】

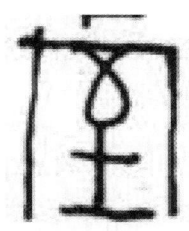

《說文》：㝐，實也。从宀从至。至，所止也。

戰晚·五年相邦呂不韋戈二

戰晚·廿六年□□守戈

漢銘·壽成室鼎一

睡·秦律十八種 136

睡·法律答問 98

睡·為吏 23

睡·日甲《詰》57

關·日書 229

嶽·質日 2750

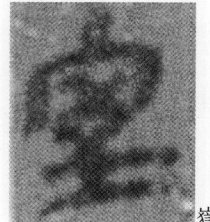

嶽·數 47

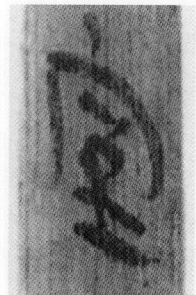

嶽·芮盜案 67

里·第八層 104

馬壹 89_214

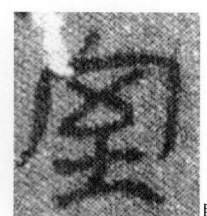

馬壹 242_8 上\16 上

張·奏讞書 166

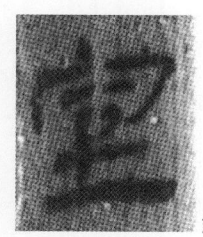

銀貳 1734

北貳·老子 149

敦煌簡 0173

金關 T32:046

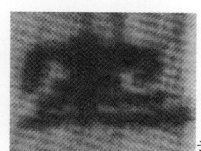

武·儀禮甲《服傳》29

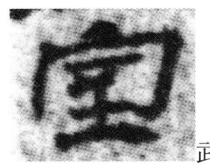

武·王杖6

北壹·倉頡篇53

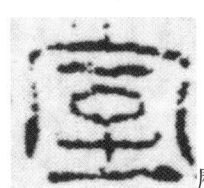

歷代印匋封泥

○櫟陽右工室丞

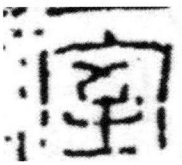

廿世紀璽印三-GP

○咸陽工室丞

廿世紀璽印三-GP

○櫟陽左工室

廿世紀璽印三-GP

○櫟陽右工室丞

廿世紀璽印三-GP

○居室

廿世紀璽印三-GP

漢晉南北朝印風

○黃室私官右丞

漢印文字徵

歷代印匋封泥

○阿曼陀室

歷代印匋封泥

歷代印匋封泥

漢代官印選
〇東織室令史印

漢印文字徵

秦駰玉版

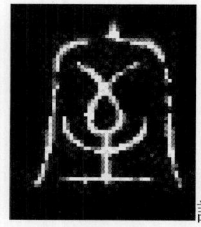

詛楚文・沈湫
〇冥室檟棺之中

東漢・夏承碑

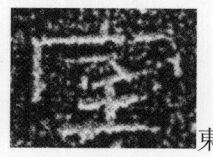

東漢・永平四年畫像石題記

東漢・王得元畫像石墓題記

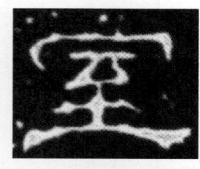

東漢・楊震碑

東漢・楊著碑額

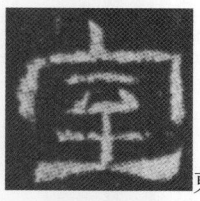

東漢・肥致碑

北魏・于景誌

北魏・鄭乾誌

北魏・鄭黑誌

北魏・石婉誌

東魏・杜文雅造像
〇堪室華離

3386

北齊·吳遷誌

北齊·赫連子悅誌

北齊·斛律氏誌

北周·寇嶠妻誌

【宣】

《說文》：宣，天子宣室也。从宀亘聲。

漢銘·內者高鐙

漢銘·承安宮鼎二

漢銘·承安宮行鐙

漢銘·杜宣鼎

漢銘·右丞宮鼎

漢銘·臨虞宮高鐙三

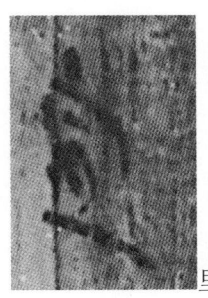

里·第八層背170

○旦佐宣行廷

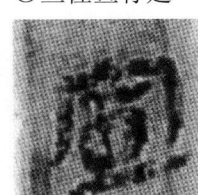

張·具律85

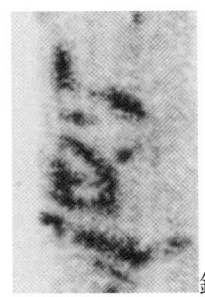

銀壹449

○威王宣王以勝諸侯

敦煌簡 2260

○長暐宣今調守當會

金關 T04:108A

金關 T01:012

魏晉殘紙

廿世紀璽印二-SY

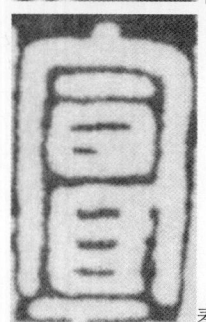

秦代印風

○全宣

廿世紀璽印三-SY

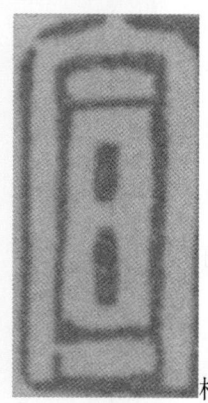

柿葉齋兩漢印萃

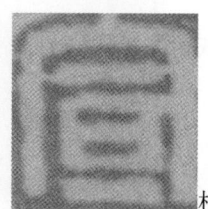

柿葉齋兩漢印萃

○劉宣印

柿葉齋兩漢印萃

廿世紀璽印四-GY

漢晉南北朝印風

第七卷

漢晉南北朝印風
○宣威將軍

漢晉南北朝印風

漢晉南北朝印風
○趙宣

漢晉南北朝印風

漢晉南北朝印風

詛楚文・沈湫
○宣麥竸從變

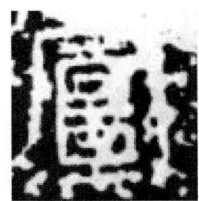

石鼓・鑾車

泰山刻石

東漢・禮器碑側
○時令漢中南鄭趙宣字子雅

東漢・楊叔恭殘碑
○城宣仁播威賞

東漢・成陽靈臺碑

西晉・趙汜表

北魏・元顯儁誌

3389

北魏・寇憑誌

北魏・胡明相誌

北齊・唐邕刻經記

北周・崔宣靖誌蓋

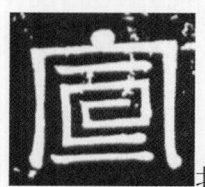

北周・崔宣默誌蓋

北周・崔宣靖誌

○君姓崔諱宣靖

【向】

《說文》：向，北出牖也。从宀从口。《詩》曰："塞向墐戶。"

漢銘・劉家弩鐖

馬壹 128_76 上

金關 T03：052

北壹・倉頡篇 2

秦代印風

漢印文字徵

漢印文字徵

廿世紀璽印四-SY

○向松子言事

漢晉南北朝印風

北魏·元暐誌

北魏·元誘誌

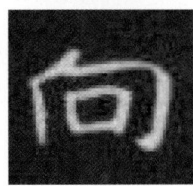

北魏·馮邕妻元氏誌

北魏·張正子父母鎮石

【宧】

《說文》：宧，養也。室之東北隅，食所居。从宀臣聲。

歷代印匋封泥
○慶宧

【宦】

《說文》：宦，戶樞聲也。室之東南隅。从宀㔾聲。

【奧】

《說文》：奧，宛也。室之西南隅。从宀𠔼聲。

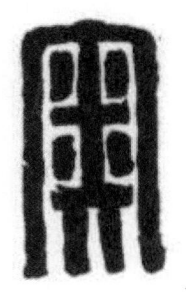

漢印文字徵
○奧奮

東漢·禮器碑
○以俟知奧

北魏·寇治誌

北魏·檀賓誌

北魏·楊無醜誌
○言歸奧室

北魏·崔隆誌

東魏·淨智塔銘

南朝梁·舊館壇碑

【宛】

《說文》：宛，屈草自覆也。从宀夗聲。

【惌】

《說文》：惌，宛或从心。

漢銘·宛仁鐵

關·病方364

里·第八層261

馬壹137_62下/139下

張·秩律447

敦煌簡1143

金關T10:315A

北壹·倉頡篇43

秦代印風

○宛臣

廿世紀璽印三-SY

漢印文字徵

漢印文字徵

漢代官印選

漢晉南北朝印風

漢晉南北朝印風

○宛川護軍章

東漢・桐柏淮源廟碑

東漢・張景造土牛碑

東漢・禮器碑陰

北魏・王誦妻元妃誌

北魏・元謐誌

北魏・長孫盛誌

北魏・元颺誌

東魏・元玕誌

○宛異百年

北周・盧蘭誌

○宛在芒山

【宸】

《說文》：宸，屋宇也。从宀辰聲。

北魏・胡明相誌

北魏・封魔奴誌

○宸居以軫

【宇】

《說文》：宇，屋邊也。从宀于聲。
《易》曰："上棟下宇。"

【寓】

《說文》：𡩜，籀文宇从禹。

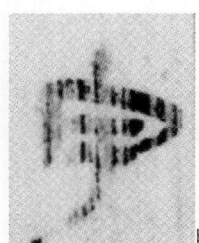

睡·為吏 19

睡·日甲 17

嶽·數 67

里·第八層 161

馬壹 218_106

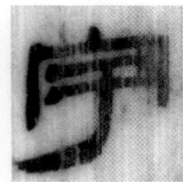

北壹·倉頡篇 53

秦代印風
○魏宇

秦代印風
○任宇

柿葉齋兩漢印萃
○虞宇印信

漢印文字徵
○周宇私印

柿葉齋兩漢印萃
○吳應宇

東漢·李孟初神祠碑

北魏·元願平妻王氏誌

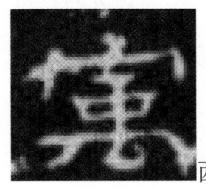

西晉·臨辟雍碑

○經營宇內

北魏·元悌誌

○器宇淹凝

北魏·元始和誌

○宇內痛惜

【寷】

《說文》：寷，大屋也。从宀豐聲。《易》曰："寷其屋。"

【寏】

《說文》：寏，周垣也。从宀奐聲。

【院】

《說文》：阮，寏或从𨸏。

【宖】

《說文》：宖，屋深響也。从宀厷聲。

秦文字編1160

敦煌簡0269

○上官宏年二十五

金關 T23:288

○守丞宏寫移如律令

廿世紀璽印三-SY

○田宏私印

漢印文字徵

○河間私長朱宏

漢晉南北朝印風

○燕宏私印

漢晉南北朝印風
〇杜宏私印

東漢・王舍人碑

東漢・楊震碑

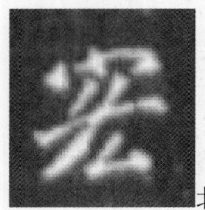

北魏・楊舒誌
〇俄而僞臨川王蕭宏敢率蟻徒

北齊・高僧護誌
〇弱播宏融

【宖】

《說文》：宖，屋響也。从宀弘聲。

【寪】

《說文》：寪，屋兒。从宀爲聲。

【康】

《說文》：康，屋康㝩也。从宀康聲。

【㝩】

《說文》：㝩，康也。从宀良聲。

【宬】

《說文》：宬，屋所容受也。从宀成聲。

【寍】

《說文》：寍，安也。从宀，心在皿上。人之飲食器，所以安人。

秦文字編 1160

【定】

《說文》：定，安也。从宀从正。

戰晚・三年相邦矛

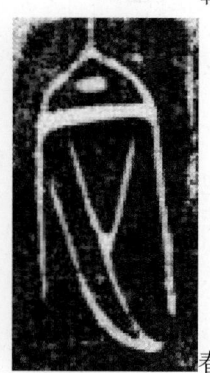

春晚・秦王鐘

戰晚·囗年上郡守戈

漢銘·中山內府銅銷三

漢銘·真定高鐙二

漢銘·苦宮行燭定

漢銘·新嘉量二

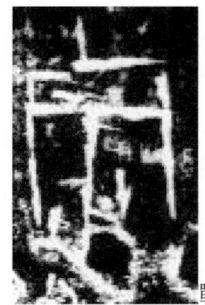

漢銘·新銅丈

漢銘·中山內府銅銷二

漢銘·中山內府銅銷一

漢銘·新衡杆

睡·法律答問 121

睡·日甲《秦除》22

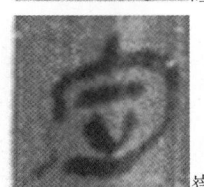

獄·為吏 71

里·第八層 42

馬壹 80_24

馬壹 39_11 下

○

張·戶律 322

○弗爲定籍盈一日罰

張・奏讞書 147

張・算數書 141

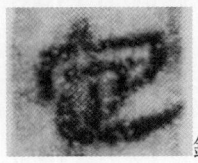

銀壹 272

銀貳 1926

○三則無定

銀貳 1707

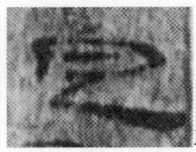

敦煌簡 1405

○定陶堂里張昌

金關 T21:013

○卒石定革甲鞮䩬

金關 T24:321

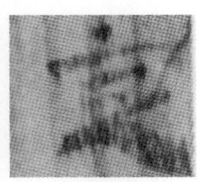

○傅定

東牌樓 003 背

○共安定亭令詳

吳簡嘉禾・五・一三六

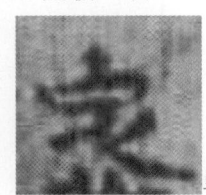

○定收一畝

吳簡嘉禾・四・三〇〇

○定收二畝

吳簡嘉禾・四・二二四

○定收十七畝

吳簡嘉禾・四・二二二

○定收十畝

吳簡嘉禾・四・一九三

○定收十三畝

廿世紀璽印二-SY

秦代印風

廿世紀璽印三-SY

〇筥定之印

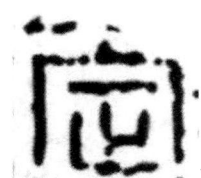

廿世紀璽印三-GP

漢晉南北朝印風

廿世紀璽印三-SY

歷代印匋封泥

歷代印匋封泥

歷代印匋封泥

〇定陶相印章

歷代印匋封泥

歷代印匋封泥

柿葉齋兩漢印萃

柿葉齋兩漢印萃

漢印文字徵

漢印文字徵
○史定印信

漢代官印選

柿葉齋兩漢印萃

漢晉南北朝印風
○馮定之印

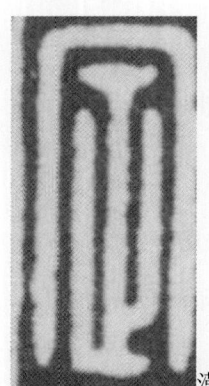

漢晉南北朝印風

漢晉南北朝印風
○吳安定印

東漢・楊著碑額

東漢・石門頌
○惟巛（坤）靈定位

東漢・桐柏淮源廟碑
○大常定甲

東漢・曹全碑陽
○既定爾勳

東漢・曹全碑陽
○或在安定

東漢・張遷碑陰
○故吏氾定國錢七百

東漢・成陽靈臺碑

3400

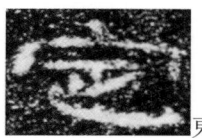

東漢・石門闕銘

○造墓定基

東漢・禮器碑

○爲漢定道

西晉・石定誌

西晉・石尠誌

北魏・丘哲誌

○定州刺史

北魏・元鸞誌

○高祖定鼎伊洛

北魏・秦洪誌

○與漢光武爰定赤眉

東魏・邸珍碑額

○魏故侍中散騎常侍定州刺史司空邸公之碑

北齊・庫狄迴洛誌蓋

○齊故定州刺史太尉公庫狄順陽王墓銘

北周・豆盧恩碑

○保定二年

【寔】

《說文》：寔，止也。从宀是聲。

東牌樓070正

○白劉寔忍有北里中

漢印文字徵

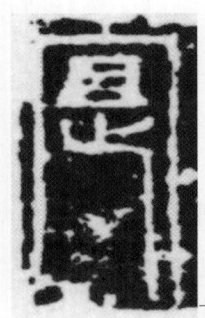

廿世紀璽印四-SY

廿世紀璽印四-SY

東漢・桐柏淮源廟碑

東漢・北海相景君碑陽

東漢・楊震碑

北魏・元朗誌
○寔擬賢戚

北魏・王禎誌

北魏・王普賢誌
○寔戎家祉

北魏・嚴震誌
○寔維乃公

北魏・元願平妻王氏誌
○寔靈所鍾

北魏・李端誌

北魏・穆亮誌
○寔挺明懿

北魏・元定誌
○寔屬斯生

【安】

《說文》：安，靜也。从女在宀下。

戰中・商鞅量

戰晚・左樂兩詔鈞權

秦代・兩詔銅權三

秦代・始皇詔銅方升一

秦代・始皇詔八斤權一

秦代・大騩銅權

秦代・始皇詔版一

秦代・始皇詔銅橢量四

秦代・美陽銅權

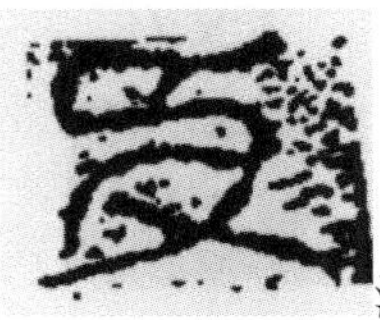

漢銘・漢安平陽侯洗

漢銘・承安宮鼎二

漢銘・安邑宮銅鼎

漢銘・安成家鼎

漢銘・長安銷

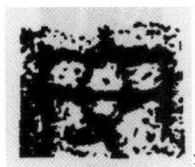

漢銘・建安四年洗

漢銘·光和斛一

漢銘·新五斤權

漢銘·大司農權

漢銘·內者高鐙

漢銘·承安宮行鐙

漢銘·聖主佐宮中行樂錢

漢銘·漢安二年洗

漢銘·安成家鼎

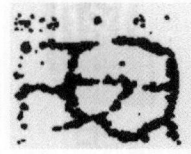

漢銘·建安二年洗

漢銘·承安宮鼎一

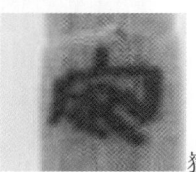

睡·為吏 23

獄·質日 3419

獄·魏盜案 152

里·第八層 1563

馬壹 85_130

張·秩律 455

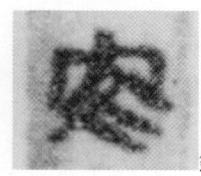

銀壹 328

銀貳 1069

北貳・老子 161

敦煌簡 0532

金關 T07:037

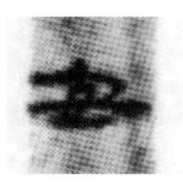

武・甲《泰射》39

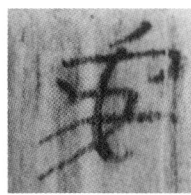

東牌樓 035 背

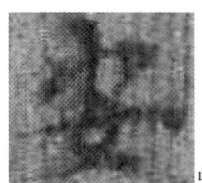

吳簡嘉禾・五・七四六

魏晉殘紙

歷代印匋封泥

○東酷里安

秦代印風

秦代印風

秦代印風

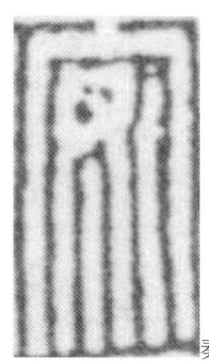

秦代印風

秦代印風

秦代印風

秦代印風

廿世紀璽印三-GY

歷代印匋封泥

○鹹新安盼

歷代印匋封泥

○安台丞印

秦代印風

漢晉南北朝印風

廿世紀璽印三-SY

廿世紀璽印三-SY

廿世紀璽印三-SY

漢代官印選

漢代官印選

○安國侯印

漢代官印選

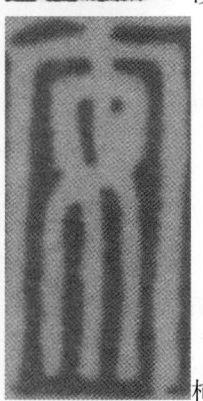

柿葉齋兩漢印萃

歷代印匋封泥

○樂安丞印

漢印文字徵

漢代官印選

柿葉齋兩漢印萃

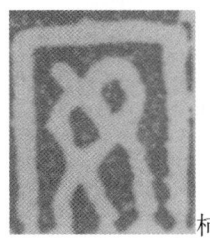

柿葉齋兩漢印萃

柿葉齋兩漢印萃

歷代印匋封泥

歷代印匋封泥

歷代印匋封泥

○西安丞印

漢代官印選

漢印文字徵

○頓安居

漢代官印選

漢代官印選

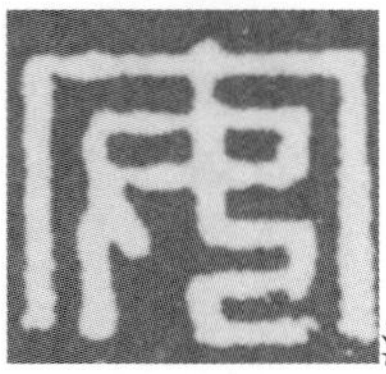

漢晉南北朝印風

漢晉南北朝印風

漢晉南北朝印風
○張長安印

漢晉南北朝印風

漢晉南北朝印風

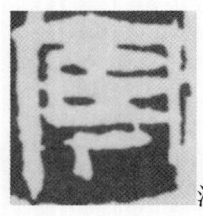

漢晉南北朝印風
○武安令印

漢晉南北朝印風
○安西將軍章

漢晉南北朝印風
○安永私印

石鼓・田車

東漢・從事馮君碑

東漢・桐柏淮源廟碑

東漢・東漢・婁壽碑陽

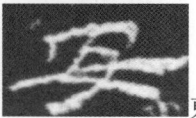

東漢・桐柏淮源廟碑

東漢・肥致碑

東漢・孫琮畫像石墓題記

東漢・司徒袁安碑

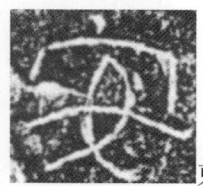

東漢・石門頌

西晉·石尟誌

十六國後秦·呂他表

○安北陵

北魏·寇臻誌

北魏·胡明相誌

北齊·張海翼誌蓋

○齊故司馬蒐安侯張君墓誌銘

北周·宇文瓘誌蓋

北周·安伽誌蓋

【宓】

《說文》：宓，安也。从宀必聲。

東漢·樊敏碑

○肇祖宓戲

【窫】

《說文》：窫，靜也。从宀契聲。

北壹·倉頡篇43

○購窫（窫）椅姸

【宴】

《說文》：宴，安也。从宀㫰聲。

北魏·元彝誌

○簡從朝宴

【宋（寂）】

《說文》：宋，無人聲。从宀未聲。

【誎】

《說文》：誎，寂或从言。

銀貳2078

○國之宋是

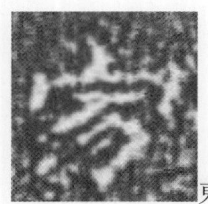

東漢・孔彪碑陽

○寂兮冥冥

北魏・爾朱紹誌

北魏・于纂誌

○而與仁寂寥

北魏・元琮誌

○寂寂無聲

北魏・元子直誌

○階庭虛寂

北魏・馮會誌

○悲玉魄之長寂

北魏・元嵩誌

○寂理豈恒

北魏・鄭君妻誌

○寂寥揚冢

北魏・淨悟浮圖記

北齊・無量義經二

○意滅識亡心亦寂

北齊・元賢誌

○寂々孤魂

【察】

《説文》：𡨙，覆也。从宀、祭。

睡・秦律雜抄 37

馬壹 82_69

馬貳 212_10/111

張·脈書 61

銀壹 276

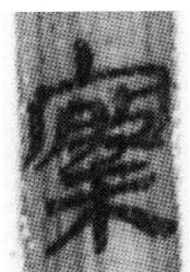

○察遠近

銀貳 2082

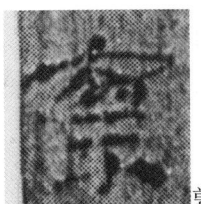

敦煌簡 2048

○秋忠察適

敦煌簡 0189

○官省察叩頭死罪

金關 T24:916

○察伏則

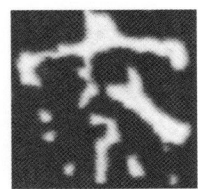

東漢·樊敏碑

東漢·夏承碑

西晉·石尠誌

北魏·乞伏寶誌

北魏·元子正誌

【窺】

《說文》：窺，至也。从宀親聲。

泰山刻石

【完】

《説文》：完，全也。从宀元聲。古文以爲寬字。

漢銘·完器二

漢銘·完器一

睡·秦律雜抄 15

睡·法律答問 124

嶽·識劫案 136

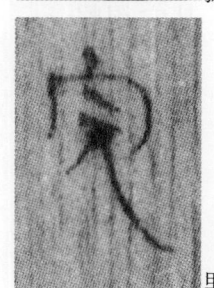

里·第八層 1363

馬壹 82_59

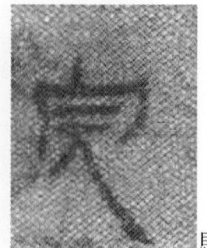

馬貳 115_105/104

張·具律 86

張·奏讞書 177

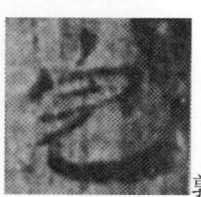

敦煌簡 1256

金關 T02:075

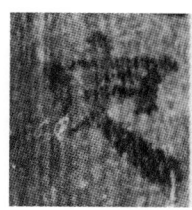

東牌樓 063 正

吳簡嘉禾・五・二九六

〇李完佃田五町

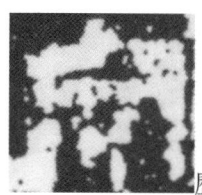

歷代印匋封泥

〇咸亭完里丹器

廿世紀璽印三-SY

廿世紀璽印三-SY

漢印文字徵

漢晉南北朝印風

漢晉南北朝印風

東漢・史晨後碑

北魏・李璧誌

〇規借完典

【富】

《說文》：富，備也。一曰厚也。从宀畐聲。

漢銘・敬武主家銚

漢銘・富貴昌宜侯王傳子洗

漢銘·富貴昌宜侯王洗十四

漢銘·富貴長宜子孫洗

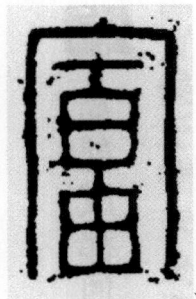

漢銘·蜀郡嚴氏富昌洗

漢銘·禺氏洗

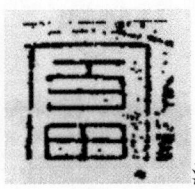

漢銘·富貴金造作吉洗

漢銘·大富壺一

漢銘·富貴昌宜侯洗一

漢銘·富貴昌洗

漢銘·吉羊富昌殘洗

漢銘·富貴昌宜侯王洗二

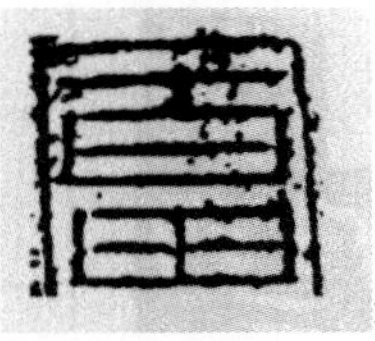

漢銘·富貴昌宜侯王洗四

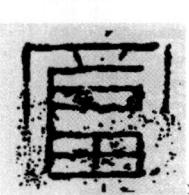

漢銘·富貴昌宜侯王洗十

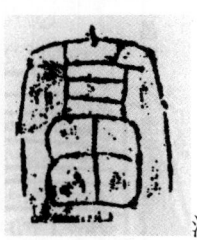

漢銘·富人大万泉範

漢銘·宜牛羊鈴

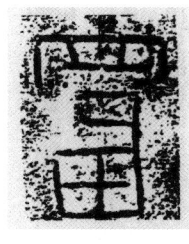

漢銘·陳富貴昌洗

漢銘·陽遂洗

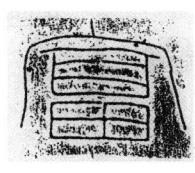

漢銘·富貴方壺

漢銘·劉氏洗

漢銘·富貴昌宜侯王銅二

漢銘·富平侯家銅

漢銘·富平侯家溫酒鐎

漢銘·富貴昌宜侯王洗十二

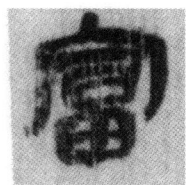

睡·為吏 3

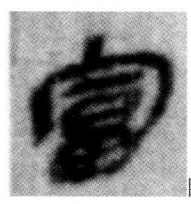

睡·日甲《毀棄》120

關·日書 147

獄·為吏 59

里·第八層 915

馬壹 144_20/194 上

張・蓋盧 46

銀壹 462

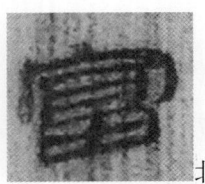

北貳・老子 56

敦煌簡 0785

金關 T03:114

東牌樓 117 正

吳簡嘉禾・五・三四七
○這富佃田四町

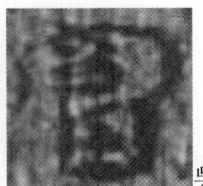

吳簡嘉禾・五・二五八
○唐富佃田五町

歷代印匋封泥
○富

歷代印匋封泥
○豆里富壤□支

歷代印匋封泥
○南富□□

秦代印風
○富昌

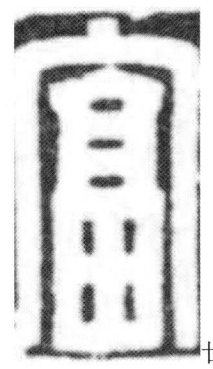

廿世紀璽印三-SY

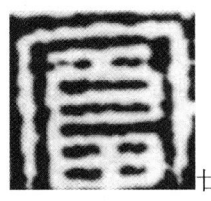

廿世紀璽印三-SY

廿世紀璽印三-SP

○富貴昌樂未央

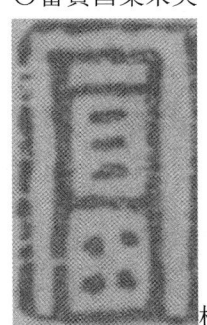

柿葉齋兩漢印萃

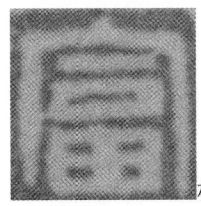

柿葉齋兩漢印萃

漢代官印選

漢印文字徵

漢印文字徵

○至富

漢印文字徵

漢晉南北朝印風

○鮮于富昌

漢晉南北朝印風

漢晉南北朝印風

○富樂私印

3417

東漢·楊震碑

北魏·□伯超誌

北魏·元仙誌

北齊·李雲誌

【實】

《說文》：實，富也。从宀从貫。貫，貨貝也。

漢銘·新嘉量二

漢銘·聖主佐宮中行樂錢

漢銘·新衡杆

睡·效律 19

關·病方 336

獄·癸瑣案 10

里·第八層 1221

馬壹 88_210

張·奏讞書 34

○名數實亡人也

張·蓋盧 39

銀壹 575

銀貳 1104

北貳·老子 5

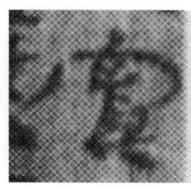

敦煌簡 0813

○一人實虛

金關 T28:008A

武·甲《特牲》48

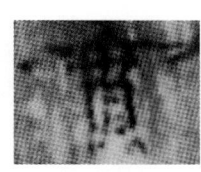

東牌樓 005

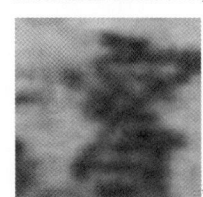

魏晉殘紙

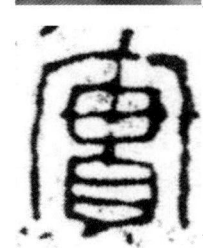

廿世紀璽印三-SP

○左官徒實

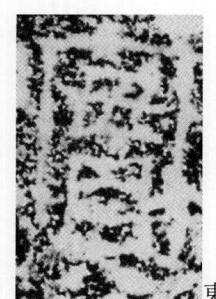

東漢·買田約束石券

東漢·楊震碑

西晉·成晃碑

北魏·元頊誌

○寶異明月

北魏·張正子父母鎮石

北魏·元誘誌

北魏·元悌誌

北魏·元信誌

北魏·元愔誌

北齊·無量義經二

【宎】

《說文》：宎，藏也。从宀㐁聲。㐁，古文保。《周書》曰："陳宎赤刀。"

【容】

《說文》：容，盛也。从宀、谷。

【㲋】

《說文》：㲋，古文容从公。

3420

戰晚或秦代·梡陽鼎

戰晚或秦代·梡陽鼎

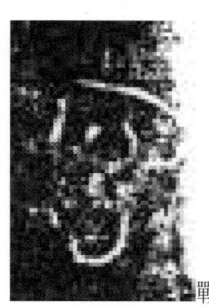

戰晚·三年詔事鼎

秦代·麗山園鐘

漢銘·上林昭臺廚銅鋗

漢銘·晉壽升

漢銘·黃山鼎

漢銘·陽信家溫酒器二

漢銘·晉陽鈁

漢銘·美陽鼎

漢銘·大賈壺

漢銘·平陽子家壺

漢銘·中山內府銅鑊

漢銘·十六年鍪

漢銘·羽陽宮鼎

漢銘・重廿八斤鼎

漢銘・陶陵鼎二

漢銘・陽周倉鼎

漢銘・衛少主鼎

漢銘・第十三鼎

漢銘・張氏鼎

漢銘・上林鼎一

漢銘・泰山宮鼎

漢銘・第七平陽鼎

漢銘・安成家鼎

睡・封診式 20

嶽・數 178

里・第八層 1732

馬壹 78_94

馬貳 205_24

北貳・老子 36

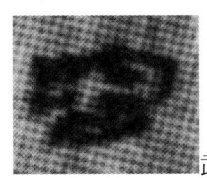

武・儀禮甲《士相見之禮》9

北壹・倉頡篇 62

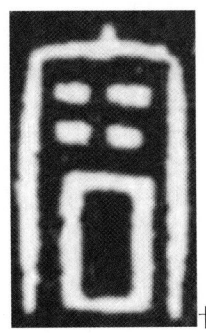

廿世紀璽印三-SY

廿世紀璽印三-SY

○王容之印

漢印文字徵

漢印文字徵

歷代印匋封泥

漢晉南北朝印風

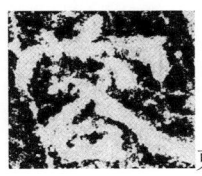

東漢・少室石闕題名

○紆□□重令容

東漢・西狹頌

○財容車騎

東漢・張遷碑陰

○故吏韋容人錢四百

東漢・馮緄碑

○討賊范容

西晉・石尠誌

西晉・臨辟雍碑

北魏・元維誌

○將展雲容

北魏・元維誌

北魏・元融妃穆氏誌

北魏・元譚妻司馬氏誌

東魏・杜文雅造像

○雕鐫遺容

北齊・孫靜造像

○清信女孫靜爲亡女容輝

北齊・朱曇思等造塔記

○容爛難名

北齊・等慈寺殘塔銘

○從容四生之外

北齊・柴季蘭造像

【宂】

《說文》：宂，㪔也。从宀，人在屋下，無田事。《周書》曰："宮中之宂食。"

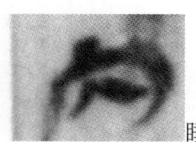

睡・秦律十八種 14

○嗇夫罰宂皂者

睡・效律 23

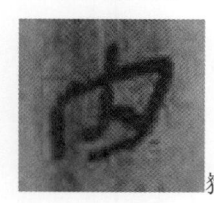

○令官嗇夫宂

獄・猩敞案 48

○買銅錫宂募樂

第七卷

里·第八層 2106
○令除宄佐

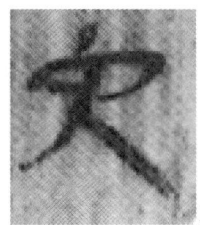

里·第八層 60
○言宄佐公士

張·史律 479
○爲宄祝宄之

敦煌簡 0216
○宄食於倉

漢印文字徵
○宄從僕射

北魏·山徽誌
○宄從僕射

北魏·于纂誌
○宄從僕射

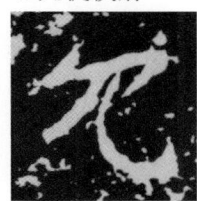

北魏·宄從僕射造像
○宄從僕射

【寱（寢）】

《說文》：寱，寱寱，不見也。一曰寱寱，不見省人。从宀寱聲。

北壹·倉頡篇 16
○風䯲鬚寱擾

【寶】

《說文》：寶，珍也。从宀从王从貝，缶聲。

【珤】

《說文》：珤，古文寶省貝。

春早·秦公鎛

3425

春早·秦公鼎

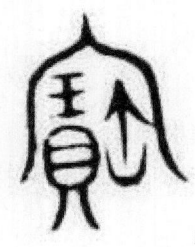

春晚·秦公鎛

春早·秦公鐘

西晚·不其簋

春早·卜淦口高戈

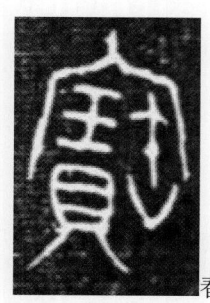

春早·秦公簋

馬壹 97_51
○善人之璞（寶）也

馬壹 97_51
○善人之璞（寶）也

馬壹 145_32/206 下
○恆有三寶

敦煌簡 1144
○寶年十八

金關 T24:527
○牒書寶敢言之

魏晉殘紙
○令東方改動首王寶

廿世紀璽印三-SY

廿世紀璽印三-SY

○尹寶私印

漢印文字徵

○師寶

漢印文字徵

○李寶

漢印文字徵

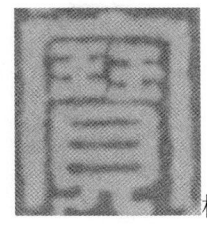

柿葉齋兩漢印萃

漢晉南北朝印風

東漢・張遷碑陰

○故吏范德寶錢八百

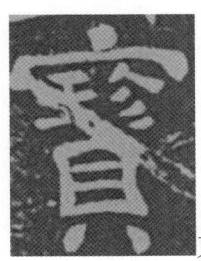

東漢・夏承碑

○早喪懿寶

北魏・李伯欽誌

○祖寶

北魏・解伯都等造像

○王僧寶

北魏・王誦妻元氏誌

○寶鏡自塵

北魏・元尚之誌

北魏・元引誌

○邦維喪寶

北魏・元謐誌

北魏・元純陀誌

○珍寶六度

北魏・元楨誌

○曁寶衡徒御

東魏・王令媛誌

○白珩非寶

東魏・崔令姿誌

○寶萼騰霄

北齊・高洧誌

北齊・姜纂造像

○寶散閭泉

北齊・唐邕刻經記

【寏】

《說文》：寏，周垣也。从宀君聲。

馬壹 178_62 下

○𡨄（窘）急

[图] 武·甲《泰射》60

○矢𡨄（捆）之兼

【宧】

《說文》：宧，仕也。从宀从臣。

[图] 漢銘·中山宧者常浴銅錠二

[图] 漢銘·菑川宧謁右般北宮豆

[图] 漢銘·中山宧者常浴銅錠一

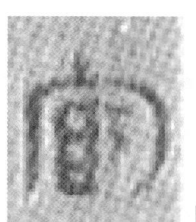

[图] 關·日書241

[图] 馬貳258_5/5

[图] 張·置吏律217

[图] 金關T08:064

[图] 歷代印匋封泥

[图] 歷代印匋封泥

[图] 漢晉南北朝印風

[图] 廿世紀璽印三-GY

[图] 漢印文字徵

○窑湯之印

[图] 歷代印匋封泥

漢印文字徵

○宦遂

漢印文字徵

東漢•石祠堂石柱題記

東漢•楊耿伯題記

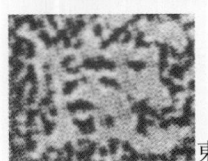

東漢•三公山碑

北魏•鄯乾誌

○君初宦

北魏•吳光誌

○宦爲安遠將軍

【宰】

《説文》：宰，辠人在屋下執事者。从宀从辛。辛，辠也。

馬壹 266_8

○庚辛宰

馬壹 147_51/225 下

馬貳 68_4/4

張•秩律 462

北貳•老子 39

金關 T30:022

武•甲《少牢》6

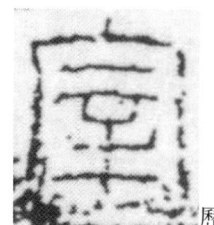

歷代印匋封泥

廿世紀璽印三-GP

廿世紀璽印三-GP

漢晉南北朝印風

歷代印匋封泥

漢晉南北朝印風

漢晉南北朝印風

漢晉南北朝印風

柿葉齋兩漢印萃

柿葉齋兩漢印萃

漢印文字徵

漢印文字徵
○宰意

漢印文字徵

漢印文字徵

漢印文字徵
○宰忠

漢印文字徵

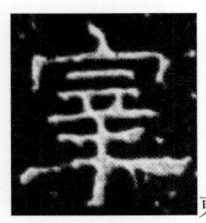

東漢・楊震碑

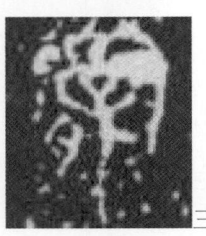

三國魏・三體石經春秋・古文
○王使宰周公來聘公

三國魏・三體石經春秋・篆文

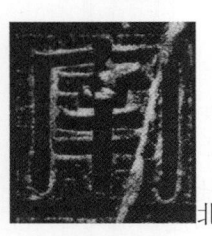

北魏・元天穆誌蓋

北魏・元洛神誌

北齊・高淯誌

北周・寇熾誌

【守】

《说文》：𡬱，守官也。从宀从寸。寺府之事者。从寸。寸，法度也。

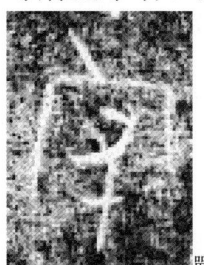

戰晚·六年漢中守戈

戰晚·二年上郡守戈

戰晚·二十七年上守𬬱戈

戰晚·二十五年上郡守廟戈

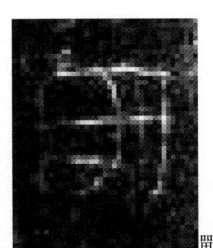

戰晚·上郡武庫戈

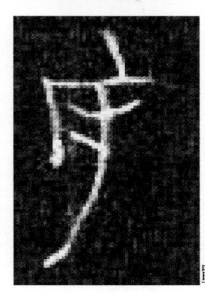

戰晚·囗年上郡守戈

戰晚·廿二年臨汾守戈

漢銘·中宮鴈足鐙

漢銘·池陽宮行鐙

漢銘·右丞宮鼎

睡·秦律十八種 161

睡·秦律雜抄 1

睡·法律答問 95

關·病方 377

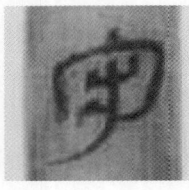

獄·尸等案 40

里·第五層 17

里·第八層 56

馬壹 113_5\408

馬壹 82_64

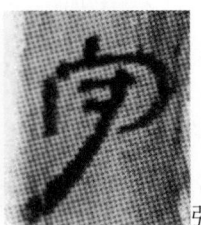

張·具律 107

張·奏讞書 54

銀壹 812

銀貳 1080

北貳·老子 137

敦煌簡 0623

金關 T05:068A

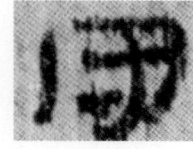

金關 T01:001

武·王杖 8

東牌樓 012

○臨湘守令臣肅

廿世紀璽印三-GP

歷代印匋封泥

○四川太守

秦代印風

廿世紀璽印三-GP

漢晉南北朝印風

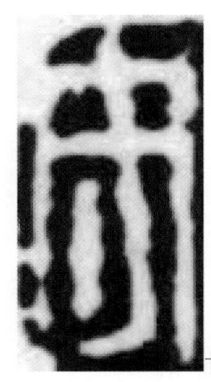

廿世紀璽印三-SY

○李守

廿世紀璽印三-GP

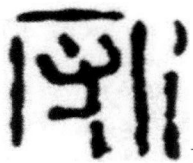

廿世紀璽印三-GP

歷代印匋封泥

○樊守

歷代印匋封泥

漢晉南北朝印風

廿世紀璽印三-GY

廿世紀璽印四-GY

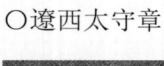

漢代官印選

○遼西太守章

漢代官印選

漢代官印選

漢代官印選

漢代官印選

漢代官印選

歷代印匋封泥

歷代印匋封泥

歷代印匋封泥

漢印文字徵

○求周守

柿葉齋兩漢印萃

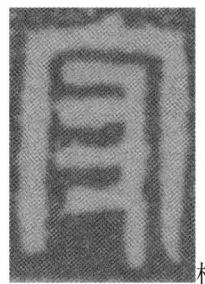

柿葉齋兩漢印萃

漢代官印選

漢印文字徵

○守讐

漢印文字徵

○暴守

歷代印匋封泥

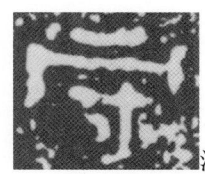

漢晉南北朝印風

漢晉南北朝印風

○趙郡太守章

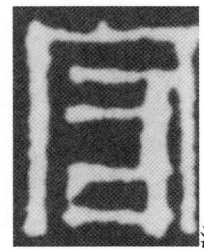

漢晉南北朝印風

漢晉南北朝印風
○試守陰密令印

漢晉南北朝印風
○隴東太守章

漢晉南北朝印風

漢晉南北朝印風

漢晉南北朝印風

漢晉南北朝印風
○南鄉太守章

東漢・田文成畫像石題記

東漢・石門頌

東漢・夏承碑

東漢・張遷碑陰

晉・趙府君闕

三國魏・張君殘碑

北魏・元簡誌

北魏・李伯欽誌

北魏・張安姬誌

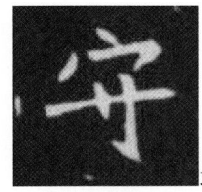

北魏·王基誌

北魏·慈慶誌

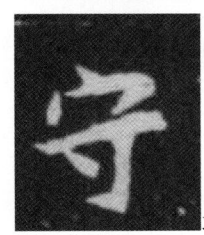

北魏·楊乾誌

北魏·秦洪誌蓋

東魏·趙紹誌

北齊·薛廣誌蓋

○齊故滎陽太守薛君銘

【寵】

《說文》：寵，尊居也。从宀龍聲。

睡·日甲《生子》144

北貳·老子152

敦煌簡0059

○使尊寵以誤

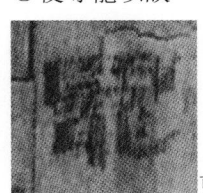

東牌樓110

○寵□□皮席

北壹·倉頡篇68

○俱鳴屆寵趨急

歷代印匋封泥

廿世紀璽印三-SY

漢印文字徵

漢印文字徵

東漢·夏承碑

北魏·王悅及妻郭氏誌

北魏·元悌誌

北魏·元懷誌

○寵表戚先

北魏·鄞乾誌

○幼承祕寵

北魏·元楨誌

○遂乃寵彰司勳

【宥】

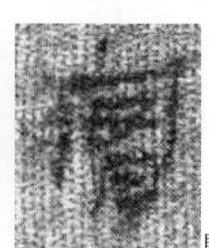

《説文》：宥，寬也。从宀有聲。

馬貳 73_111/111

○靡(磨)宥(疣)

漢印文字徵

○李宥

3440

漢晉南北朝印風

〇李宥

北魏・元宥誌

〇君諱宥字顯恩

北周・楊濟誌

【宜（宜）】

《說文》：宜，所安也。从宀之下，一之上，多省聲。

【㝔】

《說文》：㝔，古文宜。

【宜】

《說文》：宜，亦古文宜。

戰晚・吾宜戈

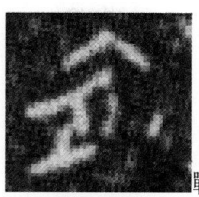

戰晚・二年宜陽戈一

春晚・秦公簋

漢銘・杜鼎二

漢銘・宜月器

漢銘・宜牛羊鈴

漢銘・富貴昌宜侯洗四

漢銘・大吉昌宜侯王洗

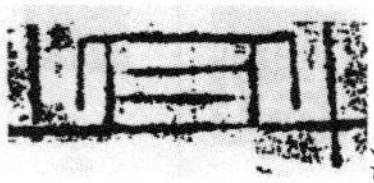

漢銘・富貴昌宜侯王洗四

漢銘・大吉利熨斗

漢銘・蜀郡嚴氏富昌洗

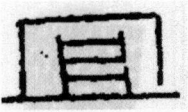

漢銘・富貴昌宜侯洗二

漢銘・富貴昌宜侯王銅二

漢銘・光和七年洗

睡・日甲 23

嶽・占夢書 3

里・第八層 2246

馬壹 7_35 上

張・秩律 448

張・奏讞書 41

銀壹 373

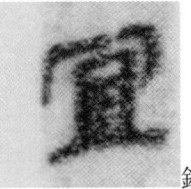

銀壹 403

銀貳 1478

敦煌簡 0050

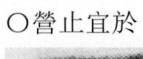

○營止宜於

敦煌簡 2048

金關 T04:004

金關 T08∶024

東牌樓 012

北壹·倉頡篇 1

○譤寁肄宜獲得

廿世紀璽印二-SP

○宜陽肄

廿世紀璽印二-SP

○宜陽工武

歷代印匋封泥

○宜春禁丞

秦代印風

○宜士和眾

歷代印匋封泥

○宜

歷代印匋封泥

○宜陽肄

歷代印匋封泥

○宜陽肄

秦代印風

○中宜徒府

秦代印風

○侯宜

秦代印風

○宜陽津印

3443

廿世紀璽印三-SY

○楊宜之印

廿世紀璽印三-SP

○宜

漢晉南北朝印風

○宜春禁丞

廿世紀璽印三-GY

○宜衆唯印

漢晉南北朝印風

○宜士祭尊

漢晉南北朝印風

漢印文字徵

○宜士祭尊

柿葉齋兩漢印萃

漢印文字徵

○宜民和衆

歷代印匋封泥

○宜春左園

漢代官印選

歷代印匋封泥

○宜成丞印

漢晉南北朝印風

漢晉南北朝印風

○宜成

漢晉南北朝印風

漢晉南北朝印風

廿世紀璽印四-GY

○宜陽太守章

泰山刻石

○者產得宜

東漢·尚博殘碑

東漢·楊著碑陽

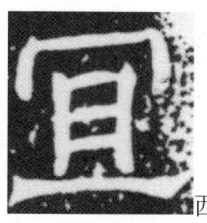

西晉·郭槐柩記

北魏·元嵩誌

東魏·元均及妻杜氏誌

○宜應純嘏

【寫】

《説文》：寫，置物也。从宀舄聲。

睡·秦律十八種 186

里·第八層 477

馬貳 210_82

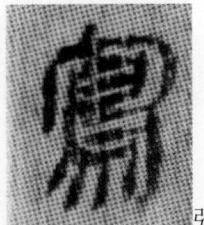

張·賊律 10

敦煌簡 1741A

敦煌簡 1684B

○以次寫傳至廣昌縣

金關 T24:141

金關 T09:047A

武·甲本《特牲》3

漢印文字徵

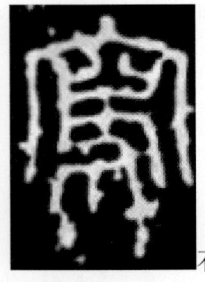

石鼓·鑾車

石鼓·田車

石鼓·而師

東漢·譙敏碑

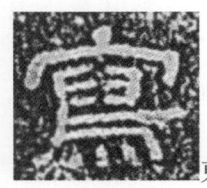

東漢·張景造土牛碑

東漢·石門頌

北魏·張寧誌

○澄江寫志

北魏·辛穆誌

北魏·鞠彥雲誌

○豈寫真明者哉

東魏·叔孫固誌

○寫芳塵於玄石

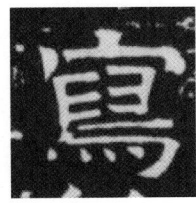

北齊·唐邕刻經記

【宵】

《説文》：宵，夜也。从宀，宀下冥也；肖聲。

睡·封診式73

里·第八層100

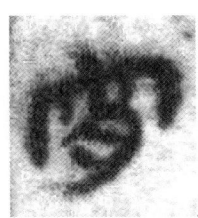

馬壹145_32/206下

張·奏讞書178

銀貳1889

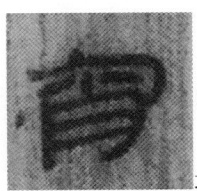

北貳·老子85

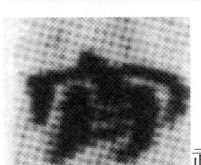

武·甲《特牲》12

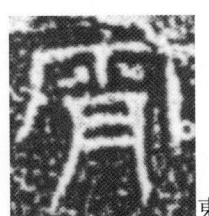

東漢·北海相景君碑陽

北魏·元煥誌

北魏·馮邕妻元氏誌

【宿】

《說文》：宿，止也。從宀佰聲。佰，古文夙。

睡·秦律雜抄 34

關·日書 243

嶽·質日 2730

嶽·質日 352

里·第八層 1517

馬壹 130_8 上\85 上

○宿陽脩刑

馬貳 205_31

銀貳 1130

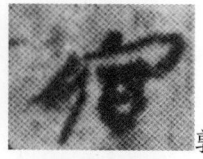

敦煌簡 0239A

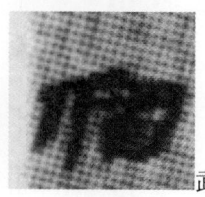

武·甲《特牲》5

武·甲《有司》16

北壹·倉頡篇 60

漢印文字徵

漢印文字徵

漢印文字徵

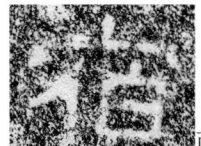

○宿宣之印

西漢·霍去病墓題字

○平原樂陵宿伯牙霍巨孟

東漢·西狹頌

北魏·元朗誌

○及至宿衛紫宮

北魏·慈慶誌

北魏·張安姬誌

○內愍宿勤

北魏·楊氏誌

北魏·元思誌

北魏·元楨誌

北周·安伽誌

北周・華岳廟碑

【寢】

《說文》：寢，臥也。从宀侵聲。

【寑】

《說文》：寑，籀文寢省。

馬壹 15_5 上\98 上

馬貳 206_36

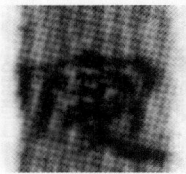

○以安寑云（魂）

武・甲《燕禮》1

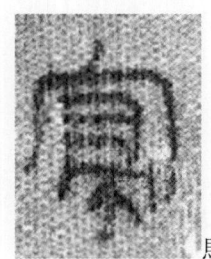

馬壹 257_4 下

○酒母（毋）寑

廿世紀璽印三-GP
○上寑

廿世紀璽印三-GP
○孝寑

漢代官印選
○高寑郎印

漢代官印選
○高寑令印

東漢・史晨前碑

西晉・成晃碑

秦公大墓石磬

3450

○寑龔雍四方

【宆】

《說文》：宆，冥合也。从宀丏聲。讀若《周書》"若藥不眄眩"。

【寬】

《說文》：寬，屋寬大也。从宀萈聲。

漢銘·胡寬器

漢銘·萬歲宮高鐙

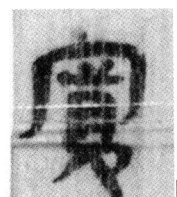

睡·為吏 3

○寬以治之

里·第八層 987

○寬受嘉平賜信

張·引書 105

○去起寬亶（祖）

敦煌簡 1797

○胡卒寬竟以己卯日

敦煌簡 0639A

○賢尹寬榮雍尚

金關 T31:161

○平自寬謹因再拜道

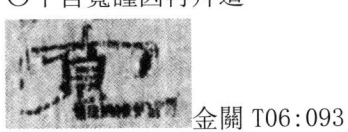

金關 T06:093

○乘陳寬年卅四

北壹·倉頡篇 1

吳簡嘉禾・四・三〇七
○陳寬佃田二町凡

廿世紀璽印三-SY
○胡寬信印

廿世紀璽印三-SY
○王寬私印

廿世紀璽印三-SY
○柴寬之印

廿世紀璽印三-SY
○周寬之

漢印文字徵
○射寬之印

漢印文字徵
○周寬

漢印文字徵
○張寬

漢印文字徵
○黃寬邰

漢印文字徵
○王寬

漢印文字徵
○公孫寬印

漢印文字徵
○趙寬

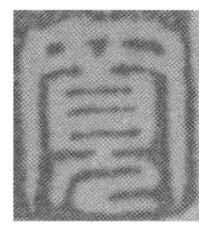

柿葉齋兩漢印萃
○丁寬私印

漢印文字徵
○韓寬

漢印文字徵
○聶寬

漢印文字徵
○陳寬私印

漢晉南北朝印風
○公孫寬印

漢晉南北朝印風
○王寬私印

漢晉南北朝印風
○高寬郘印

東漢・趙寬碑
○三老諱寬

東漢・鮮於璜碑陰
○大子諱寬

東漢・趙寬碑
○孟元子名寬

東漢・寬以濟猛殘碑

○寬以濟猛

東漢・嗚咽泉畫像石墓題記

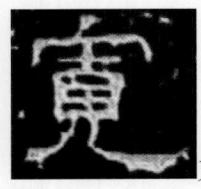

○寬和貴

東漢・楊震碑

○寬猛惟中

北魏・侯剛誌

○于時朝政頗寬

北魏・緱靜誌

○□武寬猛

北魏・寇霄誌

○異恭寬於未冠

北魏・元繼誌

北魏・青州元湛誌

○河南洛陽寬仁里人也

北魏・元暐誌

○寬仁容衆

北魏・慈慶誌

○志識寬遠

北魏・吐谷渾璣誌

○性量寬雅

北魏・元侔誌

○寬柔恩厚

北魏·元瞻誌

○濟寬猛

北周·寇嶠妻誌

○第三子士寬

【寤】

《說文》：寤，寐也。从宀吾聲。

【寁】

《說文》：寁，居之速也。从宀疌聲。

【寡】

《說文》：寡，少也。从宀从頒。頒，分賦也，故爲少。

睡·爲吏2

○孤寡窮困

獄·爲吏75

○病孤寡

里·第八層1236

○大夫寡二戶

馬壹80_16

○告寡人曰

馬貳211_94

○寡人聞客

張·置後律379

○毋令寡毋寡令女毋

銀貳993

○八曰寡勇

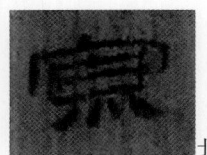

第七卷

○小國寡民　北貳·老子 118

○寡大夫則曰　武·儀禮甲《士相見之禮》15

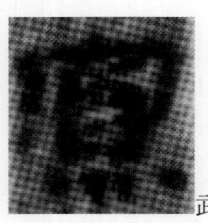

○械師鰥寡特孤　北壹·倉頡篇 31

○王者德及鰥寡　東漢·武氏石室祥瑞圖題字

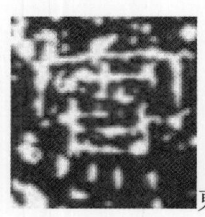

○王者德及鰥寡　東漢·武氏石室祥瑞圖題字

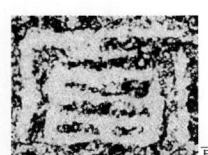

○撫育鰥寡　東漢·曹全碑陽

○賦與寡獨王佳　東漢·耿勳碑

○寡居廿年　東漢·是吾殘碑

【客】

《說文》：客，寄也。从宀各聲。

睡·法律答問 203

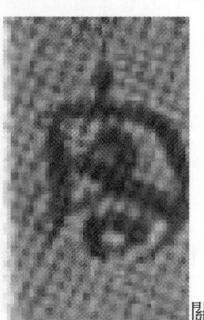

關·日書 189

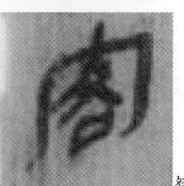

獄·識劫案 127

里·第六層 6

馬壹 98_72

張·蓋盧 48

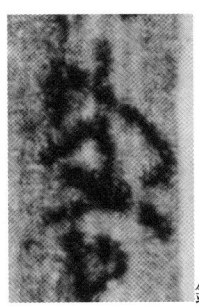

銀壹 777

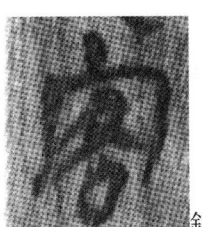

銀貳 1979

北貳·老子 160

敦煌簡 0683

敦煌簡 0236A

金關 T24:725

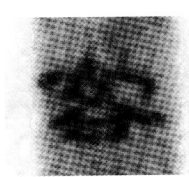

武·甲《燕禮》45

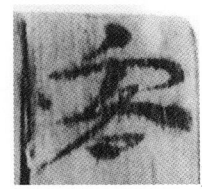

東牌樓 035 正

北壹·倉頡篇 27

秦代印風

○趙客

廿世紀璽印三-SY

漢代官印選

○典客之印

漢印文字徵

漢印文字徵

漢印文字徵

漢印文字徵

漢印文字徵

柿葉齋兩漢印萃

漢晉南北朝印風
〇陳客

漢晉南北朝印風
〇行楚客印

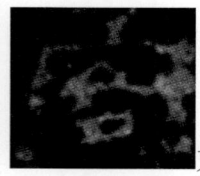

東漢・利水大道刻石
〇守客舍

東漢・買田約束石券

北魏・□伯超誌

北魏・元純陀誌

北魏・元朗誌

【寄】

《說文》：寄，託也。从宀奇聲。

睡・法律答問 200

睡·日乙 42

獄·學為偽書案 218

里·第八層 1734

馬壹 147_54/228 下

馬壹 113_48\399

北貳·老子 154

敦煌簡 0007A
○普所寄弓

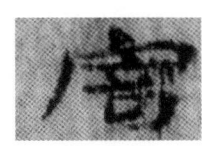

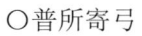

金關 T27:048

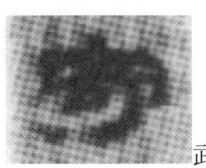

武·儀禮甲《服傳》31

漢印文字徵

漢印文字徵

漢印文字徵

漢印文字徵

漢印文字徵
〇石中寄

漢印文字徵

漢印文字徵

柿葉齋兩漢印萃

漢晉南北朝印風

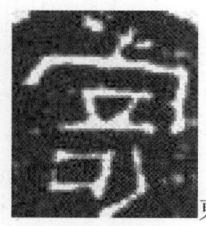

東漢·洛陽刑徒磚

北魏·吐谷渾璣誌

北魏·趙謐誌

北魏·元瑺誌

北魏·元理誌

〇郎之子君寄蜉蝣於天地，

【寓】

《說文》：寓，寄也。从宀禺聲。

【庽】

《說文》：庽，寓或从广。

睡·日甲《玄戈》60

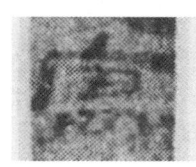

敦煌簡 2094
○聽耳寓聽

秦代印風

漢印文字徵

石鼓·吳人

東漢·冠軍城石柱題名
○故吏郎中汝南周寓定宗

東漢·趙菿殘碑
○來胥寓甫家

東漢·張遷碑陽
○開定畿寓

西晉·徐義誌

北魏·張寧誌
○寓言於鐫石者也

北魏·于仙姬誌

北魏·寇臻誌

【寠】

《說文》：寠，無禮居也。从宀婁聲。

睡·秦律十八種 82
○有它責（債）貧寠毋（無）以賞（償）者

睡·日甲《玄戈》55

○焦（憔）寠居癃

馬貳62_13

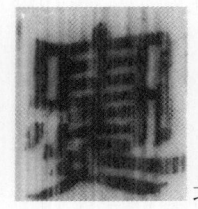

○內踝寠（婁）

北壹·倉頡篇32

○細小貧寠气匃

【宀】

《說文》：宀，貧病也。从宀久聲。《詩》曰："煢煢在宀。"

【寒】

《說文》：寒，凍也。从人在宀下，以茻薦覆之，下有仌。

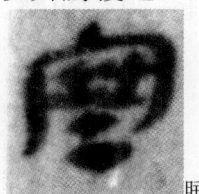

睡·日甲《詰》50

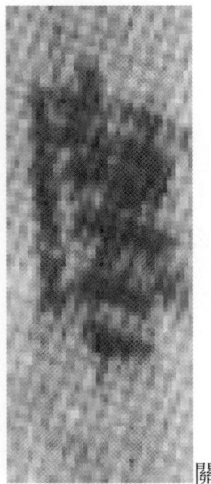

關·病方318

獄·為吏78

馬貳69_31/31

張·賜律286

張·蓋廬31

3462

張·引書103

銀壹914

銀貳1673

北貳·老子24

敦煌簡0126

○不從寒唯爲乞衣

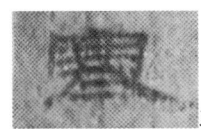

敦煌簡0183

敦煌簡0174

○君爲寒近衣裘強飯

金關 T24:015A

北壹·倉頡篇59

○紀綱冬寒夏暑

漢晉南北朝印風

漢印文字徵

漢印文字徵

漢印文字徵

○寒永之印

漢印文字徵
〇寒壽王

漢印文字徵
〇寒利

漢印文字徵
〇寒接印

漢印文字徵
〇寒敵

東漢・石門頌

北魏・元思誌

北魏・馮會誌

北魏・長孫瑱誌

北魏・李榘蘭誌

北魏・郭顯誌

北魏・王悅及妻郭氏誌

北魏・元誘誌

【害】

《說文》：害，傷也。从宀从口。宀、

3464

口，言从家起也。丯聲。

[害] 睡·語書 1

〇於民害於邦

[害] 睡·法律答問 179

〇券而害

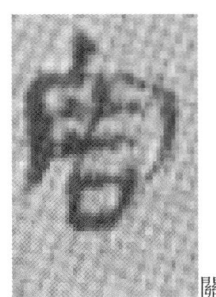

[害] 關·日書 207

〇事不害占

[害] 獄·為吏 86

〇利除害終身毋咎

[害] 獄·同顯案 148

〇首大害殹

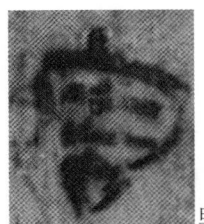

[害] 里·第五層 19

〇囗畏害所

[害] 馬壹 40_8 下

〇利害

[害] 張·田律 251

〇能害人馬牛者

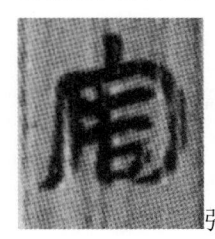

[害] 張·奏讞書 26

〇僕不害行廷尉事謂

[害] 張·脈書 57

〇下而害上

[害] 銀壹 167

〇不爲害於後若此者

[害] 銀貳 1708

〇清水害大海是謂陰

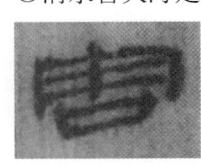

[害] 北貳·老子 83

〇民弗害也是以天下

敦煌簡 1691
○東方害卯小時丑在

金關 T24:256
○造趙害年廿四

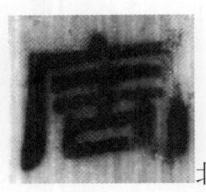

北壹·倉頡篇 15
○駴警贛害輟感

秦代印風
○害

秦代印風
○女不害

廿世紀璽印三-SP
○搬毋害

漢印文字徵
○印不害

漢印文字徵
○桓毋害

歷代印匋封泥
○般毋害

石鼓·吾水

東漢·桐柏淮源廟碑
○災害以生

東漢·白石神君碑
○灾害不起

北魏·常季繁誌
○不以私恩害家道之正

北魏·楊順誌

○遇害於洛陽依仁里

北魏·元襲誌

○曉以利害

【index】

《說文》：index，入家搜也。从宀索聲。

秦文字編 1185

秦文字編 1184

秦文字編 1184

【窽】

《說文》：窽，窮也。从宀欵聲。欵與籟同。

【窾】

《說文》：窾，窾或从穴。

【宄】

《說文》：宄，姦也。外爲盜，內爲宄。从宀九聲。讀若軌。

【叏】

《說文》：叏，古文宄。

【宼】

《說文》：宼，亦古文宄。

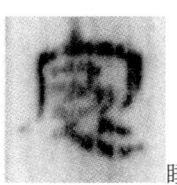

睡·爲吏 5

○傲宼（戮）暴

北魏·元壽安誌

○因心則宄

北魏·元壽安誌

○內苞姦宄

【寏】

《說文》：寏，塞也。从宀叔聲。讀若《虞書》曰"叔三苗"之"叔"。

【宕】

《說文》：宕，過也。一曰洞屋。从

宀，碭省聲。汝南項有宕鄉。

西晚・不其簋

戰晚・五十年詔事戈

里・第八層 429

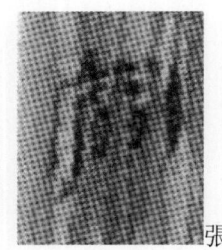

張・秩律 453

○宕渠

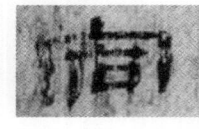

金關 T24:184

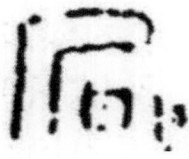

廿世紀璽印三-GP

○宕渠丞印

漢印文字徵

東漢・柳敏碑

○宕渠令

東漢・樊敏碑

○遷宕渠令

北魏・慈慶誌

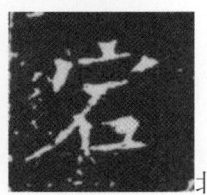

北齊・宇文誠誌

【宋】

《說文》：宋，居也。从宀从木。讀若送。

漢銘・永元雁足鐙

睡・日甲《詰》36

馬壹 77_72

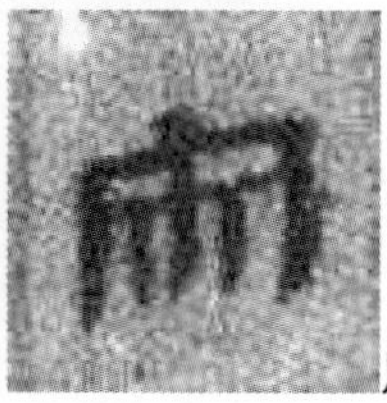

馬壹 36_46 上

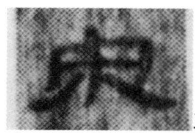

敦煌簡 0339

敦煌簡 0062

金關 T21:119

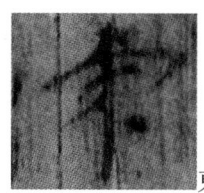

東牌樓 089

北壹·倉頡篇 47

秦代印風

秦代印風

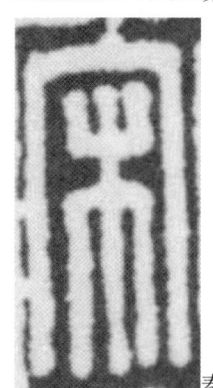

秦代印風

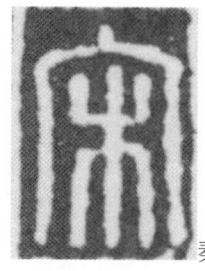

秦代印風

廿世紀璽印三-SY

廿世紀璽印三-SY

廿世紀璽印三-SY

○宋毋何

柿葉齋兩漢印萃

柿葉齋兩漢印萃

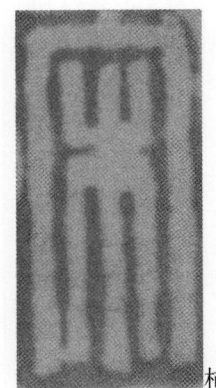

柿葉齋兩漢印萃

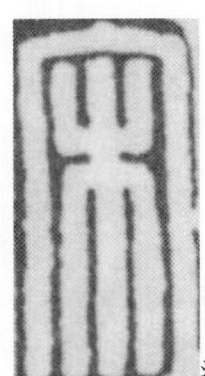

漢晉南北朝印風

○宋遷印信

漢晉南北朝印風

漢晉南北朝印風

漢晉南北朝印風

漢晉南北朝印風

漢晉南北朝印風

漢晉南北朝印風

漢晉南北朝印風

東漢・肥致碑

三國魏・三體石經春秋・古文

○宋公蔡侯

三國魏・三體石經春秋・篆文

北魏·奚智誌
〇妻南陽宋氏

北魏·宋靈妃誌蓋

北魏·馮邕妻元氏誌

南朝宋·義明塔記

【竀】

《說文》：竀，屋傾下也。从宀執聲。

【宗】

《說文》：宗，尊祖廟也。从宀从示。

春晚·秦公簋

漢銘·杜陵東園壺

漢銘·元延鈁

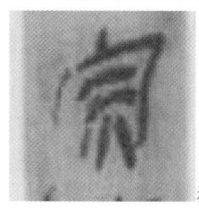

獄·識劫案 114

里·第八層 871

馬壹 128_1 上\78 上

馬壹 99_100

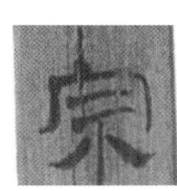

馬貳 212_10/111

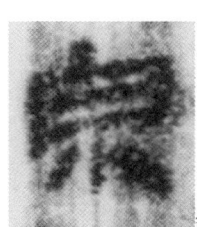

銀壹 563

北貳·老子 134

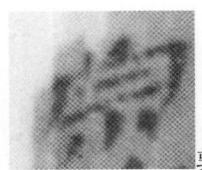

敦煌簡 1108A

金關 T21:060A

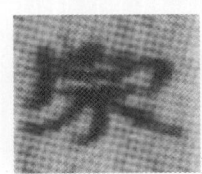

武・儀禮甲《服傳》19

武・甲《特牲》28

東牌樓 005

北壹・倉頡篇 1

〇宗幽不識

吳簡嘉禾・五・五七五

吳簡嘉禾・五・一二一五

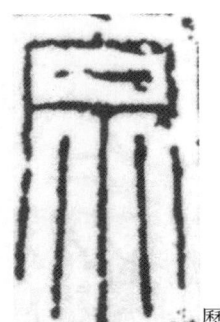

歷代印匋封泥

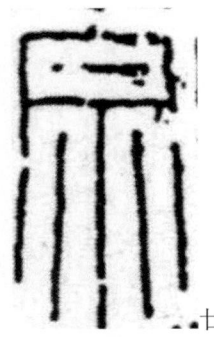

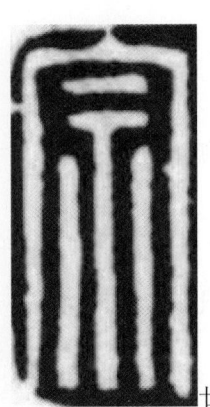

廿世紀鉥印三-GP

廿世紀鉥印三-SY

廿世紀鉥印三-SY

漢晉南北朝印風

〇宗正偏將軍章

漢晉南北朝印風

漢代官印選

○閻宗之印

柿葉齋兩漢印萃

柿葉齋兩漢印萃

歷代印匋封泥

漢代官印選

漢晉南北朝印風
○張充宗

漢晉南北朝印風

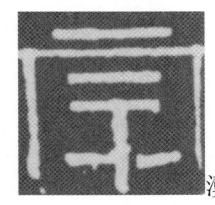

漢晉南北朝印風
○廣宗令印

詛楚文·沈湫

東漢·曹全碑陽

東漢·桐柏淮源廟碑

三國魏·三體石經尚書·篆文
○仲宗及高宗及祖甲及

三國魏·三體石經尚書·古文

三國魏·三體石經尚書·隸書
○仲宗

西晉·成晃碑

北魏·李伯欽誌
○父定宗

北魏·元濬嬪耿氏誌

北魏·元敷誌
○大宗明元皇帝之曾孫也

北魏·元子直誌

東魏·宗欣誌蓋
○魏故荆州宗使君墓銘

【宝】

《說文》:宝,宗廟宝祏。从宀主聲。

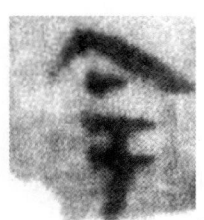

馬壹 112_19\370

【宙】

《說文》:宙,舟輿所極覆也。从宀由聲。

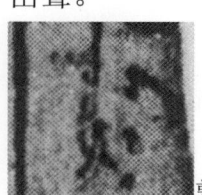

敦煌簡 1560B

東漢·尹宙碑

東漢·孔宙碑陽

東漢·禮器碑陰
○郎中魯孔宙季將千

北魏·元顯誌

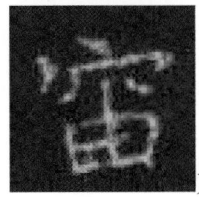

東魏·李顯族造像

○其時宇宙清夷

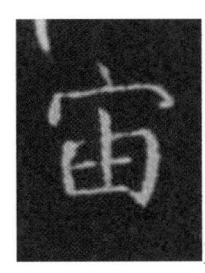

東魏·李祈年誌

【寊】

《說文》：寊，置也。从宀眞聲。

北貳·老子220

○吾將寊（鎮）之

漢印文字徵

○左寊私印

詛楚文·巫咸

○寊者冥室檀棺之中

北魏·劉玉誌

○四裔來寊（賓）

【寰】

《說文》：寰，王者封畿内縣也。从宀𡇒聲。

北魏·元顯誌

○雖氣蓋寰中

北魏·元彦誌

○超然寰外

北魏·元羽誌

○寰嵩愛廣

北齊·韓山剛造像

○其道至寰

【宷】

《說文》：寀，同地爲寀。从宀采聲。

北魏·□伯超誌

○寮寀景仰

〖宝〗

歷代印匋封泥

○南里宝

歷代印匋封泥

○豆里宝

〖害〗

秦文字編 1186

〖寀〗

睡·日書甲種《詰》44

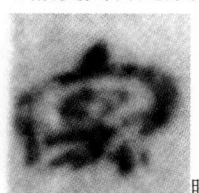

○贏髮黃目是寀人

睡·日書甲種《詰》46

○寀人則止矣

〖究〗

秦文字編 1187

里·第八層 458

○甲究廿一

3476

漢印文字徵

○冦奴

〖宲〗

馬壹 113_5\408

○用宲（聚）天下之良而獨有之

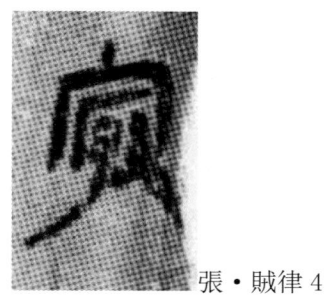

張·賊律 4

○縣官積宲（聚）棄市

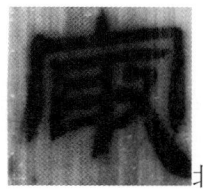

北壹·倉頡篇 1

○幽不識宲肆宜

〖寅〗

漢印文字徵

○寅勝之印

〖袞〗

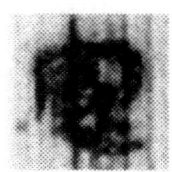

秦文字編 1187

〖寙〗

馬壹 130_14 上\91 上

○國家寙（愈）不定

〖宓〗

馬壹 106_79\248

○宓=（勉勉）也

〖廓〗

秦文字編 1187

〖寞〗

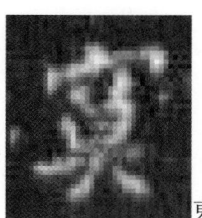

東魏·昌樂王元誕誌

○自平臺寂寞

【寔】

北齊·崔博誌

○寂寔無音

【㝗】

懷后磬

【宿】

北魏·寇猛誌

○父諱宿

【㝈】

戰晚·上郡假守𪚯戈

○上郡假守廮㝈

【寅】

廿世紀璽印二-SP

○咸寅里高

【冥】

廿世紀璽印三-SY

○邵冥

【宻】

銀壹 555

○吏宻(悉)從事

【痈】

睡·日甲《詰》68

○乃痈(鋪)則止矣

【寥】

北魏·元彝誌

○逸韻寂寥

3478

北魏·于纂誌

○而與仁寂寥

北魏·鄭君妻誌

○寂寥揚冢

北齊·高涫誌

〖寫〗

敦煌簡 0779

○寫忍小人

〖寮〗

東漢·譙敏碑

○寮朋親戚

北魏·元汎略誌

○親識朋寮

北魏·元曄誌

北魏·□伯超誌

北齊·高涫誌

○臣寮廣列

〖寑〗

秦代印風

○李寑

宮部

【宮】

《說文》：宮，室也。从宀，躳省聲。凡宮之屬皆从宮。

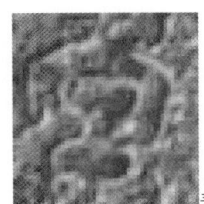

春早·秦子簋蓋

戰晚·信宮壘

戰晚·邵宮和

漢銘·昭臺宮扁

漢銘·熒陽宮小口鐙

漢銘·南宮鍾

漢銘·谷口宮鼎

睡·法律答問 187

獄·為吏 22

馬壹 259_5 下\21 下

張·引書 7

銀壹 882

銀貳 1810

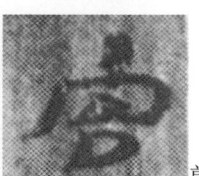

敦煌簡 1254
○都尉宮謂玉門候官

金關 T24:360

武·儀禮甲《服傳》16

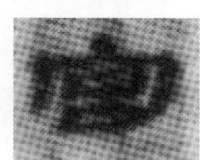

武·甲《有司》79

吳簡嘉禾・五・二〇一

吳簡嘉禾・五・七一八

○男子宮　佃田七町

歷代印匋封泥

○右宮陣

歷代印匋封泥

○左宮田左

廿世紀璽印二-SP

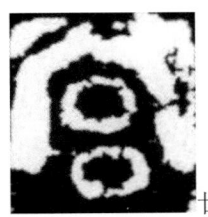

廿世紀璽印二-SP

○宮行

歷代印匋封泥

○左宮畋

歷代印匋封泥

○右宮巨心

歷代印匋封泥

○左宮肸

歷代印匋封泥

歷代印匋封泥

○宮行

秦代印風

秦代印風

歷代印匋封泥

第七卷

歷代印匋封泥

歷代印匋封泥

歷代印匋封泥
○宮敗

廿世紀璽印三-GP

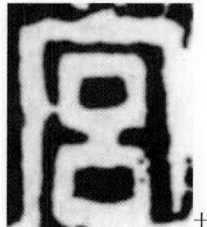

廿世紀璽印三-SY
○北宮晏印

漢晉南北朝印風

廿世紀璽印三-GP

廿世紀璽印三-SY

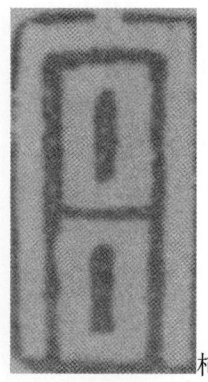

柿葉齋兩漢印萃

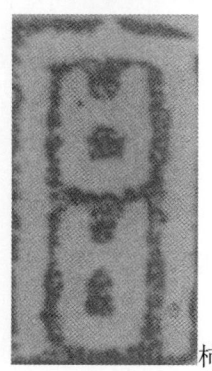

柿葉齋兩漢印萃

漢晉南北朝印風

漢晉南北朝印風

漢晉南北朝印風

3482

○魏宮品一墓誌銘

【營】

《說文》：營，市居也。从宮，熒省聲。

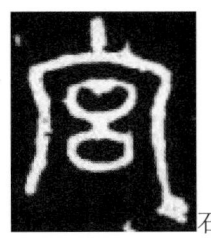

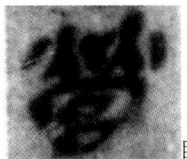

石鼓・田車

秦公大墓石磬

西漢・李后墓塞石

東漢・王舍人碑

晉・黃庭內景經

北魏・張安姬誌

北魏・王基誌

北魏・張安姬誌蓋

睡・日甲《玄戈》53

睡・日甲 3

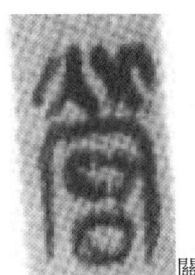

關・日書 143

獄・數 69

馬壹 173_25 上

張·蓋盧 19

銀壹 266

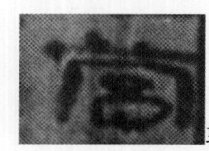

敦煌簡 1451

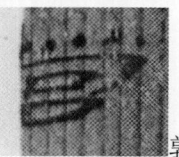

敦煌簡 1073

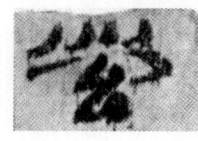

金關 T09:056A

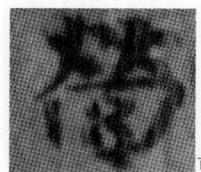

〇營陽丞印

東牌樓 012

〇尚有營守小頗驚急

吳簡嘉禾·五·一〇五七

〇子黃營佃田三町凡

廿世紀璽印三-GY

漢晉南北朝印風

廿世紀璽印三-GP

漢代官印選

柿葉齋兩漢印萃

東漢·營陵置社碑

〇營陵（陵）置

東漢·成陽靈臺碑

東漢·白石神君碑

東漢・趙寬碑

東漢・北海相景君碑陰

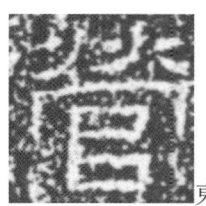

東漢・北海相景君碑陰

東漢・北海相景君碑陰

東漢・北海相景君碑陰

東漢・公乘田魴畫像石墓題記

北魏・司馬悅誌

○營護喪事

北魏・元願平妻王氏誌

○聖朝幽營二州刺史

北魏・元汎略誌

○都督營州諸軍事

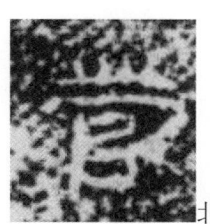

北魏・姚伯多碑

○營構裝飾

北齊・魯思明造像

○磨碧石而營基

吕部

【吕】

《說文》：吕，脊骨也。象形。昔太嶽爲禹心吕之臣，故封吕侯。凡吕之屬皆从吕。

【膂】

《說文》：膂，篆文吕从肉从旅。

戰晚·五年呂不韋戈（一）

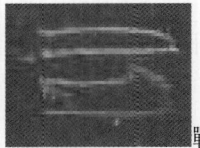

戰晚·口年相邦呂不韋戈

戰晚·八年相邦呂不韋戈

漢銘·呂鼎

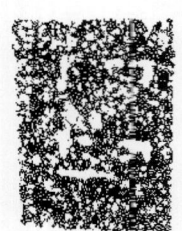

漢銘·呂任壺

睡·為吏 19

里·第八層 771

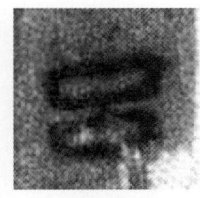

馬壹 42_24 下

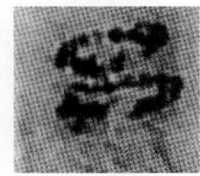

張·具律 85

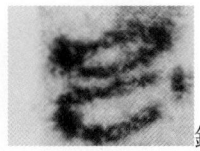

銀壹 153

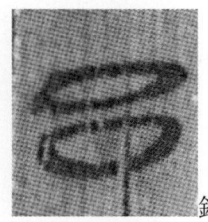

銀貳 1233

敦煌簡 1035A

敦煌簡 1959B

金關 T11:002

金關 T23:603

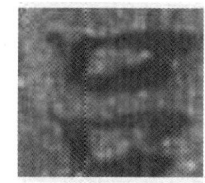

吳簡嘉禾·五·一三七

馬貳116_127/128

秦代印風

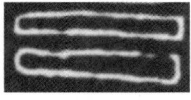

廿世紀璽印三-SY

秦代印風

秦代印風

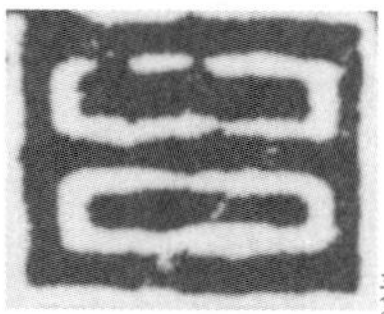

秦代印風

歷代印匋封泥

秦代印風

廿世紀璽印三-SY

廿世紀璽印三-SY

廿世紀璽印三-GP

廿世紀璽印三-SY

〇吕晏

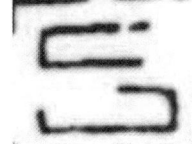

廿世紀璽印三-SY

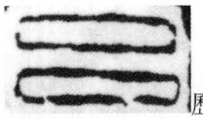

歷代印匋封泥

漢印文字徵

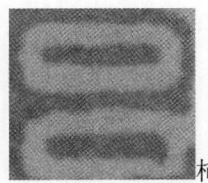

柿葉齋兩漢印萃

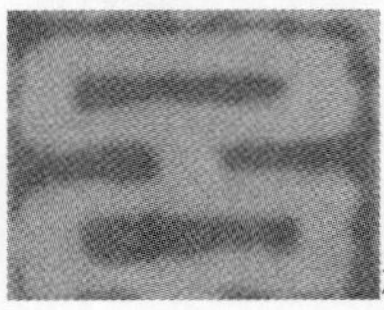

柿葉齋兩漢印萃

漢印文字徵

漢晉南北朝印風

漢晉南北朝印風

漢晉南北朝印風

漢印文字徵

○齊鄉

漢印文字徵

○齊棠里

漢晉南北朝印風

漢晉南北朝印風

漢晉南北朝印風

東漢・成陽靈臺碑

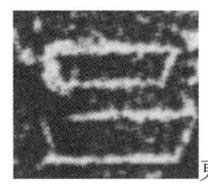

東漢・禮器碑陰

三國魏・呂猛妻馬磚誌

○寧朔參軍呂猛妻馬

十六國後秦・呂憲表

○東太守略陽呂

北魏・楊順妻呂氏誌蓋

○故恒農簡公第四子婦呂夫墓誌蓋

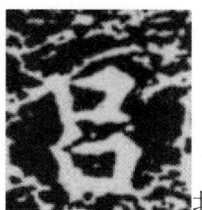

北齊・劉僧信造像

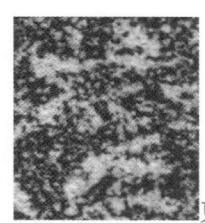

東漢・永壽元年畫像石墓記

○君逆謷霸亡

北魏・元恭誌

○寔爲心謷

北齊・元賢誌

○入贊心謷

北齊・徐顯秀誌

【躳】

《說文》：躳，身也。从身从呂。

【躬】

《說文》：躬，躳或从弓。

馬壹 86_165

銀貳 1626

敦煌簡 1411A

居·EPT20.4A

廿世紀璽印三-SY

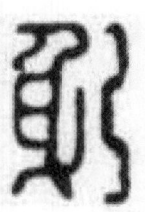

漢印文字徵

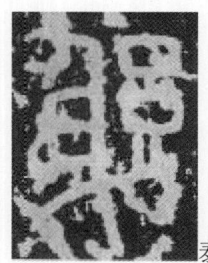

泰山刻石

東漢·石門頌

東漢·成陽靈臺碑

西晉·臨辟雍碑

北魏·元恪嬪李氏誌

北魏·鮮于仲兒誌

北魏·慈香慧政造像

北魏·趙廣者誌

北魏·慈慶誌

北齊·石佛寺迦葉經碑

穴部

【穴】

《說文》：穴，土室也。从宀八聲。凡穴之屬皆从穴。

睡·法律答問 152

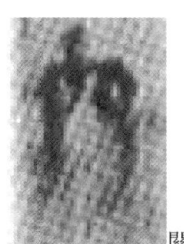

關·病方 371

馬壹 6_22 下

張·金布律 437

銀貳 1788

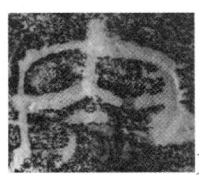

東漢·楊子輿崖墓題記

○所處穴

東漢·譙敏碑

東漢·佐孟機崖墓題記

○左右有四穴

三國魏·王基斷碑

北魏·元演誌

北魏·薛伯徽誌

東魏·鄭氏誌

東魏·劉懿誌

東魏·王令媛誌

東魏·元延明妃馮氏誌

北齊·盧脩娥誌

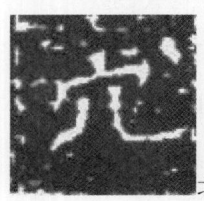

北齊·獨孤思男誌

○土泉穴其辭曰

北齊·李君穎誌

北齊·爾朱元靜誌

北齊·婁黑女誌

【窑】

《說文》：窑，北方謂地空，因以爲土穴，爲窑戶。从穴皿聲。讀若猛。

【窨】

《說文》：窨，地室。从穴音聲。

【窯】

《說文》：窯，燒瓦竈也。从穴羔聲。

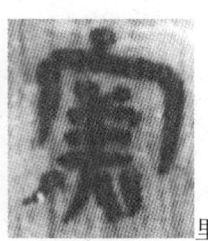

里·第八層 2030

張·奏讞書 2

北壹·倉頡篇 15

○甄觳燔窯耗補

秦代印風

漢印文字徵

漢印文字徵

【覆】

《説文》：覆，地室也。从穴復聲。《詩》曰："陶覆陶穴。"

【窯】

《説文》：窯，炊窯也。从穴，鼅省聲。

【竈】

《説文》：竈，窯或不省。

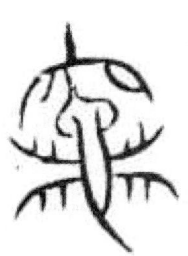

春晚·秦公鎛

〇竈又下國

春早·秦政伯喪戈之一

春晚·秦公簋

〇竈又下國

漢銘·臨虞宮高鐙二

睡·法律答問 192

〇主爨竈者殹

睡·日乙 40

〇丙丁竈

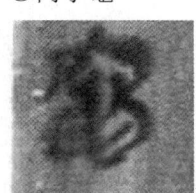

嶽·質日 2731

〇乙巳宿戶竈

馬貳 134_22/77

張·奏讞書 129

○梧守竈尉徒

銀壹 808

○一聾竈百步一井

金關 T31:067

○沙竈一

北壹·倉頡篇 47

○鄸閔竈趑

秦代印風

○張竈

漢印文字徵

○孟竈

漢印文字徵

○程竈

漢晉南北朝印風

○程灶

秦公大墓石磬

○程灶

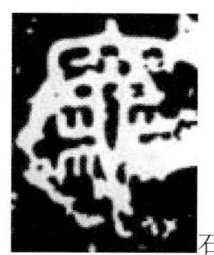

石鼓·吳人

○勿竈勿代

懷后磬

○舊竈生蛙

東魏·李挺誌

北齊·赫連子悅誌

○竈或增減

【窐】

《説文》：窐，甑空也。从穴圭聲。

秦代印風

○五窐

漢印文字徵

○窒印宮私

【罙】

《説文》：罙，深也。一曰竈突。从穴从火，从求省。

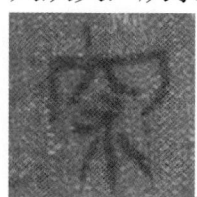

馬貳 111_53/53

○子自罙（探）入其

【穿】

《説文》：穿，通也。从牙在穴中。

睡·日甲《馬禖》156

關·病方 371

馬壹 130_22 上\99 上

馬貳 64_9/43

張·徭律 413

銀貳 1923

○四則穿屋五則如杚

金關 T30:261

北壹·倉頡篇 62

○運糧攻穿襜魯

秦代印風

漢印文字徵

漢印文字徵

北魏·元延明誌

北魏·元襲誌

○貫穿百氏

北齊·天柱山銘

北齊·劉雙仁誌

【窌】

《説文》：窌，穿也。从穴寮聲。《論語》有公伯寮。

【窔】

《説文》：窔，穿也。从穴，决省聲。

【突】

《説文》：突，深抉也。从穴从抉。

【竇】

《説文》：竇，空也。从穴，瀆省聲。

睡·法律答問 197

睡·封診式 76

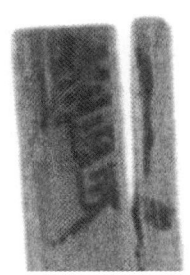

馬貳 204_13

○竇盛乃從之員（圓）

張·津關令 518

○夢附竇園一所在胸

銀貳 2072

○是胃（謂）竇德

敦煌簡 1462

金關 T23:296B

○竇君伯

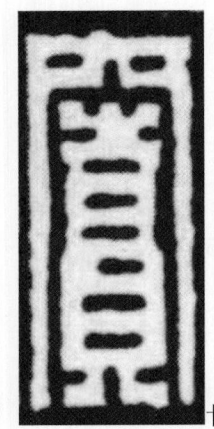

廿世紀璽印三-SY

漢印文字徵

〇寶福印

漢印文字徵

漢印文字徵

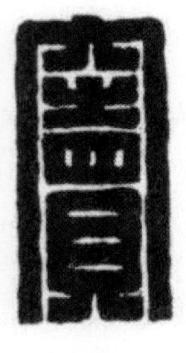

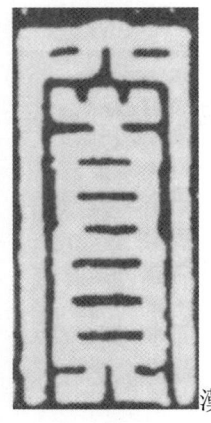

漢印文字徵

漢晉南北朝印風

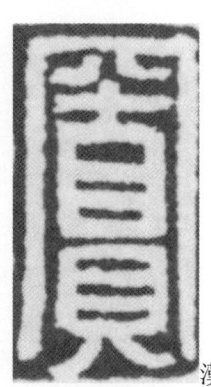

漢晉南北朝印風

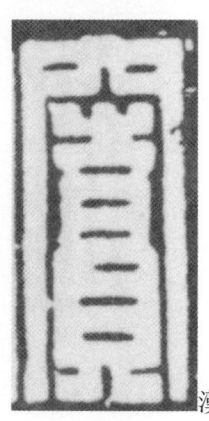

漢晉南北朝印風

北齊·婁黑女誌

北齊·狄湛誌

北周·賀屯植誌

○平竇賊於小關

【窬】

《説文》：窬，空兒。从穴俞聲。

【窠】

《説文》：窠，空也。穴中曰窠，樹上曰巢。从穴果聲。

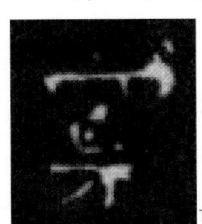

東魏·廉富等造義井頌

○挺秀窠中

【窗】

《説文》：窗，通孔也。从穴囪聲。

獄·暨過案 96

○□谿卿（鄉）倉天窗（窗）容鳥

馬貳 79_209/196

○東鄉（嚮）窗道外

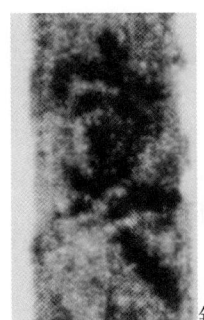

銀壹 825

○能得窗（聰）明

北壹·倉頡篇 54

○層屋內窗牖戶

北齊·高潤誌

○雀窗佇訓

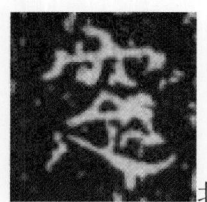

北齊·劉悅誌

○止記銅窻

北齊·婁黑女誌

○窺窻止閒之業

【窊】

《説文》：窊，污衺，下也。从穴瓜聲。

馬貳 33_18 下

○窊室而盈

【窾】

《説文》：窾，空也。从穴欵聲。

馬壹 82_56

○宋窾侯謂臣曰

馬壹 80_19

○宋窾詔臣曰

馬貳 81_262/249

○下爲窾以熏

張·引書 111

○達九竅和啓閭奏

東漢·正直殘碑

○正直是以揚名於州里竅

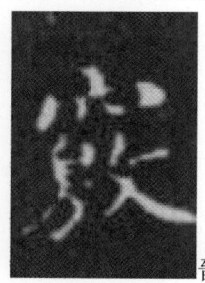

晉·黃庭內景經

○脾救七竅去不祥

北魏·弔比干文

○視竅殷辛

北魏・崔鴻誌

〇楊竅群才

【空】

《說文》：𡨄，竅也。从穴工聲。

漢銘・東海宮司空盤

睡・秦律十八種 125

獄・芮盜案 67

里・第八層 9

馬壹 112_23\374

張・秩律 464

銀壹 208

敦煌簡 1108A

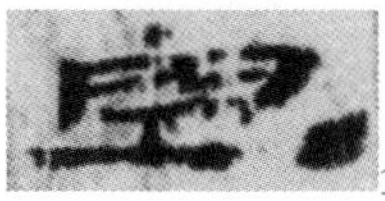

金關 T26:123

金關 T25:208

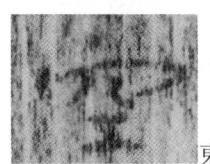

東牌樓 047 背

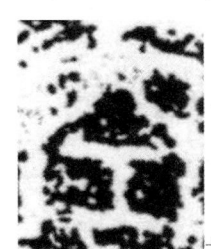

廿世紀璽印二-SP

廿世紀璽印二-SP

廿世紀璽印三-GP

〇南郡司空

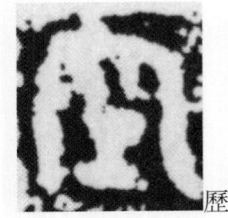

歷代印匋封泥

歷代印匋封泥

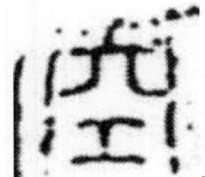

歷代印匋封泥

廿世紀璽印三-GP

秦代印風

廿世紀璽印三-GP

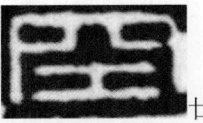

廿世紀璽印三-GY

廿世紀璽印三-GP

漢晉南北朝印風

廿世紀璽印三-GP

廿世紀璽印三-GP

漢晉南北朝印風

漢晉南北朝印風

○班氏空丞印

漢晉南北朝印風

漢代官印選

歷代印匋封泥

歷代印匋封泥

歷代印匋封泥

漢印文字徵

西漢·霍去病墓題字

東漢·石門頌

東漢·華岳廟殘碑陰

○故功曹司空掾池陽伯房

東漢·開通褒斜道摩崖刻石

東漢·北海相景君碑陽

東漢·乙瑛碑

東漢·乙瑛碑

○司空府

東漢·司徒袁安碑

北魏·元壽安誌蓋

○魏侍中司空元公墓誌

北魏·元愔誌

北魏·爾朱襲誌

北魏·笱景誌

北魏・司馬金龍墓表

東魏・張滿誌蓋

○司空瑯琊康王墓表

○魏故司空公張君墓誌

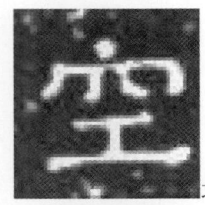

北魏・元愔誌

北齊・婁叡誌

東魏・元仲英誌

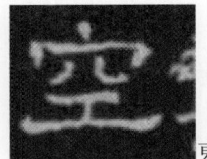

北齊・柴季蘭造像

東魏・元惊誌

北齊・斛律氏誌

東魏・楊顯叔再造像

北齊・法洪銘贊

○將軍司空府前西閤

東魏・元光基誌蓋

北齊・殘塔銘

○魏故侍中司空公吳郡王墓銘

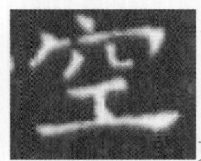

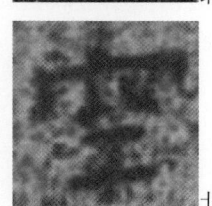

北齊・王子椿摩崖

東魏・劉幼妃誌

○挺特三空

○空空大空

北齊·姚景等造像

○五陰終空

北齊·高淯誌

北齊·高阿難誌

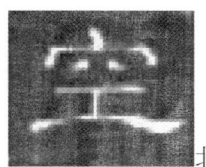

北齊·徐顯秀誌

【窒】

《說文》：窒，空也。從穴至聲。《詩》曰："瓶之窒矣。"

【空】

《說文》：空，空大也。從穴乙聲。

【窳】

《說文》：窳，污窬也。從穴㼌聲。朔方有窳渾縣。

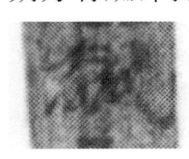

敦煌簡 0213

○隨窳民不迫

【窞】

《說文》：窞，坎中小坎也。從穴從臽，臽亦聲。《易》曰："入于坎窞。"一曰旁入也。

【窌】

《說文》：窌，窖也。從穴卯聲。

張·算數書 151

○材井窌若它物周二

銀貳 1789

○入井窌虜（呼）

漢代官印選

○南窌侯印

【窖】

《說文》：窖，地藏也。從穴告聲。

北壹·倉頡篇 55

○廥廄囷窖廩倉

3505

【窬】

《說文》：窬，穿木戶也。从穴俞聲。一曰空中也。

秦文字編 1205

馬貳 228_87

○取窬一器

張・奏讞書 58

○武窬舍上造

北壹・倉頡篇 18

○鞫窆訐窬

秦代印風

○趙窬

【窵】

《說文》：窵，窵窅，深也。从穴鳥聲。

【窺】

《說文》：窺，小視也。从穴規聲。

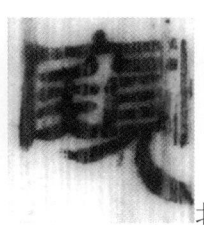

北壹・倉頡篇 72

○熒婿孋窺鬢愿

北魏・元顥誌

○窺兵河洛

北魏・元延明誌

○故河間所不窺

北魏・穆紹誌

○崖涘莫窺

北魏・楊舒誌

○窺闚之望斯絕

東魏·淨智塔銘

○堂奧可窺

北齊·斛律氏誌

○未窺彤筆之史

北齊·崔宣華誌

○入帳窺圖

北齊·元賢誌

○憘愠莫窺

【窺】

《説文》：窺，正視也。從穴中正見也，正亦聲。

【窺】

《説文》：窺，穴中見也。從穴叕聲。

馬貳 80_231/218

○再窺（剟）之

馬貳 80_231/218

○采木椎窺（剟）之

北壹·倉頡篇 18

○鞠窺訏窬

秦文字編 1206

【窋】

《説文》：窋，物在穴中皃。從穴中出。

睡·日甲《詰》25

銀貳 1550

漢印文字徵
〇樊窀

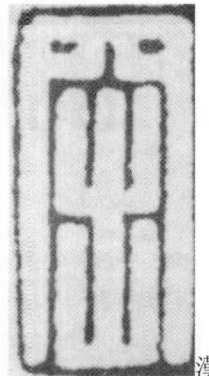

漢晉南北朝印風
〇樊窀

【賓】

《說文》：賓，塞也。从穴眞聲。

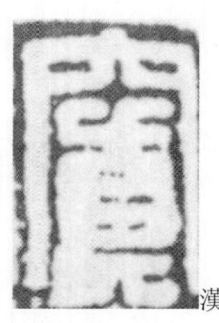

漢晉南北朝印風
〇賓安馬丞印

漢印文字徵
〇賓安馬丞印

北魏·邢偉誌
〇方當永賓周行

【室】

《說文》：室，塞也。从穴至聲。

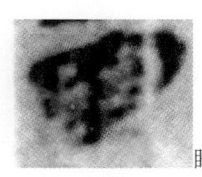

睡·日甲《詰》31
〇黃土室不害矣

馬貳 33_18 下
〇而宎室而盈擅（壇）

金關 T22:131B
〇室長卿

廿世紀璽印三-SP
〇黃直室　大君度

漢印文字徵
〇室中遂

漢印文字徵

○室孫千万

漢印文字徵

○室中光

漢晉南北朝印風

○室孫千萬

漢晉南北朝印風

○室仲宣印

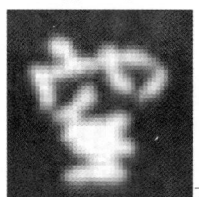

北齊·崔幼妃誌

○傍走群室

【突】

《說文》：突，犬從穴中暫出也。從犬在穴中。一曰滑也。

睡·效律 42

睡·秦律雜抄 16

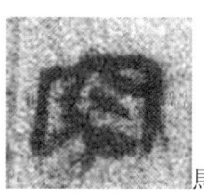

馬壹 46_57 下

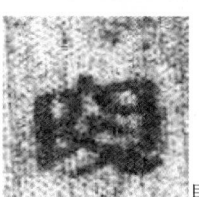

馬貳 38_76 上

張·脈書 15

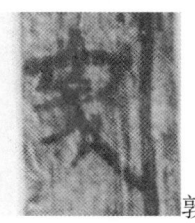

敦煌簡 0137

○利我突追逐以鏊

秦代印風

○王突

廿世紀璽印三-SY

漢晉南北朝印風

漢印文字徵

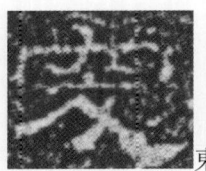

東漢・趙寬碑

北魏・元恭誌

北魏・元弼誌

北魏・元彬誌

○統萬突鎮都大將

北魏・元龍誌

○統萬突鎮都大將

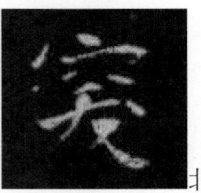

北魏・元舉誌

○統萬突鎮都大將

北魏・元昭誌

○統萬突鎮都大將

北周・宇文儉誌

北周・安伽誌

○父突建

【竄】

《說文》：竄，墜也。从鼠在穴中。

第七卷

關·病方312

○三指竄（撮）入

里·第八層1069

○弒竄二人捕羽

馬貳111_49/49

○如掌竄鼻空（孔）

北壹·倉頡篇70

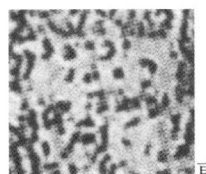

○訐誹竄營罪

東漢·三公山碑

○姦邪迸竄

北魏·元瞻誌

○污吏投印珮而獨竄

北魏·檀賓誌

○群凶竄迹

北齊·庫狄迴洛誌

○仍竄崝湮

【窣】

《說文》：窣，从穴中卒出。从穴卒聲。

獄·猩敞案48

○它如窣

北壹·倉頡篇32

○酤趒文窣交

【窘】

《說文》：窘，迫也。从穴君聲。

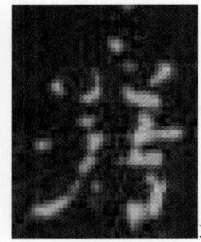

北魏·弔比干文

○卒窘忠而彌濃

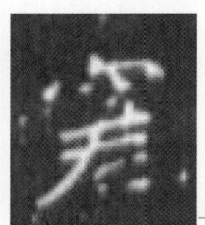

北魏·司馬悅誌

○衆窘可知

【窕】

《說文》：窕，深肆極也。从穴兆聲。讀若挑。

東漢·楊耿伯題記

○丁時窈窕

西晉·孫松女誌

○姿窈窕之容

北魏·元純陀誌

北魏·元悛誌

北魏·元恪嬪李氏誌

○窈窕之響彌遠

北魏·元譚妻司馬氏誌

北魏·盧令媛誌

北魏·馮迎男誌

○棄斯窈窕

北魏·元颺妻王氏誌

北魏·劉氏誌

第七卷

3512

北魏·石婉誌

東魏·王令媛誌

北齊·吐谷渾靜媚誌

○於是窈窕之望轉隆

【穹】

《說文》：穹，窮也。从穴弓聲。

金關 T26∶151B

○□霰穹真曾毋物□

東漢·成陽靈臺碑

東漢·朝侯小子殘碑

東漢·熹平殘石

東漢·楊著碑陽

東漢·西岳華山廟碑陽

北魏·元昉誌

北魏·元靈曜誌

北魏·奚真誌

東魏·道寶碑記

○穹宇難光

東魏·道寶碑記

北齊·感孝頌

北齊·高百年誌

【究】

《說文》：㲒，窮也。从穴九聲。

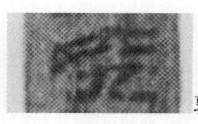

敦煌簡 0668
○在里究賈明不私欲

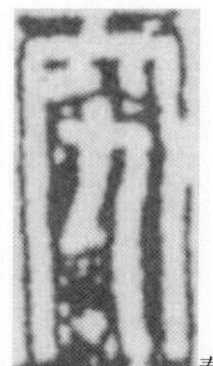

秦代印風
○薛究

東漢·正直殘碑
○部職究由□□□右守曲

東漢·鮮於璜碑陽

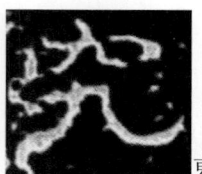

東漢·楊震碑

十六國北涼·沮渠安周造像

北魏·元襲誌

北魏·元子正誌

北魏·四十一人等造像

北魏·郭定興誌

北魏·邢偉誌

北魏·李伯欽誌
○淵章洞究

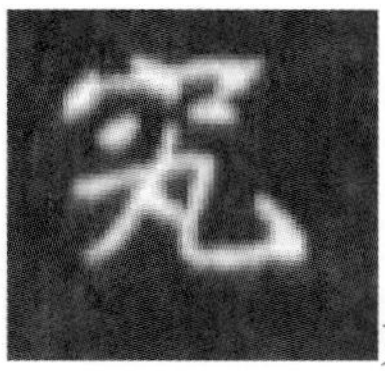

東魏・慧光誌

○靡不苞究

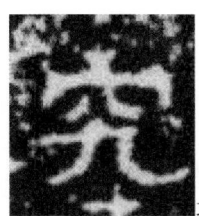

北齊・天柱山銘

【窮】

《說文》：窮，極也。从穴躳聲。

北貳・老子 137

金關 T01:002

秦駰玉版

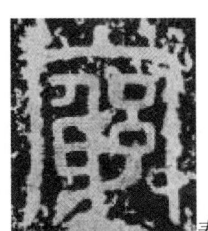

泰山刻石

東漢・熹平石經殘石四

東漢・趙寬碑

東漢・楊著碑額

東漢・楊著碑額

東漢・乙瑛碑

○功垂無窮

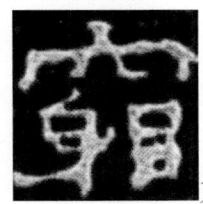

東漢・楊震碑

○窮神知變

東漢・王舍人碑

北魏・元靈曜誌

北魏・王神虎造像

○延祚無窮

北魏・塔基石函銘刻

北魏・元楨誌

北魏・囗伯超誌

北魏・王基誌

北魏・四十一人等造像

北魏・于景誌

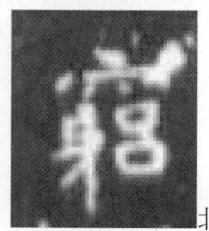

北魏・崔鴻誌

○宜窮遐曆

北魏・高廣誌

北魏・元恭誌

北魏・元顥誌

北魏・乞伏寶誌

北魏・元颺誌

東魏·廣陽元湛誌

東魏·元季聰誌

○彤管無窮

北齊·唐邕刻經記

○化窮兼濟

北齊·雲榮誌

○當方窮龜鵠之壽

北齊·馬天祥造像

○延無窮尊師崇業

【窅】

《說文》：窅，冥也。從穴皀聲。

【窔】

《說文》：窔，窅窔，深也。從穴交聲。

北壹·倉頡篇35

○姣窔娃嫷

北壹·倉頡篇32

○趙文窣窔（窆）

北魏·崔隆誌

○得法門之奧窔（突）

【邃】

《說文》：邃，深遠也。從穴遂聲。

十六國北涼·沮渠安周造像

北魏·和邃誌

○君諱邃字脩業

北魏·楊無醜誌

○如淵之邃

北魏·元新成妃李氏誌

北魏·李端誌

北魏·元始和誌
○挺哲沖邃

北魏·元彬誌
○玄宮長邃

北周·王通誌

【窈】

《說文》：窈，深遠也。从穴幼聲。

漢印文字徵
○霍窈

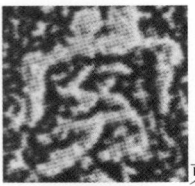

東漢·楊耿伯題記
○丁時窈窕

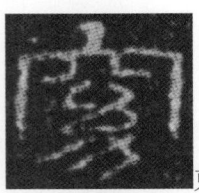

東漢·肥致碑

西晉·孫松女誌
○姿窈窕之容

北魏·陸孟暉誌

北魏·元悛誌

北魏·盧令媛誌

北魏·馮會誌

北魏·元颺妻王氏誌

北魏·劉氏誌

東魏·馮令華誌

東魏·王令媛誌

北齊·爾朱元靜誌

○然窈窕削成之麗

【窱】

《說文》：窱，杳窱也。从穴條聲。

【窆】

《說文》：窆，穿地也。从穴乏聲。
一曰小竃。《周禮》曰："大喪，甫竃。"

北壹·倉頡篇 14

○窅闊泠竃遏包

北魏·孟敬訓誌

○竃野成丘

【窆】

《說文》：窆，葬下棺也。从穴乏聲。
《周禮》曰："及窆執斧。"

北魏·元子直誌

○窆於長陵之東北

北魏·元嵩誌

北魏·楊範誌

○七日窆於里焉

北魏·元珍誌

北魏・楊胤誌
○窆於華山之陰

北魏・元彥誌

北魏・張安姬誌

北魏・元昭誌

北魏・元思誌

北魏・元纂誌

北魏・胡明相誌

北魏・元誨誌

北魏・元徽誌

北魏・王悅及妻郭氏誌

北魏・慈慶誌

東魏・穆子巖誌銘
○卜窆于鄴都之西

東魏・叔孫固誌

東魏・馮令華誌
○窆於鄴城西崗

北齊·狄湛誌

○窆于晉陽城東北三十里

北周·寇熾誌

北魏·王基誌

北魏·封魔奴誌

北魏·元彬誌

東魏·陸順華誌

【窀】

《說文》：窀，葬之厚夕。从穴屯聲。
《春秋傳》曰："窀穸從先君於地下。"

東漢·孔宙碑陽

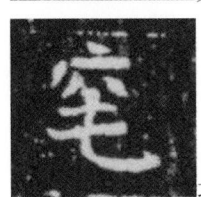

北魏·宋虎誌

北魏·元略誌

北魏·秦洪誌

北魏·元子直誌

【穸】

《說文》：穸，窀穸也。从穴夕聲。

晉·□□誌

北魏·元恩誌

北魏·秦洪誌

第七卷

北魏・王基誌

北魏・封魔奴誌

北魏・元顯俊誌

北魏・元嵩誌

北魏・元彬誌

【窂】

《説文》：窂，入岠刺穴謂之窂。从穴甲聲。

〖字〗

北魏・元靈曜誌

○□字（字）通敏

北魏・吳光誌

○泉字（字）納殃

北齊・元賢誌

○縈德爲字（字）

【窜】

廿世紀璽印二-SY

○干窜

【窐】

戰晚・四十年上郡守起戈

○工隸窐

【窈】

漢印文字徵

○窈絡之印

【窅】

3522

秦代印風

○宥隨

【窨】

里·第八層1162

○出賣祠窨餘

【窬】

北魏·元濬嬪耿氏誌

○窬於洛陽西嶺

北魏·元壽妃麴氏誌

○窬（堋）于其子懷王之塋

【窞】

獄·為吏75

○窞內直（置）繫

【窟】

北魏·兄弟姊妹造像

○石窟像廿四軀悉以成

北魏·楊大眼造像

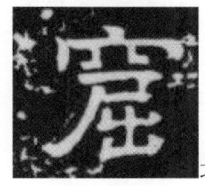

北齊·唐邕刻經記

北周·菌香樹摩崖

○仙堂靈室，堪窟无數

南朝齊·劉岱誌

【窲】

廿世紀璽印三-SP

○窲

【窴】

漢印文字徵

○王謐突

寢部

【寢】

《說文》：寢，寐而有覺也。从宀从疒，夢聲。《周禮》："以日月星辰占六寢之吉凶：一曰正寢，二曰咢寢，三曰思寢，四曰悟寢，五曰喜寢，六曰懼寢。"凡寢之屬皆从寢。

【㝱】

《說文》：㝱，病臥也。从寢省，练省聲。

【寐】

《說文》：寐，臥也。从寢省，未聲。

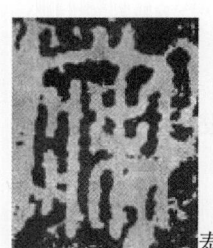

泰山刻石

北魏·元鑽遠誌

○寤寐求賢

北魏·唐耀誌

○職宣假寐

北魏·元子直誌

○寤寐所求

北魏·元寧誌

○暇寐龍門

【寤】

《說文》：寤，寐覺而有信曰寤。从寢省，吾聲。一曰晝見而夜寢也。

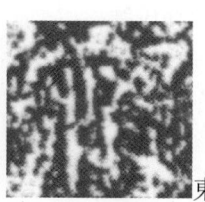

【䆩】

《說文》：䆩，籀文寤。

東漢·北海相景君碑陽

○遂不剋寤

東漢·從事馮君碑

○何寤不遂

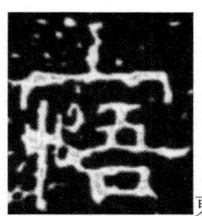

東漢·楊震碑

北魏·元純陀誌

○臨終醒寤

北魏·元子直誌

○寤寐所求

東魏·高歸彥造像

○悲有感衆生啓寤，

【㜘】

《說文》：㜘，楚人謂寐曰㜘。从㝱省，女聲。

【寐】

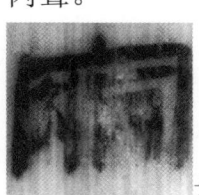

《說文》：寐，寐而未厭。从㝱省，米聲。

【𥧌】

《說文》：𥧌，孰寐也。从㝱省，水聲。讀若悸。

【寎】

《說文》：寎，臥驚病也。从㝱省，丙聲。

北壹·倉頡篇50

○歸趨走寎狂疲

【寱】

《說文》：寱，瞑言也。从㝱省，臬聲。

【寣】

《說文》：寣，臥驚也。一曰小兒號寣寣。一曰河內相評也。从㝱省，从言。

疒部

【疒】

《說文》：疒，倚也。人有疾病，象倚箸之形。凡疒之屬皆从疒。

【疾】

《說文》：疾，病也。从疒矢聲。

【𤕫】

《說文》：𤕫，古文疾。

【𤶣】

《說文》：𤶣，籀文疾。

秦代·元年詔版三

關·病方 336

獄·猩敞案 47

里·第八層 1786

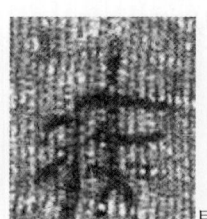

馬貳 79_217/204

張·金布律 433

張·蓋盧 38

銀貳 1904

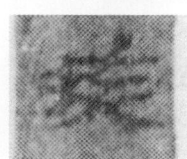

敦煌簡 1172

〇李去疾解阢

金關 T11:023

東牌樓 033 背

〇力疾書不悉小大

歷代印匋封泥

〇豆里富壤□攴

秦代印風

秦代印風

秦代印風

秦代印風

○棄疾

廿世紀璽印三-SP

○弁疾

廿世紀璽印三-SY

漢印文字徵
○疾閒成印

漢印文字徵
○王疾之印

漢印文字徵
○炅疾己

漢晉南北朝印風
○魯去疾印

漢晉南北朝印風

琅琊刻石

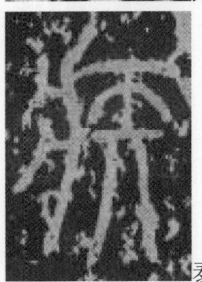

泰山刻石

東漢・圍令趙君碑
○會被疾去官

東漢・尚博殘碑

東漢・郎中鄭固碑
○以疾錮辭

東漢・楊統碑陽
○邁疾而卒

東漢・寬以濟猛殘碑
○事遭離篤疾□

東漢・趙寬碑

東漢・馮緄碑

東漢・譙敏碑
○降茲殃（凶）疾

西晉・成晃碑

西晉・荀岳誌

西晉・石尠誌
○疾病去職

西晉・石尠誌
○疾病

大趙・王真保誌

北魏・長孫瑱誌	 北魏・郭顯誌
北魏・張整誌	北魏・侯愔誌

○寢疾薨于第

 北魏・王蕃誌	 北魏・宋虎誌

○邁疾

北魏・元簡誌	北魏・昭玄法師誌
 北魏・趙光誌	 北魏・元鑒誌
北魏・馮迎男誌	東魏・元鷙妃公孫甑生誌

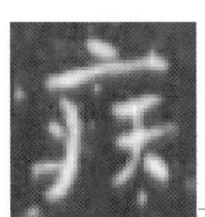

○寢疾不愈

 北魏・元子直誌	 北齊・李雲誌

北齊·是連公妻誌

北周·叱羅協誌

北周·宇文儉誌

○寢疾薨於洛陽

北周·寇熾誌

○春秋五十七寢疾而殞

北周·安伽誌

○遘疾終於家，

南朝齊·劉岱誌

【痛】

《說文》：痛，病也。从疒甬聲。

睡·封診式85

里·第八層1221

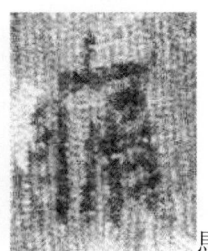

馬貳62_3

張·奏讞書118

銀貳1187

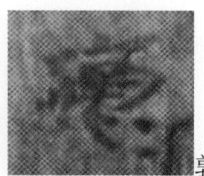

敦煌簡1026

○匈滿頭痛

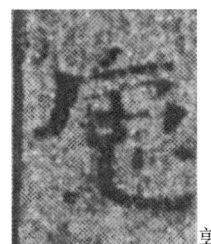

敦煌簡 1577

○病頭痛四節不與不

居・EPT51.535

○病頭痛

北壹・倉頡篇 3

○疢痛遬欬

東漢・許阿瞿畫像石題記

○痛哉可哀

東漢・公乘田魴畫像石墓題記

東漢・朝侯小子殘碑

○英彦惜痛

東漢・夏承碑

東漢・鮮於璜碑陰

東漢・許安國墓祠題記

○悲痛奈何

東漢・桓孝食堂畫像石題記

東漢・楊耿伯題記

○痛哉于嗟

北魏・秦洪誌

北魏・馮迎男誌

○痛纏近戚

北魏・元澄妃誌

○痛結九泉

北魏·元嵩誌

北魏·元詮誌

北魏·寇憑誌

北魏·寇憑誌

北魏·劉阿素誌

北魏·司馬顯姿誌

北魏·丘哲誌

○追痛以申抱

北魏·元恭誌

北魏·元馗誌

○于時朝野莫不痛惜

北魏·張玄誌

○痛感毛群

北魏·元端妻馮氏誌

北魏·孟元華誌

○內外痛惜

北魏·寇霄誌

北魏·劉華仁誌

○痛念松年之契

北魏·吐谷渾氏誌

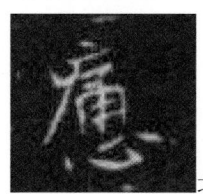

北魏·元略誌

○在原之痛

北魏·源延伯誌

○邦國有彌悴之哀

北魏·元璨誌

北魏·張盧誌

○嗚呼痛哉

北魏·張盧誌

○道俗痛惜

北魏·元維誌

○痛軫蒼泉

北齊·雲榮誌

【病】

《說文》：恘，疾加也。从疒丙聲。

漢銘·聖主佐宮中行樂錢

睡·語書 11

睡·秦律十八種 55

關·日書 187

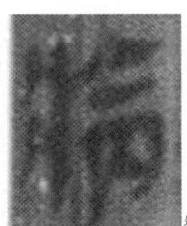

獄·質日 3417

嶽・為吏 75

里・第八層 143

里・第八層背 72

馬壹 87_188

馬壹 77_73

馬貳 207_52

○何病之有

馬貳 63_23

張・賊律 20

銀貳 1649

銀貳 1056

北貳・老子 95

敦煌簡 0263A

敦煌簡 0243B

金關 T23:765

武・儀禮甲《服傳》3

漢印文字徵

○公孫去病

漢印文字徵

○張病去

漢印文字徵

○東門去病

漢印文字徵

○吳印去病

漢晉南北朝印風

○王病已印

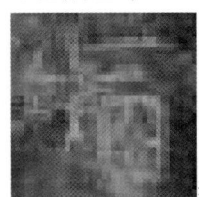

秦駰玉版

東漢・石祠堂石柱題記

○卒得病

東漢・尚博殘碑

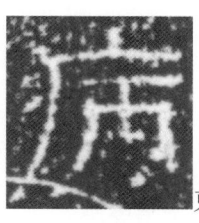

東漢・北海相景君碑陽

東漢・石祠堂石柱題記

○卒得病

東漢・鮮於璜碑陰

東漢・楊著碑額

東漢・孫仲隱墓刻石

○病卒

東漢・北海相景君碑陽

西晉·荀岳誌

北魏·檀賓誌

東魏·朱舍捨宅造寺記
○無病長壽

【瘣】

《說文》：瘣，病也。从疒鬼聲。《詩》曰："譬彼瘣木。"一曰腫旁出也。

秦文字編 1215

【疴】

《說文》：疴，病也。从疒可聲。《五行傳》曰："時即有口疴。"

北魏·寇慰誌
○沈疴

【痛】

《說文》：痛，病也。从疒甫聲。《詩》曰："我僕痛矣。"

【瘽】

《說文》：瘽，病也。从疒堇聲。

東漢·鮮於璜碑陽
○在母不瘽

【瘵】

《說文》：瘵，病也。从疒祭聲。

北魏·元恩誌
○遂遘重瘵

【瘨】

《說文》：瘨，病也。从疒眞聲。一曰腹張。

戰晚·卅六年私官鼎
○瘨工疑一斗半

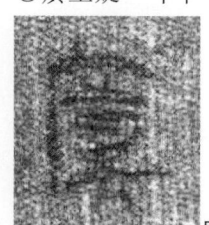

馬貳 73_114/114
○一瘨疾者

馬貳62_4

○衄數瘼疾

漢印文字徵

○瘼

【瘼】

《説文》：瘼，病也。从疒莫聲。

北魏·和邃誌

○昊天降瘼

北魏·元壽安誌

東魏·元均及妻杜氏誌

北齊·婁叡誌

【疛】

《説文》：疛，腹中急也。从疒肘聲。

【痟】

《説文》：痟，病也。从疒員聲。

【癇】

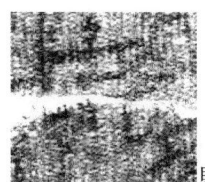

《説文》：癇，病也。从疒閒聲。

馬貳67_1

○癇嬰兒瘛

【疶】

《説文》：疶，病也。从疒出聲。

【疵】

《説文》：疵，病也。从疒此聲。

秦代·元年相邦疾戈

睡·日甲《生子》142

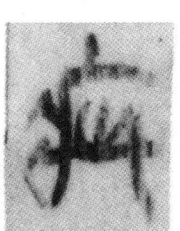

睡·日甲《盜者》72

里·第八層 894

北貳·老子 145

敦煌簡 0781A

北壹·倉頡篇 50

○走疿狂疪疕禿

廿世紀璽印二-SY

廿世紀璽印三-SY

漢印文字徵
○宋疕

漢印文字徵

漢印文字徵

漢印文字徵

漢印文字徵
○請疪之印

漢印文字徵
○張疕

漢印文字徵

○徐疵

漢印文字徵

○鹽疵

漢晉南北朝印風

東魏·李憲誌

【癈】

《說文》：癈，固病也。从疒發聲。

東漢·西岳華山廟碑陽

○脩癈（廢）起頓

北魏·穆紹誌

○癈已殉物

北魏·元乂誌

○官無癈職

北魏·伏君妻昝雙仁誌

○恭惟無癈

北魏·元乂誌

○人無癈才

北齊·崔頠誌

○塵書癈笥

北周·拓跋虎誌

○無關癈姓

【痦】

《說文》：痦，病也。从疒者聲。《詩》曰："我馬痦矣。"

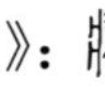

【瘲】

《說文》：瘲，病也。从疒從聲。

【痒】

《說文》：㾕，寒病也。从疒辛聲。

漢印文字徵

○史瘁

【𤶠】

《說文》：𤶠，頭痛也。从疒或聲。讀若溝洫之洫。

【痟】

《說文》：痟，酸痟，頭痛。从疒肖聲。《周禮》曰："春時有痟首疾。"

【疕】

《說文》：疕，頭瘍也。从疒匕聲。

睡·封診式 52

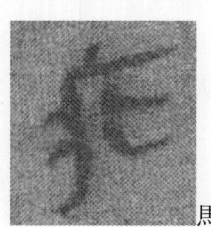

馬貳 141_17

張·脈書 4

張·脈書 2

敦煌簡 2098

○疕疕

北壹·倉頡篇 50

○痾狂疕疕禿瘻

廿世紀璽印二-SP

○都船工疕

秦代印風

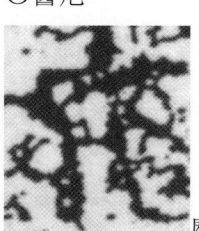

○醫疕

歷代印匋封泥

○都船工疕

漢印文字徵

○臣疕

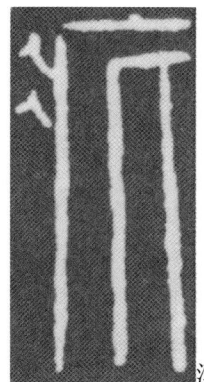

漢晉南北朝印風

○張疕

【瘍】

《說文》：瘍，頭創也。从疒昜聲。

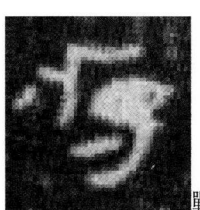

戰晚·二年宜陽戈一

北魏·元悌誌

○瘍巨愈遲

【痒】

《說文》：痒，瘍也。从疒羊聲。

【瘍】

《說文》：瘍，目病。一曰惡气箸身也。一曰蝕創。从疒馬聲。

秦文字編 1217

秦文字編 1217

【癰】

《說文》：癰，散聲。从疒斯聲。

里·第八層 648

○縣卒癰死

漢印文字徵

○陽癰

【瘑】

《說文》：瘑，口喎也。从疒爲聲。

【疾】

《說文》：疾，瘍也。从疒，決省聲。

【瘖】

《說文》：瘖，不能言也。从疒音聲。

【癭】

《說文》：癭，頸瘤也。从疒嬰聲。

馬貳 70_51/51

○痛息癭=（嚶嚶）

張·脈書 4

○在下爲癭

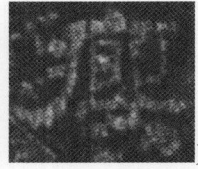

東漢·孔宙碑陰

北魏·楊乾誌

北魏·奚真誌

【瘻】

《說文》：瘻，頸腫也。从疒婁聲。

馬貳 211_92

○平痤瘻弗處

張·脈書 4

○在頸爲瘻

北壹·倉頡篇 50

○疵疕禿瘻

【疫】

《說文》：疫，顫也。从疒又聲。

【瘀】

《說文》：瘀，積血也。从疒於聲。

【疝】

《說文》：疝，腹痛也。从疒山聲。

3542

【疛】

《説文》：疛，小腹病。从疒，肘省聲。

【癏】

《説文》：癏，滿也。从疒贏聲。

【痜】

《説文》：痜，俛病也。从疒付聲。

【疴】

《説文》：疴，曲脊也。从疒句聲。

【瘚】

《説文》：瘚，屰气也。从疒从屰从欠。

【欮】

《説文》：欮，瘚或省疒。

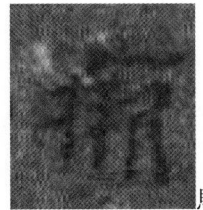

馬貳 98_3
○爲陽瘚（厥）是少

張·引書 63
○引瘚臥詘屈

漢印文字徵
○孟瘚

漢印文字徵
○賈瘚

【悸】

《説文》：悸，气不定也。从疒季聲。

【痱】

《説文》：痱，風病也。从疒非聲。

【瘤】

《説文》：瘤，腫也。从疒畱聲。

【痤】

《説文》：痤，小腫也。从疒坐聲。一曰族絫。

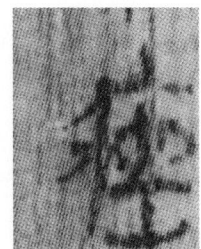

里·第八層背 1517

馬貳 211_92
○外平痤瘻弗處

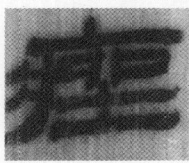

北壹·倉頡篇 2
○瘁癰痤

秦代印風
○黃痤

秦代印風
○張痤

廿世紀璽印三-SY

漢印文字徵

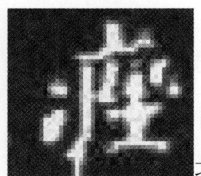

北魏·辛祥誌
○痤（座）每盈賓

【疽】

《說文》：疽，癰也。从疒且聲。

馬貳 83_298/284
○爛疽

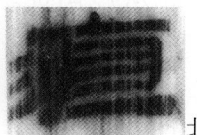

北壹·倉頡篇 36
○瘕痹癃疽㾵瘱

【癘】

《說文》：癘，癩也。从疒蠆聲。一曰瘦黑。讀若隸。

北壹·倉頡篇 36
○癘瘕痹癃疽㾵

【癰（雍）】

《說文》：癰，腫也。从疒雝聲。

關·病方 339
○曲沱（池）某癰某波（破）

馬貳 69_22/22
○溫湯中以洗癰

張·脈書 10
○前出如拳爲暴乳癰

敦煌簡 0371
○刀刃案癰

北壹·倉頡篇 2
○癭瘇癰痤

秦代印風
○李癰

秦代印風
○馮癰

廿世紀璽印三-SY
○魏癰

漢印文字徵
○癰囙

漢印文字徵
○魏癰

漢晉南北朝印風

○臣癬

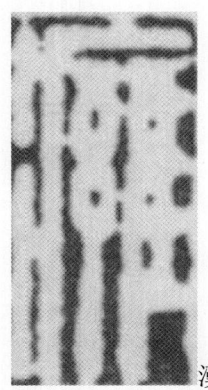

漢晉南北朝印風

○癬猛

漢晉南北朝印風

○魏癬

【瘜】

《說文》：瘜，寄肉也。从疒息聲。

【癬】

《說文》：癬，乾瘍也。从疒鮮聲。

北齊·鄭述祖重登雲峰山記

○字皆癬落

【疥】

《說文》：疥，搔也。从疒介聲。

馬壹 7_34 上

○六二疥（介）于石

馬貳 89_426/416

○以傅疥而炙之乾而

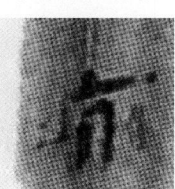

張·津關令 502

○女子疥傳從子雖不

北壹·倉頡篇 36

○膚癉熱疥屬瘕

廿世紀璽印三-SY

○呂疥

秦代印風

○樂疥

漢印文字徵

○解疥

【痂】

《說文》：痂，疥也。从疒加聲。

馬貳86_368/358

○一產痂先善以水洗

【瘕】

《說文》：瘕，女病也。从疒叚聲。

北壹・倉頡篇36

○瘕痹癰疽

東魏・叔孫固誌

○寶劍生瘕

【癘】

《說文》：癘，惡疾也。从疒，蠆省聲。

睡・法律答問121

睡・封診式54

○音氣敗癘殹（也）

獄・占夢書42

里・第八層238

馬壹143_16/190下

第七卷

馬貳 77_177/164

○冶癘（蠣）毒

張·脈書 15

○癘身時償沫

銀壹 389

○務在癘（勵）氣

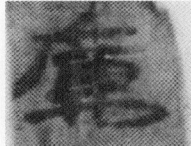

敦煌簡 0009

○癘滿私王瓜一枚重

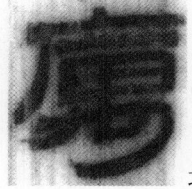

北壹·倉頡篇 36

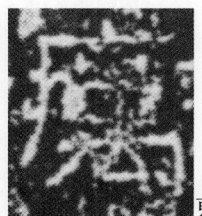

○疥癘瘕痹

東漢·仙人唐公房碑陽

東漢·許安國墓祠題記

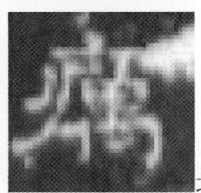

北周·田弘誌

【瘧】

《說文》：瘧，熱寒休作。从疒从虐，虐亦聲。

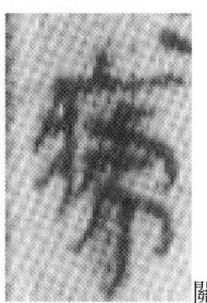

關·病方 376

○某瘧者某也

馬壹 129_4 下\81

○紀德瘧（虐）无刑

馬貳 64_7/41

○脅痛瘧汗出

3548

張·脈書 19

○灊强瘧北（背）

張·脈書 15

○痛爲瘧身病養

北壹·倉頡篇 39

○瘧斷疿痹

秦文字編 1223

【痁】

《說文》：痁，有熱瘧。从疒占聲。《春秋傳》曰："齊侯疥，遂痁。"

【痎】

《說文》：痎，二日一發瘧。从疒亥聲。

【痳】

《說文》：痳，疝病也。从疒林聲。

馬壹 174_34 下

○中若痳（摩）近繞

【痔】

《說文》：痔，後病也。从疒寺聲。

馬貳 81_255/242

【痿】

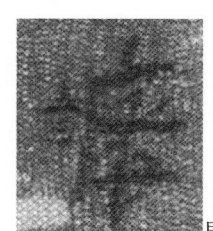

《說文》：痿，痹也。从疒委聲。

馬貳 92_480

張·引書 37

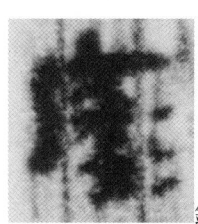

銀壹 561

○志氣甚痿

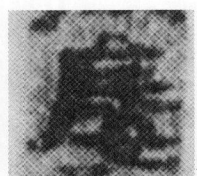

敦煌簡 2012

○痿痺止

【痹】

《說文》：痹，溼病也。从疒畀聲。

馬壹 261_16 上

○民痹病

張・引書 83

○喉痹無（撫）

敦煌簡 2012

○痿痺

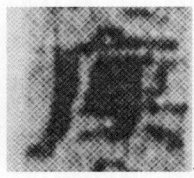

敦煌簡 2012

○痿痺

北壹・倉頡篇 36

○疥癘瘛痺癰疽

廿世紀璽印三-SY

○張痺

【㿗】

《說文》：㿗，足气不至也。从疒畢聲。

【瘃】

《說文》：瘃，中寒腫覈也。从疒豖聲。

【偏】

《說文》：偏，半枯也。从疒扁聲。

【瘇】

《說文》：瘇，脛气足腫。从疒童聲。《詩》曰："既微且瘇。"

【𤺄】

《說文》：𤺄，籀文从允。

【瘖】

《說文》：瘖，跛病也。从疒盇聲。讀若脅，又讀若掩。

北壹・倉頡篇 69

○冥踝企瘖散

【疨】

《説文》：𤵜，毆傷也。从疒只聲。

睡·法律答問 87

張·賊律 28

北壹·倉頡篇 51

〇傷毆伐疻痏肸

【痏】

《説文》：痏，疻痏也。从疒有聲。

睡·法律答問 87

馬貳 72_87/87

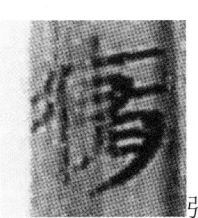

張·賊律 28

北壹·倉頡篇 51

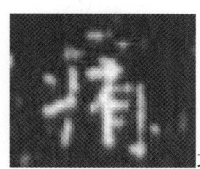

北魏·楊遁誌

〇口絕瘡痏

【癰】

《説文》：癰，創裂也。一曰疾癰。从疒𥜽聲。

【疻】

《説文》：疻，皮剝也。从疒丮聲。

【痕】

《説文》：痕，籀文从戼。

【癑】

《説文》：癑，痛也。从疒農聲。

【痍】

《説文》：痍，傷也。从疒夷聲。

睡·法律答問 208

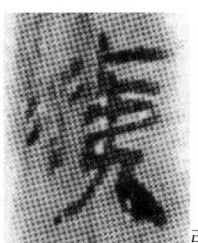

張·捕律 142

3551

北壹·倉頡篇 51

○齮齕痍傷

秦代印風

○牛痍

北周·匹婁歡誌

○雖遇泣痍之恩

【瘢】

《說文》：瘢，痍也。从疒般聲。

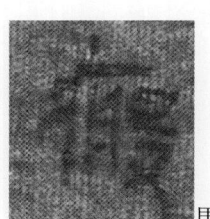

馬貳 84_321/311

張·奏讞書 119

東魏·李憲誌

【痕】

《說文》：痕，胝瘢也。从疒艮聲。

【痙】

《說文》：痙，彊急也。从疒巠聲。

馬貳 69_30/30

○傷痙痙者

【痋】

《說文》：痋，動病也。从疒，蟲省聲。

【瘦（痩）】

《說文》：瘦，臞也。从疒叜聲。

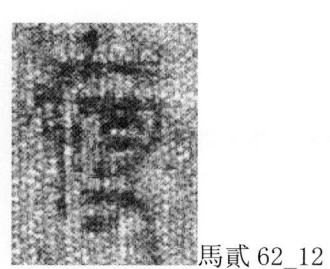

馬貳 62_12

○熱汗出胜瘦顔寒

金關 T23:238

○閉獨瘦索

北壹·倉頡篇 50

○棄朧瘦兒孺

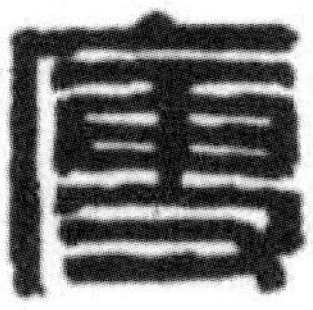

漢印文字徵

○ 豚瘦之印

漢印文字徵

○ 蘇瘦

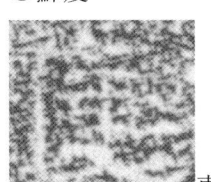

東漢·許阿瞿畫像石題記

○ 羸劣瘦

【疢】

《說文》：疢，熱病也。从疒从火。

馬貳 219_39/50

張·奏讞書 197

張·脈書 5

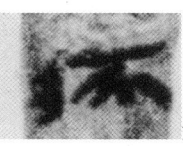

銀壹 388

北壹·倉頡篇 3

○ 疢痛遬欽

廿世紀璽印二-SY

秦代印風

秦代印風

秦代印風

秦代印風

廿世紀璽印三-SY

○王遂疢

漢印文字徵

漢印文字徵

○韓印去疢

漢印文字徵

漢印文字徵

○臣疢

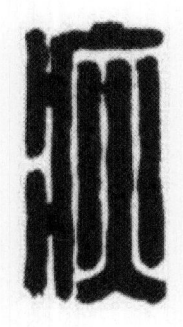

漢印文字徵

【癉】

《説文》：癉，勞病也。从疒單聲。

馬貳 65_31/65

○中痛癉者（嗜）臥

張・脈書 13

北壹・倉頡篇 36

○癉熱疥瘑

【疸】

《説文》：疸，黃病也。从疒旦聲。

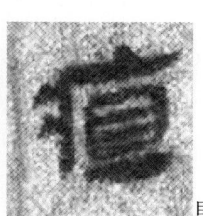

馬壹 131_16 下\93 下

○爲癰疸

3554

馬貳 110_33/33

○汁漬疸糗

【㾛】

《說文》：㾛，病息也。从疒夾聲。

【痞】

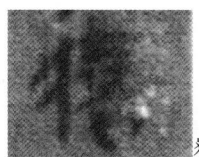

《說文》：痞，痛也。从疒否聲。

嶽·質日 3463

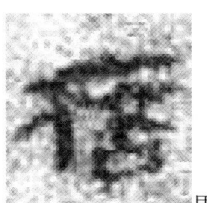

○行與痞偕

馬壹 226_80

○氣痞而氏（低）

馬壹 211_30

○其氣痞（坏）血

【瘍】

《說文》：瘍，脈瘍也。从疒易聲。

【疛】

《說文》：疛，狂走也。从疒术聲。讀若欻。

【疲】

《說文》：疲，勞也。从疒皮聲。

北魏·元子正誌

北魏·慈慶誌

北魏·元子直誌

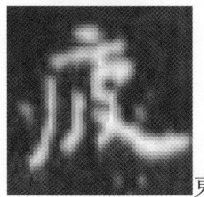

東魏·崔混誌

○學海忘疲

北齊·韓裔誌

【痱】

《說文》：痱，瑕也。从疒弗聲。

【疧】

《說文》：疧，病也。从疒氏聲。

【疲】

《說文》：疲，病劣也。从疒及聲。

【瘦】

《説文》：瘦，劇聲也。从疒殹聲。

【癃】

《説文》：癃，罷病也。从疒隆聲。

【瘴】

《説文》：瘴，籀文癃省。

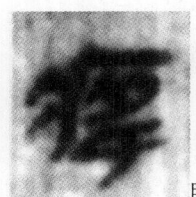

睡·日甲《玄戈》55
○焦（憔）窶居瘴（癃）

北壹·倉頡篇2

漢印文字徵
○瘴弘

漢印文字徵
○瘴同成

東漢·曹全碑陽
○以家錢糴米粟賜瘴（癃）盲

【疫】

《説文》：疫，民皆疾也。从疒，役省聲。

睡·日甲《詰》40
○人皆疫多薨（夢）

銀貳1744
○取邑疫可以回

【癒】

《説文》：癒，小兒癒瘲病也。从疒惄聲。

馬貳32_2上
○陰後癒乎

3556

張·奏讞書211

○公卒瘛等

北壹·倉頡篇2

○鷖吉忌瘛瘇

漢印文字徵

○其毋瘛

【疼】

《說文》：疼，馬病也。从疒多聲。《詩》曰："疼疼駱馬。"

【痊】

《說文》：痊，馬脛瘍也。从疒兌聲。一曰將傷。

北壹·倉頡篇39

○璽瘛斷疣痱

【瘵】

《說文》：瘵，治也。从疒樂聲。

【療】

《說文》：療，或从尞。

北魏·馮邕妻元氏誌

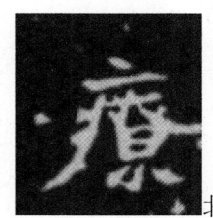

北魏·元悅誌

【痼】

《說文》：痼，久病也。从疒古聲。

【瘌】

《說文》：瘌，楚人謂藥毒曰痛瘌。从疒刺聲。

【癆】

《說文》：癆，朝鮮謂藥毒曰癆。从疒勞聲。

【瘥】

《說文》：瘥，瘉也。从疒差聲。

【瘼】

《說文》：瘼，減也。从疒衰聲。一

曰耗也。

【觎】

《說文》：觎，病瘉也。从疒俞聲。

【瘳】

《說文》：瘳，疾瘉也。从疒翏聲。

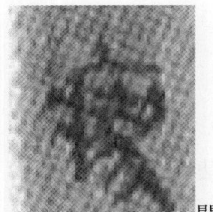

關・日書 240

里・第八層 10

○令與瘳恒將

廿世紀璽印二-SY

○王瘳

秦代印風

○和瘳

秦代印風

秦代印風

漢印文字徵

○瘳福

漢印文字徵

漢印文字徵

○瘳皮戎印

漢印文字徵

○瘳奉私印

東漢・曹全碑陽

○咸蒙瘳悛

3558

北魏·侯憎誌

北魏·元悅誌

○歷年無瘳

【癡】

《說文》：癡，不慧也。从疒疑聲。

睡·日甲《詰》47

○不狂癡歌以生商是

〖疘〗

廿世紀璽印三-SY

○陳疘

〖疚〗

北魏·馮邕妻元氏誌

北魏·崔敬邕誌

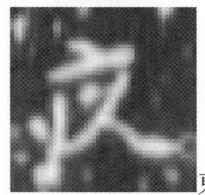

東魏·崔混誌

〖疣〗

秦文字編1223

〖疪〗

東漢·趙菿殘碑

○于時俱淪疪氣□

〖痹〗

北壹·倉頡篇39

○癉斷疣痹

〖痊〗

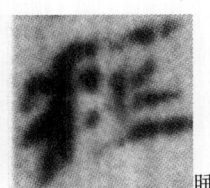

睡·日書甲種《星》86

〇生子疧

〖疷〗

秦文字編 1223

〖疪〗

東魏·廣陽元湛誌

〇匡主疪（庇）民之功

〖疣〗

銀壹 422

〇以山疣（肶）秦（蓁）怫（茀）

〖疸〗

廿世紀璽印二-SY

〇王疸

〖痄〗

秦文字編 1222

〖痣〗

漢晉南北朝印風

〇兒痣

〖痾〗

北魏·王翊誌

北魏·甄凱誌

北魏·陳天寶造像

3560

北魏·李榘蘭誌

北魏·元澄妃誌

北齊·高建妻王氏誌

北齊·高百年誌

〖痼〗

北魏·甄凱誌

北周·須蜜多誌

〖瘁〗

北魏·元徽誌
○殄瘁奄臻

北魏·元略誌
○殄瘁之文

〖痡〗

張·脈書 12
○踝下癱爲痡

〖瘵〗

睡·日甲 90
○未瘵也

〖瘦〗

張·脈書 20
○瘦甚

〖瘴〗

秦代印風
○瘴

【瘠】

北魏・元寶月誌

北魏・王溫誌

北魏・元汎略誌

北魏・高廣誌

北魏・楊舒誌

【瘠】

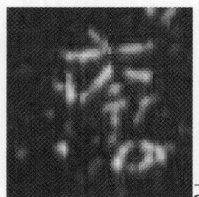

北魏・楊遁誌

○口絕瘠瘠

北齊・李祖牧誌

○瘠巨愈遲

【瘷】

秦文字編 1222

【瘠】

北魏・公孫猗誌

○瘠（席）上飛譽

【瘞】

秦文字編 1222

【痛】

張・脈書 10

○血出痛（滴）

【瘷】

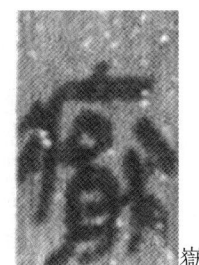

獄·為吏 40

○服禹身瘀（厭）忿

秦代印風

○王瘀

〖瘦〗

北魏·元仙誌

○瘦駘支步

〖瘴〗

張·引書 37

○足不痿瘴（痹）

〖瘡〗

馬貳 276_201/221

○鹿膾（膾）一器

馬貳 226_56

○牛膾（膾）一器

〖瘰〗

廿世紀璽印二-GP

○瘰

〖瘵〗

秦文字編 1223

〖瘯〗

秦代印風

○駱瘯

〖瘤〗

〖瘏〗

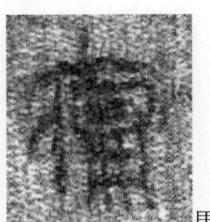

馬貳 77_171/158

○及瘏不出者方以

〖癢〗

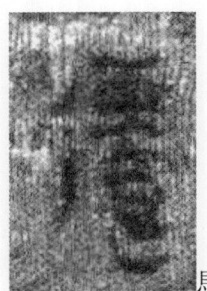

馬貳 117_136/136

○身若癢若不癢

〖癥〗

秦文字編 1223

〖癰〗

睡·日甲《詰》57

○疾癰（靡）

秦文字編 1223

〖癧〗

馬貳 74_130/130

○白白（癧）者白毋

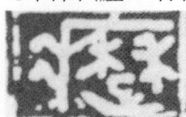

秦代印風

○芥癧

〖癅〗

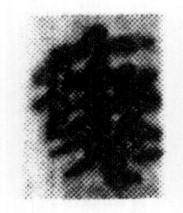

秦文字編 1223

〖瘍〗

秦文字編 1222

〖擪〗

張·引書 90

○右手指擪（厭）內脈

第七卷

3564

第七卷

張·引書 56

○指以瘳（摩）面

〖瘍〗

北壹·倉頡篇 41

○瘍效姁臥

冖部

【冖】

《說文》：冖，覆也。从一下垂也。凡冖之屬皆从冖。

【冠】

《說文》：冠，絭也。所以絭髮，弁冕之總名也。从冖从元，元亦聲。冠有法制，从寸。

戰晚·四十八年上郡假守𧈪戈

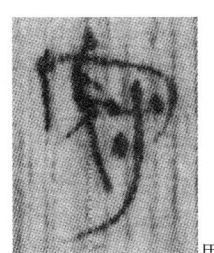

里·第八層 1363

馬壹 81_46

○人之冠也以

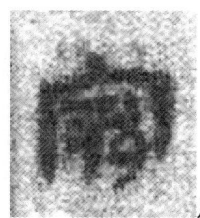

馬壹 46_61 下

馬貳 258_11/20

○衣紺冠

張·奏讞書 17

銀貳 1837

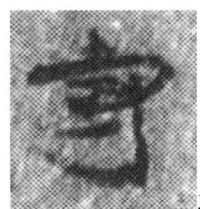

敦煌簡 1150

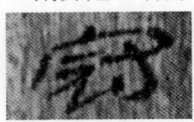

○蘭毋冠□有方一刃
金關 T09:227

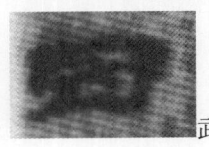

武·儀禮甲《服傳》12

東牌樓 147 正

漢代官印選
○冠軍侯印

漢印文字徵
○冠仁之印

漢印文字徵

柿葉齋兩漢印萃
○冠軍侯印

漢晉南北朝印風

○冠軍將軍印

廿世紀璽印四-GY

東漢·李固殘碑

東漢·西狹頌

東漢·景君碑

東漢·朝侯小子殘碑

北魏·元則誌

北魏·張整誌

北魏·元颺誌
○德冠宗英

第七卷

北魏·封魔奴誌

北魏·張盧誌

○冠冕相承

北魏·元璨誌

○衣冠痛惜

北魏·寇慰誌

○弱冠之年

北魏·元爽誌

○弱冠多藝

東魏·元鷙妃公孫甑生誌

○冠軍將軍

北齊·斛律氏誌

北周·崔宣靖誌

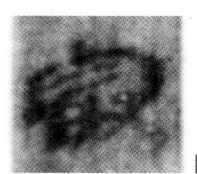

○世冠趙魏

【冣】

《說文》：冣，積也。从冂从取，取亦聲。

睡·日甲《除》5

○以祭冣（聚）衆必亂者

里·第八層 815

○及冣卅一

馬貳 205_31

○新氣朝冣（聚）

○誘召冣（聚）城

張·奏讞書 153

銀壹 818

敦煌簡 0335

○冣（聚）穀二石五斗

金關 T21:257

金關 T06:107

○冣子男

秦代印風

○董冣

廿世紀璽印三-SP

○冣

廿世紀璽印三-SP

○左官卒冣

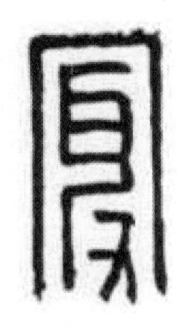

漢印文字徵

○林冣

漢印文字徵

柿葉齋兩漢印萃

漢晉南北朝印風

○張最私印

【託】

《說文》：鬥，奠爵酒也。从門託聲。《周書》曰："王三宿三祭三鬥。"

〖阋〗

廿世紀璽印三-SY

○文阋私印

〖䍐〗

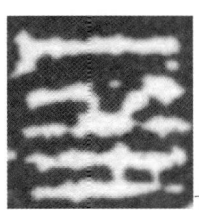

廿世紀璽印三-SY

○王䍐私印

冂部

【冂】

《說文》：冂，重覆也。从冂、一。凡冂之屬皆从冂。讀若艸莓莓。

【同】

《說文》：同，合會也。从冂从口。

西晚・不其簋

戰晚・七年相邦呂不韋戈

漢銘・光和斛一

漢銘・新嘉量二

漢銘・新嘉量一

漢銘・新衡杆

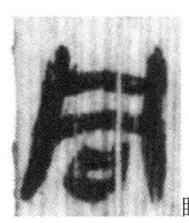

睡・效律 17

睡・法律答問 71

獄・為吏 22

獄・數 209

獄・識劫案 112

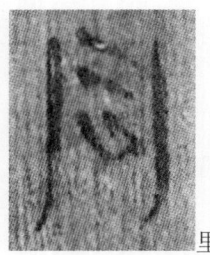

里・第八層 1108

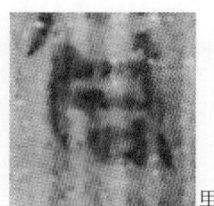

里・第八層背 60

馬壹 99_94

馬壹 4_7 下

馬貳 226_63

張・市律 261

張・算數書 169

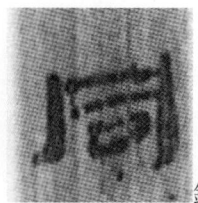

銀貳 1187

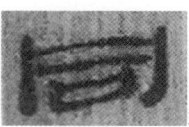

北貳・老子 51

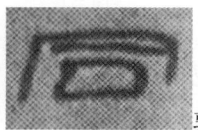

敦煌簡 1448

金關 T23:298

武・甲《少牢》11

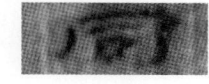

東牌樓 005

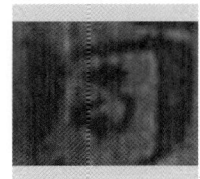

吳簡嘉禾・五・二五二

秦代印風

○楊同

廿世紀璽印三-SY

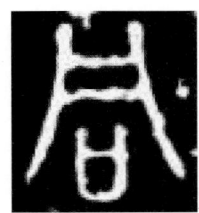

○垣同

石鼓・車工

詛楚文・沈湫

○王繆力同心

東漢・夏承碑

東漢・楊震碑

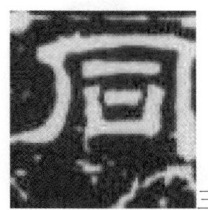

三國魏・曹真殘碑

西晉・臨辟雍碑

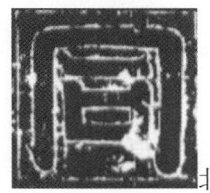

北魏・笱景誌蓋

○魏故儀同笱使君墓銘

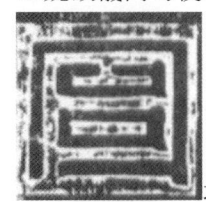

北魏・爾朱襲誌蓋

○魏故儀同爾朱君墓誌

北魏・謝伯違造像

○咸同此願

北魏・元文誌

北齊・暴誕誌

北周·宇文瓘誌蓋
○大周儀同建安子之銘

【青】

《說文》：肯，幬帳之象。从冂；丨，其飾也。

【冢】

《說文》：冢，覆也。从冂、豕。

秦文字編 1225

漢印文字徵
○冢犯之印

冖部

【冖】

《說文》：冖，小兒蠻夷頭衣也。从冂；二，其飾也。凡冖之屬皆从冖。

【冕】

《說文》：冕，大夫以上冠也。邃延、垂瑬、紞纊。从冖免聲。古者黃帝初作冕。

【絻】

《說文》：絻，冕或从糸。

東漢·樊敏碑

東漢·東漢·婁壽碑陽
○冕紳莘莘

西晉·徐義誌
○服冕御者

北魏·元子永誌

北魏·元彬誌
○冕黻暉文

北魏·寇臻誌
○冠冕

北魏·元颺誌

○雖首冠纓冕

北魏·王普賢誌

○蟬冕末京

北魏·寇侃誌

○冠冕百辟

北魏·元洛神誌

○軒冕相映

北魏·山徽誌

○華冕

北魏·穆彥誌

○冠冕相承

北魏·盧令媛誌

東魏·趙紹誌

○軒冕兩晉

東魏·元悰誌

東魏·盧貴蘭誌

○冠冕

北周·王榮及妻誌

○冠冕相承

東漢·景君碑

○裳綩相襲

南朝梁·舊館壇碑

○持綩世倫

【冑】

《說文》：冑，兜鍪也。从冃由聲。

【韋】

《說文》：韋，《司馬法》冑从革。

【冒】

《說文》：冒，冢而前也。从冃从目。

【𡇒】

《說文》：𡇒，古文冒。

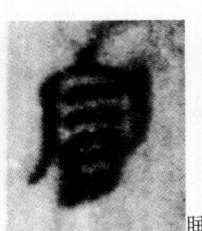

睡·語書 11

睡·秦律十八種 147

馬壹 80_2

馬貳 121_4

敦煌簡 2142

金關 T24：213

○辟及冒各一

漢印文字徵

漢印文字徵

○董冒

詛楚文·沈湫

東漢·燕然山銘

○冒頓之區落

東漢·趙寬碑

西晉·臨辟雍碑

北魏·元曄誌

○深攻冒險

【最】

《說文》：冣，犯而取也。从冂从取。

睡·日甲 16

○最邦之下富

睡·日甲《詰》56

○最（撮）之苞以白茅

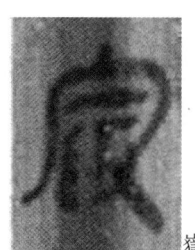

獄·為吏 87

○令能最欲

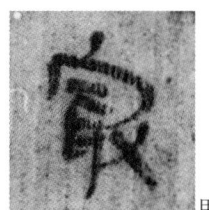

里·第八層 1559

里·第八層 1221

馬貳 115_108/107

○三指最（撮）

銀貳 1659

○介虫最陰者

金關 T07:081

○最以付令

秦代印風

○畢最

東漢·太室石闕銘

○伐業最純

東漢·簿書殘碑

○意婢最奴宜婢

北魏·楊侃誌

○最良猶馬

北魏·李超誌

○綽居尤最

北魏·郭顯誌

○萬里云最（聚）

東魏·元悰誌

○爲善最樂

東魏·廣陽元湛誌

○功最天下

北齊·鏤石班經記

○最無上

兩部

【兩】

《說文》：兩，再也。从冂，闕。《易》曰："參天兩地。"凡兩之屬皆从兩。

【兩】

《說文》：兩，二十四銖爲一兩。从一；兩，平分，亦聲。

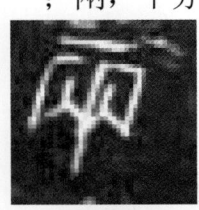

戰晚或秦代·桱陽鼎

戰晚或秦代·桱陽鼎

戰晚·三十四年工師文罍

戰晚·卅六年私官鼎

戰晚·邵宮和

漢銘·河東鼎

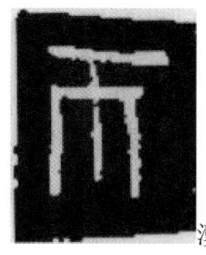

漢銘·高奴廟鋗

漢銘·鄧中孺洗

漢銘·六斤十兩匜

漢銘·新一斤十二兩權

漢銘·池陽宮行鐙

漢銘·上林鐙

漢銘·羽陽宮鼎

漢銘·重九斤十二兩鼎

漢銘·西鄉鼎蓋

漢銘·張氏鼎蓋

漢銘·臨菑鼎

漢銘·壽成室鼎一

漢銘·中尚方鐎斗

睡·秦律十八種 72
○牛一兩（輛）

睡·效律 3
○十六兩以上

關・病方 336

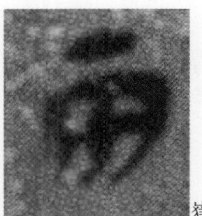

嶽・數 194

嶽・尸等捕盜疑購案 37

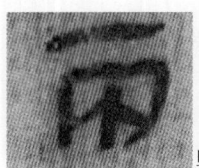

○金二兩

里・第八層 254

○十一兩八朱銖

馬壹 87_172

馬壹 84_101

馬貳 291_373/392

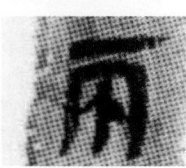

張・賊律 5

張・蓋盧 43

張・算數書 47

張・引書 93

○兩手無（撫）

銀壹 243

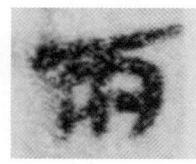

銀壹 258

北貳·老子125

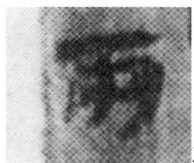

敦煌簡1144

金關 T01:103

○車一兩

武·甲《特牲》50

武·甲《少牢》26

武·甲《泰射》42

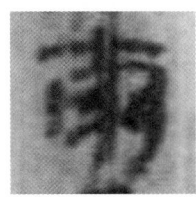

吳簡嘉禾·五一六二

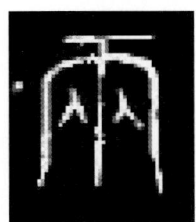

詛楚文·沈湫

○兩邦已壹曰

東漢·肥致碑

東漢·肥致碑

東漢·西狹頌

西晉·臨辟雍碑

北魏·元嵩誌

○麗績兩辰

北魏·王蕃誌

○一夢兩楹

北魏·奚真誌

北魏·元詳造像

○行留兩音

【廿】

《說文》：廿，平也。从廿，五行之數，二十分爲一辰。兩，廿平也。讀若蠻。

○隊長蔄 敦煌簡 0C06B

网部

【网】

《說文》：网，庖犧所結繩以漁。从冂，下象网交文。凡网之屬皆从网。(今經典變隸作冈。)

【罔】

《說文》：罔，网或从亡。

【網】

《說文》：網，网或从糸。

【㒳】

《說文》：㒳，古文网。

【𦉞】

《說文》：𦉞，籀文网。

睡·為吏 35

睡·日甲《星》86

馬壹 144_38/212 上

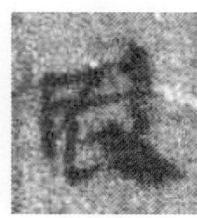

馬壹 46_57 下

馬貳 7_10 下\20

北貳·老子 100

漢印文字徵

○公罔彊

東漢·曹全碑陽

○續遇禁网

東漢·楊震碑

○永世罔極

東漢·乙瑛碑

○傳于罔極

東漢・禮器碑

東漢・趙菿殘碑

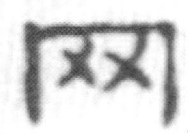

○報罔極歔

東漢・譙敏碑

○傳于网（罔）極

三國魏・三體石經尚書・隸書

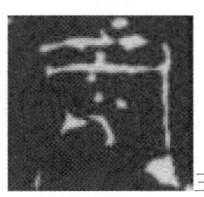

三國魏・三體石經尚書・篆文

西晉・臨辟雍碑

○神化罔極

西晉・司馬馗妻誌

○皇考太常戴侯陵王孝慕罔極

北魏・王僧男誌

○男父以雄俠罔法

北魏・薛法紹造像

○罔不備列

北魏・山暉誌

○凝弦罔調

北魏・元景石窟記

○將以輪迴塵網

三國魏・三體石經尚書・古文

【罨】

《說文》：罨，罜也。从网奄聲。

【罕（罕）】

《說文》：罕，网也。从网干聲。

秦文字編 1249

3581

馬壹 104_35\104

○大而罕者匡之爲言

漢晉南北朝印風

○抱罕護軍長史

東漢·祀三公山碑

○醮祠稀罕

北魏·張寧誌

○賢良罕授

北魏·李超誌

○事罕篇繒

北魏·元倪誌

○登之者罕

北魏·元廣誌

北齊·崔昂誌

○罕驗玉機之秘

北齊·元賢誌

○罕勘斯寄

【䍜】

《説文》：䍜，网也。从网、㬎，㬎亦聲。一曰綰也。

【䍡】

《説文》：䍡，网也。从网每聲。

【䍢】

《説文》：䍢，网也。从网巽聲。

【䟗】

《説文》：䟗，《逸周書》曰："不卵不䟗，以成鳥獸。"䍢者，䍜獸足也。故或从足。

【䍦】

《説文》：䍦，周行也。从网米聲。《詩》曰："䍦入其阻。"

【罙】

《説文》：𠕂，罙或从穴。

【罩】

《説文》：罩，捕魚器也。从网卓聲。

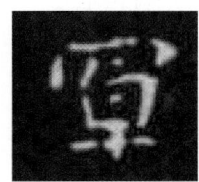

北魏・元順誌

○罩宸極而構岳

北魏・于纂誌

○英才罩世

東魏・廉富等造義井頌

○罩焉四極

北齊・姚景等造像

○邑子陳罩

【罾】

《説文》：罾，魚网也。从网曾聲。

北壹・倉頡篇 29

○罾笱罘罝

【罪】

《説文》：罪，捕魚竹網。从网、非。秦以罪爲辠字。

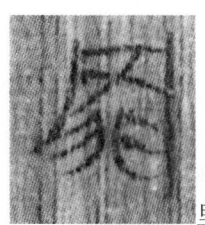

里・第八層 775

馬壹 108_128\297

張・奏讞書 43

銀壹 677

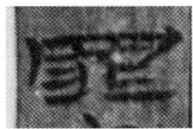

敦煌簡 0176

金關 T23:206

東牌樓 006

北壹・倉頡篇 70

○罪蠱訟郤

東漢・乙瑛碑

東漢・楊震碑

北魏・元誨誌

【罽】

《說文》：罽，魚网也。从网剡聲。剡，籀文銳。

漢銘・壽春鈁

廿世紀璽印二-SY

○郭罽

【罛】

《說文》：罛，魚罟也。从网瓜聲。《詩》曰："施罛濊濊。"

【罟】

《說文》：罟，网也。从网古聲。

廿世紀璽印三-GP

○罟趨丞印

石鼓・作原

【罶】

《說文》：罶，曲梁寡婦之笱。魚所畱也。从网、畱，畱亦聲。

【㚂】

《說文》：㚂，罶或从婁。《春秋國語》曰："溝罟㚂。"

【罜】

《說文》：罜，罜麗，魚罟也。从网主聲。

【麗】

《說文》：麗，罜麗也。从网鹿聲。

【罧】

《説文》：罧，積柴水中以聚魚也。从网林聲。

【罠】

《説文》：罠，釣也。从网民聲。

【羅】

《説文》：羅，以絲罟鳥也。从网从維。古者芒氏初作羅。

罹・日乙 223

羅・曆譜 53

里・第八層 1886

馬壹 11_69 上

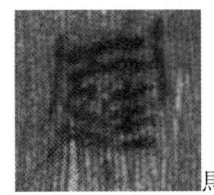

馬貳 134_3

敦煌簡 2066

○食長羅侯疊尉史官

魏晉殘紙

○回復羅從北虜

漢晉南北朝印風

廿世紀璽印三-GY

漢代官印選

漢印文字徵

漢印文字徵

漢印文字徵

北魏·元寧誌

北魏·王普賢誌

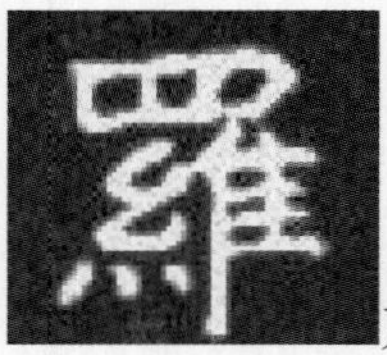

東魏·閭叱地連誌

【罬】

《說文》：罬，捕鳥覆車也。从网叕聲。

【輟】

《說文》：輟，罬或从車。

【罿】

《說文》：罿，罬也。从网童聲。

【罦】

《說文》：罦，覆車也。从网包聲。《詩》曰："雉離于罦。"

【罘】

《說文》：罘，罦或从孚。

【罻】

《說文》：罻，捕鳥网也。从网尉聲。

【罬】

《說文》：罬，兔罟也。从网否聲。

【罟】

《說文》：罟，罟也。从网互聲。

【罝】

《說文》：罝，兔网也。从网且聲。

【緺】

《說文》：緺，罝或从糸。

【䍡】

《說文》：䍡，籀文从虘。

秦文字編 1250

北壹·倉頡篇 29

○罝笱罘罝

【羉】

《說文》：羉，牖中网也。从网舞聲。

【署】

《說文》：䍿，部署，有所网屬。从网者聲。

睡·秦律雜抄 40

睡·法律答問 197

睡·為吏 20

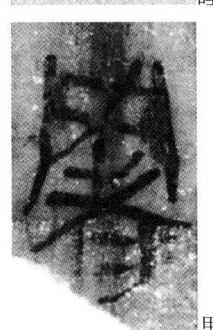

里·第八層 750

里·第八層背 64

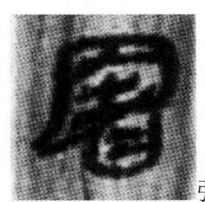

張·興律 404

張·奏讞書 177

張·奏讞書 152

敦煌簡 0563A

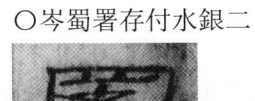

○岑蜀署存付水銀二

金關 T30:071

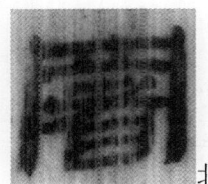

北壹·倉頡篇 14

○署賦

漢代官印選

○曲臺署長

漢印文字徵

○笪署

漢印文字徵

○曹署之印

東漢·朝侯小子殘碑

東漢·石門頌

東魏·王僧誌

【罷】

《說文》：罷，遣有辠也。从网、能。言有賢能而入网，而貫遣之。《周禮》曰："議能之辟。"

獄·芮盜案 68

里·第八層 1977

馬壹 226_69

馬壹 89_227

張·傅律 363

第七卷

張・奏讞書 137	漢印文字徵
 張・蓋盧 52	漢印文字徵
 銀壹 435	漢印文字徵
 金關 T07:023	漢印文字徵
 吳簡嘉禾・四・一三四	漢印文字徵
 廿世紀璽印二-SY	 漢晉南北朝印風
	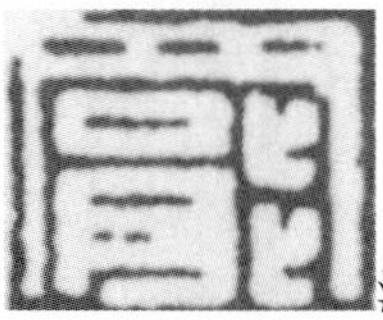 漢晉南北朝印風
	 西晉・石尠誌

○張罷

3589

北魏・元譚妻司馬氏誌

【置】

《說文》：置，赦也。从网、直。

漢銘・雒陽武庫鍾

漢銘・置鼎

睡・秦律十八種 160

睡・為吏 46

關・病方 328

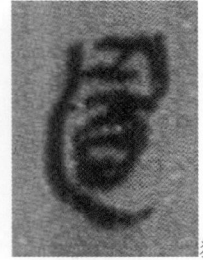

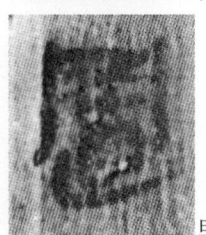

獄・數 156

獄・芮盜案 67

里・第八層 1271

馬壹 128_2 上\79 上

馬壹 97_52

馬貳 81_262/249

張·置後律 370

張·奏讞書 172

銀壹 809

銀貳 1812

敦煌簡 1460B

金關 T10:319

金關 T10:069

武·甲《少牢》26

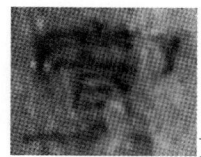

東牌樓 005
○石前置三歲田

漢晉南北朝印風

歷代印匋封泥
○八月一置

廿世紀璽印三-SY
○程置恩印

廿世紀璽印三-SY
○陳置私印

漢印文字徵
○李可置

漢印文字徵

漢印文字徵

漢印文字徵

漢印文字徵

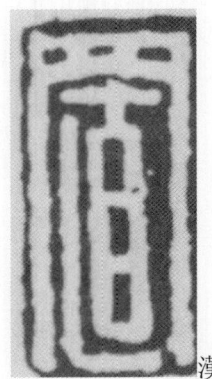

漢晉南北朝印風

東漢・營陵置社碑

東漢・孔彪碑陽

東漢・石門頌

○分置六部道橋

北魏・韓震誌

○置彼人官

北魏・元進誌

○置之埏戶

北魏・封魔奴誌

北魏・元汎略誌

○或多置礼

北魏・寇霄誌

北魏・元肅誌

北魏·穆彦誌

○置行昂藏

【䍐】

《説文》：䍐，覆也。从网音聲。

【䍃】

《説文》：䍃，罵也。从网从言。网辠人。

里·第八層 1562

張·賊律 46

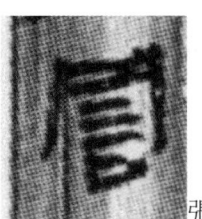

張·賊律 41

武·王杖 5

三國魏·三體石經尚書·隸書

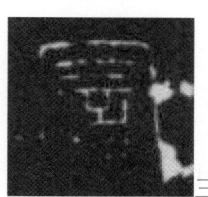

三國魏·三體石經尚書·篆文

○告之曰少人怨女䍃女

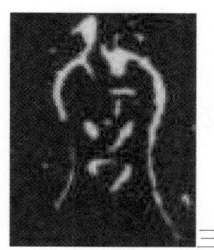

三國魏·三體石經尚書·古文

○䍃女

【罵】

《説文》：罵，詈也。从网馬聲。

武·王杖 5

○敢妄罵詈殿之者

漢晉南北朝印風

○郄罵

北齊・無量義經二

○惡口罵辱終不瞋

【羈】

《說文》：羈，馬絡頭也。从网从馵。馵，馬絆也。

【䩍】

《說文》：䩍，羈或从革。

睡・秦律十八種 188

○請毋羈（寄）請

敦煌簡 0172

○得長羈止毋爲弛槩

漢印文字徵

○婁羈

東漢・張遷碑陽

○西羈六戎

北魏・爾朱襲誌

○方見羈執

【罭】

《說文》：罭，魚網也。从网或聲。

【罳】

《說文》：罳，罘罳，屏也。从网思聲。

【罹】

《說文》：罹，心憂也。从网。未詳。古多通用離。

東漢・譙敏碑

東漢・岐子根畫像石墓題記

【罔】

3594

漢印文字徵
○王罔私印

漢印文字徵
○罔鄉

〖罛〗

北壹・倉頡篇 29
○罼笱罛罝

漢印文字徵
○繹罛

〖冒〗

居・EPF22.197
○夜冒不能得還

〖罞〗

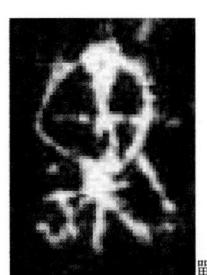

戰晚・相邦冉戈

〖闋〗

張・市律 258
○闋（闋）

襾部

【襾】

《說文》：襾，覆也。从冂，上下覆之。凡襾之屬皆从襾。讀若晉。

【覂】

《說文》：覂，反覆也。从襾乏聲。

【覈】

《說文》：覈，實也。考事，襾笮邀遮，其辭得實曰覈。从襾敫聲。

【覈】

《說文》：覈，覈或从雨。

馬壹 138_10 上/152 上

3595

馬貳81_259/246

馬貳69_21/21

○薺（齋）杏覈（核）中

銀貳1850

○覈可爲美事

北魏·高猛妻元瑛誌

○覈七篇之幽旨

【覆】

《說文》：覆，覂也。一曰蓋也。从襾復聲。

睡·日甲《詧》101

里·第八層141

里·第八層135

馬貳212_2/103

張·具律113

張·奏讞書116

魏晉殘紙

○反覆

漢印文字徵

○衰印覆遠

漢代官印選

○覆盎城門侯

東漢·景君碑

北魏·鮮于仲兒誌

北魏·劉華仁誌

○家門傾覆

北魏·寇臻誌

○公早傾乾覆

東魏·馮令華誌

東魏·南宗和尚塔銘

巾部

【巾】

《說文》：巾，佩巾也。从冂，丨象糸也。凡巾之屬皆从巾。

漢銘·巾斧

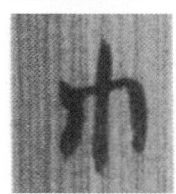

馬貳 243_248

張·遣策 28

敦煌簡 2327

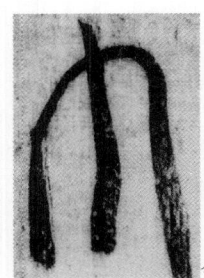

金關 T24∶507B

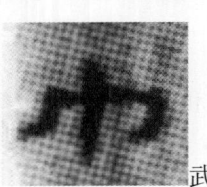

武·甲《特牲》16

東漢·張遷碑陽

東漢·衛尉卿衡方碑

北魏·張孃誌

北魏·元孟輝誌

北魏·元彬誌

【帉】

《説文》：帉，楚謂大巾曰帉。从巾分聲。

【帥】

《説文》：帥，佩巾也。从巾、𠂤。

【帨】

《説文》：帨，帥或从兑。又音税。

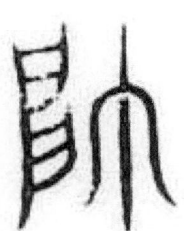

春晚·秦公鎛

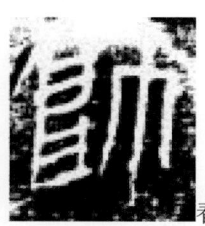

春晚·秦公簋

睡·日甲《除》7

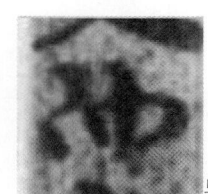

吳簡嘉禾·二一一七

○年吏帥客限米卅八

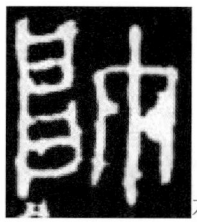

石鼓·作原

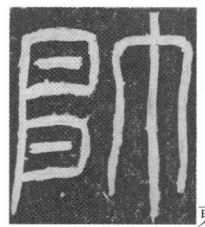

東漢·應遷等字殘碑

○蠶織帥勑

北魏·元液誌

北齊·赫連子悅誌

北齊·西門豹祠堂碑

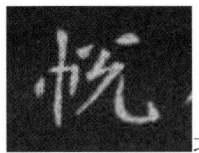

北魏·元純陀誌

○巾帨公宮

北魏·盧令媛誌

○爰始設帨

【墊】

《说文》：墊，禮巾也。从巾从執。

【帗】

《说文》：帗，一幅巾也。从巾犮聲。讀若撥。

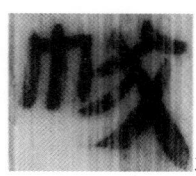

北壹·倉頡篇17

○嬬范麂帗帴裹

【帉】

《说文》：帉，枕巾也。从巾刃聲。

【般】

《说文》：般，覆衣大巾。从巾般聲。或以爲首䰎。

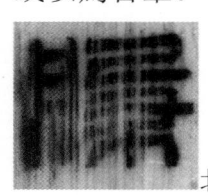

北壹·倉頡篇17

○鬱屨般袍鵂

【帤】

《说文》：帤，巾帤也。从巾如聲。一曰幣巾。

【幣】

《说文》：幣，帛也。从巾敝聲。

嶽·占夢書30

○夢見五幣皆爲苛憂

馬壹95_17

○用不幣(敝)大盈

馬壹40_3下

○不幣(敝)輿輪

銀壹840

○矢弩及兵幣

敦煌簡0984

○幣部士不審縣里王

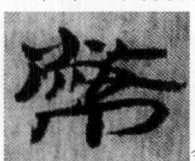

金關T27:062

○襜一幣

北壹·倉頡篇27

○幣帛羞獻

北魏·封魔奴誌

【幅】

《說文》：幅，布帛廣也。从巾畐聲。

張·算數書61

敦煌簡1970A

北壹·倉頡篇13

○祁紺鐔幅芒隒

東魏·司馬興龍誌

北周·匹婁歡誌

【㡛】

《說文》：㡛，設色之工，治絲練者。从巾㶊聲。一曰㡛隔。讀若荒。

北魏·伏君妻咎雙仁誌

〇帷荒合綺

【帶】

《説文》：帶，紳也。男子鞶帶，婦人帶絲。象繫佩之形。佩必有巾，从巾。

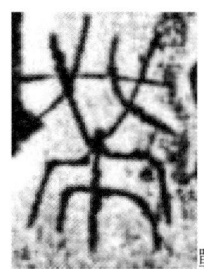

戰晚·七年上郡閘戈

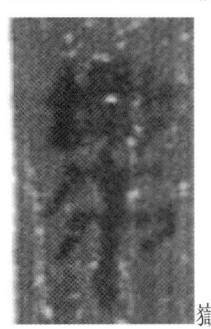

嶽·占夢書 13

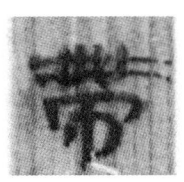

里·第八層 1677

馬壹 3_6 上

馬貳 245_275

馬貳 119_194/193

張·奏讞書 213

銀貳 1837

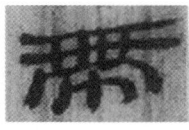

北貳·老子 44

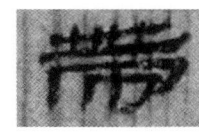

金關 T24:247B

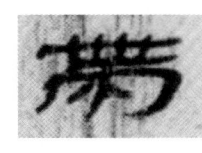

金關 T21:384

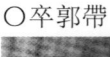

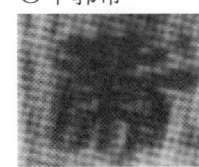

〇卒郭帶

武·儀禮甲《服傳》1

武·甲《特牲》47

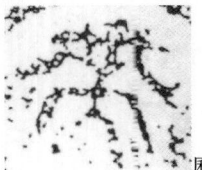

歷代印匋封泥
○帶

廿世紀璽印三-SP
○帶

秦代印風
○宋帶

秦代印風
○笆帶

廿世紀璽印三-SY
○聶帶之印

廿世紀璽印三-GP
○帶方令印

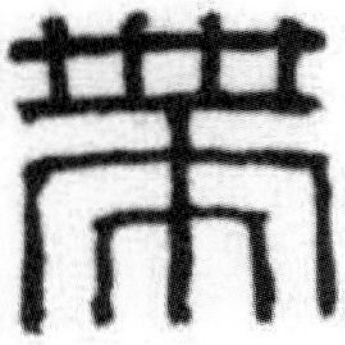

漢印文字徵
○帶方令印

漢印文字徵
○馬帶

漢印文字徵
○帶當

漢印文字徵
○許帶

漢印文字徵

漢印文字徵

漢印文字徵

○張帶印信

漢晉南北朝印風

○帶方郡丞印

漢晉南北朝印風

漢晉南北朝印風

東漢・楊著碑額

○衣不暇帶

西晉・趙氾表

北魏・元侔誌

○帶方静公興之長女也

北魏・元子直誌

北魏・馮季華誌

北齊・元始宗誌

【幘】

《説文》：幘，髮有巾曰幘。从巾責聲。

漢銘・新常樂衛士飯幘

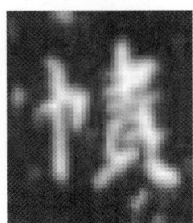

東魏・崔混誌

○於兹挂幭

【帉】

《説文》：帉，領耑也。从巾分聲。

【帔】

《説文》：帔，弘農謂帬帔也。从巾皮聲。

【常】

《説文》：常，下帬也。从巾尚聲。

【裳】

《説文》：裳，常或从衣。

漢銘・常山食官鍾

漢銘・新常樂衛士飯帉

漢銘・聖主佐宮中行樂錢

漢銘・常雙印鉤

漢銘・弘農宮銅方鑪

漢銘・大常明行鐙

漢銘・中山宦者常浴銅錠二

漢銘・常浴盆二

漢銘・臨虞宮高鐙三

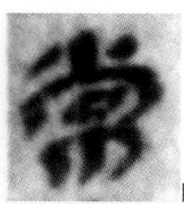

睡・日甲《毀弃》119

嶽・占夢書27

馬壹 100_123

馬壹 16_18 下\111 下

張·賜律 284

銀壹 526

銀貳 1167

北貳·老子 164

敦煌簡 1897
○君之常有

敦煌簡 0102
○食常逋不以時到

敦煌簡 0252

金關 T01_174_C

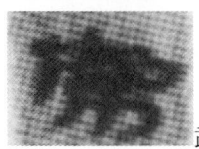

武·儀禮甲《服傳》37

武·甲《特牲》47

武·王杖 6

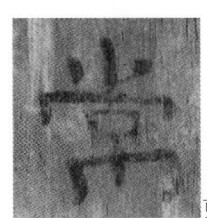

東牌樓 149 正

北壹·倉頡篇 16
○猜常衺土

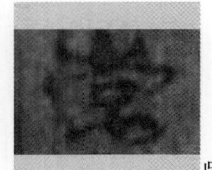

吳簡嘉禾·四·三〇〇

吳簡嘉禾·五·一〇六〇

漢晉南北朝印風

廿世紀璽印三-SP

廿世紀璽印三-SY

廿世紀璽印三-SY

廿世紀璽印三-GP

廿世紀璽印三-SY

漢代官印選

漢代官印選

歷代印匋封泥

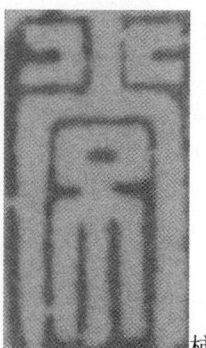

柿葉齋兩漢印萃

〇丘常

漢印文字徵

歷代印匋封泥

歷代印匋封泥

漢印文字徵

漢印文字徵

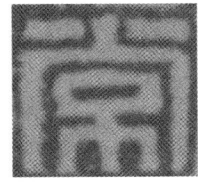

柿葉齋兩漢印萃

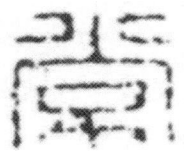

廿世紀璽印四-SY

漢晉南北朝印風

漢晉南北朝印風

漢晉南北朝印風

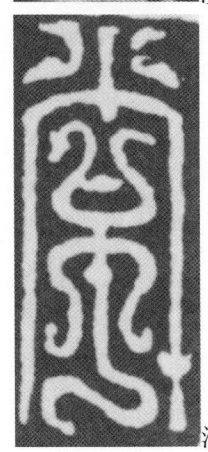

漢晉南北朝印風

○常龔

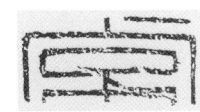

漢晉南北朝印風

○常騎

漢晉南北朝印風

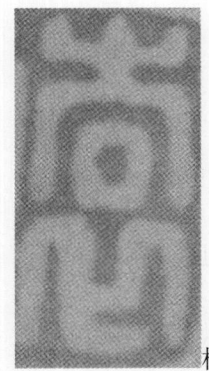

柿葉齋兩漢印萃

東漢・桐柏淮源廟廟

東漢・薌他君石柱題記額

西晉・石定誌

東晉・張鎮誌

北魏・淘浚誌

北魏・元簡妃誌蓋

北魏・元誨誌

東漢・景君碑

東漢・曹全碑陰

西晉・郭槐柩記

北魏・元顯魏誌

北齊・斛律氏誌

【帬】

《說文》：帬，下裳也。从巾君聲。

【裙】

《說文》：裠，帬或从衣。

【帴】

《說文》：帴，帬也。一曰帗也。一曰婦人脅衣。从巾戔聲。讀若末殺之殺。

北壹·倉頡篇 17

〇范麂帗帴裘褐

【幝】

《說文》：幝，憁也。从巾軍聲。

【襌】

《說文》：襌，幝或从衣。

敦煌簡 1453

【憁】

《說文》：憁，幝也。从巾忽聲。一曰帙。

【㡚】

《說文》：㡚，憁或从松。

【㠱】

《說文》：㠱，楚謂無緣衣也。从巾監聲。

【幎】

《說文》：幎，幔也。从巾冥聲。《周禮》有"幎人"。

【幔】

《說文》：幔，幕也。从巾曼聲。

【幬】

《說文》：幬，襌帳也。从巾壽聲。

北魏·登百峯詩

【幨】

《說文》：幨，帷也。从巾兼聲。

【帷】

《說文》：帷，在旁曰帷。从巾隹聲。

【㡇】

《說文》：㡇，古文帷。

馬貳 243_251

張·奏讞書 166

廿世紀璽印三-GP

〇工居帷印

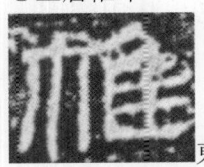

東漢・張遷碑陽

東漢・許安國墓祠題記

北魏・元誨誌

北魏・元譚妻司馬氏誌

北魏・封魔奴誌

北周・寇嶠妻誌

【帳】

《説文》：幪，張也。从巾長聲。

吳簡嘉禾・五・四九四

漢印文字徵

〇帳下行事

東漢・景君碑

北魏・趙充華誌

北魏・王普賢誌

【幕】

《説文》：幕，帷在上曰幕，覆食案亦曰幕。从巾莫聲。

秦文字編 1255

馬壹5_30上

張·奏讞書166

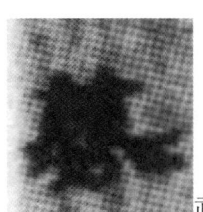

武·甲《少牢》13

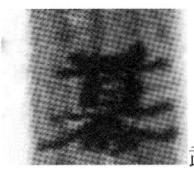

武·甲《泰射》10

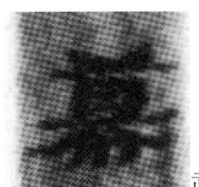

武·甲《泰射》10

廿世紀璽印三-GP
○姑幕丞印

漢印文字徵
○姑幕丞印

漢代官印選
○姑幕令印

漢印文字徵
○繹幕令印

東漢·張遷碑陽

北魏·吐谷渾氏誌

北魏·元秀誌

北魏·元壽安誌

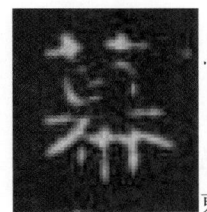

東魏·李憲誌

第七卷

帗 北齊·劉悅誌

【帗】

《說文》：帗，幏裂也。从巾乏聲。

【幏】

《說文》：幏，殘帛也。从巾祭聲。

【覦】

《說文》：覦，正衺裂也。从巾俞聲。

【帖】

《說文》：帖，帛書署也。从巾占聲。

【帙】

《說文》：帙，書衣也。从巾失聲。

【袠】

《說文》：袠，帙或从衣。

帙 北齊·賀拔昌誌

○詩書卷帙

【㡄】

《說文》：㡄，幡幟也。从巾前聲。

秦文字編 1255

【微】

《說文》：微，幟也，以絳微帛，箸於背。从巾，微省聲。《春秋傳》曰："揚微者公徒。"

【㠼】

《說文》：㠼，幟也。从巾奧聲。

【帠】

《說文》：帠，幡也。从巾夗聲。

【幡】

《說文》：幡，書兒拭觚布也。从巾番聲。

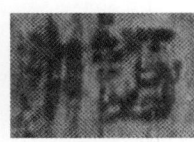

敦煌簡 0032B

○干幡各一

金關 T23：145

○靳干幡各一完

幡 東魏·鄭君殘碑

【幬】

《説文》：𢂽，刺也。从巾刺聲。

【㡠】

《説文》：㡠，拭也。从巾韱聲。

【幝】

《説文》：幝，車弊皃。从巾單聲。《詩》曰："檀車幝幝。"

【幪】

《説文》：幪，蓋衣也。从巾冢聲。

漢印文字徵
○幪青

秦文字編 1255

【幭】

《説文》：幭，蓋幭也。从巾蔑聲。一曰禪被。

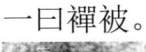

馬壹 3_12 上
○剝（剝）臧（牀）以足幭

馬貳 244_258
○右方巾枕（沈）幭

【幠】

《説文》：幠，覆也。从巾無聲。

【飾】

《説文》：飾，㕞也。从巾从人，食聲。讀若式。一曰襐飾。

馬壹 136_63 上/140 上

馬貳 38_71 上

張·津關令 493

北壹·倉頡篇 39

秦文字編 1255

漢印文字徵
○琦餝左丞

詛楚文・沈湫
○飾甲底兵

東漢・桐柏淮源廟碑

東漢・成昜靈臺碑

西晉・郭魂柩記

北魏・陳天寶造像
○教播聲飾

北魏・元秀誌

北魏・元子直誌
○飾是戎昭

北魏・李超誌
○飾輨裖帶

東魏・元悰誌

東魏・李挺誌

西魏・陳神姜造像
○素飾端華

【幃】

《說文》：幃，囊也。从巾韋聲。

東漢・景君碑

北魏・寇憑誌

【帣】

《說文》：帣，囊也。今鹽官三斛爲一帣。从巾共聲。

馬貳 63_20

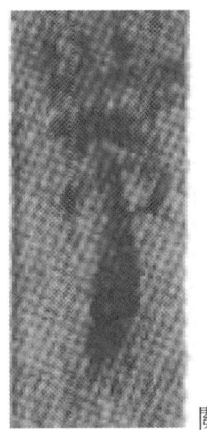

關沮・蕭・遣冊 33

〇米帣三枚

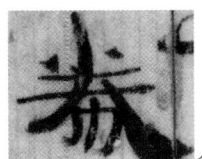

金關 T32:036A

【帚】

《說文》：帚，糞也。从又持巾埽冂內。古者少康初作箕、帚、秫酒。少康，杜康也，葬長垣。

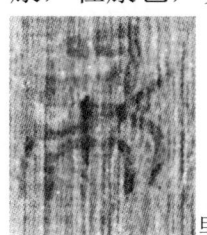

里・第八層 798

〇閒閒帚帚

馬壹 218_94

馬貳 73_104/104

金關 T04:047A

〇炊帚三百枚

東魏・趙胡仁誌

【席】

《說文》：席，籍也。《禮》：天子、諸侯席，有黼繡純飾。从巾，庶省。

【㡏】

《說文》：㡏，古文席从石省。

睡·日甲《詰》41
〇草如席處

關·病方335
〇人席之不智

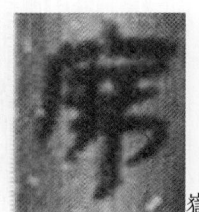

嶽·占夢書19
〇席蓐入黨中吉

馬壹39_12下
〇居則在席

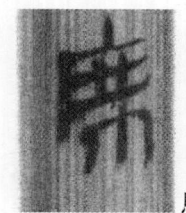

馬貳246_286
〇滑度（簞）席一續

張·奏讞書167
〇臥莞席敝

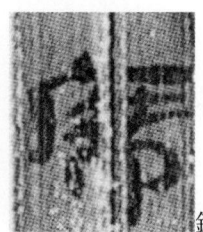

銀貳1905
〇牀席

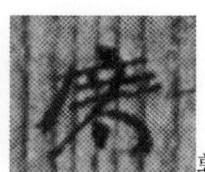

敦煌簡1134
〇舍席叩頭

金關T26:241
〇持三席□

武·儀禮甲《服傳》4
〇有席食疏疏

武·甲《有司》17
〇降尸席末坐啐酒興

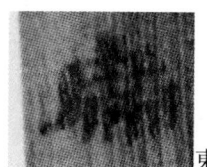

東牌樓 110

○菱席一束

漢印文字徵

○席印徵卿

漢印文字徵

○東門席

漢印文字徵

○徐席私印

漢印文字徵

○王席

東漢·尚博殘碑

○歷郡席坐

東漢·石祠堂石柱題記

○坐席未竟

東漢·鮮於璜碑陽

○台司側席

北魏·楊何真造像

○侄雙席侄白女

【縢】

《說文》：縢，囊也。从巾朕聲。

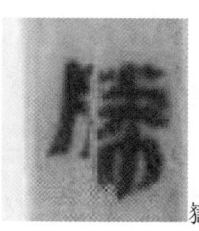

獄·魏盜案 162

○襦以縢盛佗（施）

【幩】

《說文》：幩，以囊盛穀，大滿而裂也。从巾賁聲。

【幠】

《說文》：帳，載米齡也。从巾盾聲。讀若《易》屯卦之屯。

敦煌簡 1041

○弩帳一完

【帢】

《說文》：帢，蒲席齡也。从巾及聲。讀若蛤。

【幩】

《說文》：幩，馬纏鑣扇汗也。从巾賁聲。《詩》曰："朱幩鑣鑣。"

【幭】

《說文》：幭，埤地，以巾攫之。从巾霙聲。讀若水溫罷也。一曰箸也。

北壹・倉頡篇 34

○楊晉漑幭朼

【帑】

《說文》：帑，金幣所藏也。从巾奴聲。

漢印文字徵

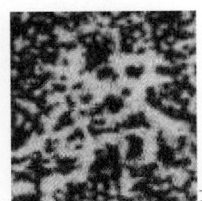

○帑府

北齊・郭顯邕造經記

○帑藏之徒

【布】

《說文》：布，枲織也。从巾父聲。

睡・秦律十八種 65

睡・法律答問 90

關・病方 311

獄・數 145

獄・識劫案 109

里・第六層 18

里・第八層 454

里・第八層 1776

馬壹 89_229

馬貳 234_145

馬貳 69_30/30

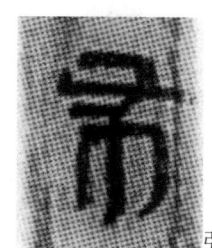

張・金布律 439

銀壹 903

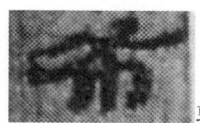

敦煌簡 1453

金關 T04:087

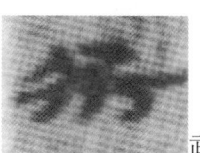

武・儀禮甲《服傳》7

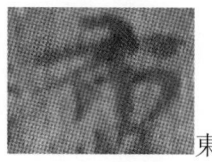

東牌樓 012

吳簡嘉禾・四・一六五

吳簡嘉禾・五・一〇三

第七卷

歷代印匋封泥
○華布

漢印文字徵

漢印文字徵
○布昌私印

漢印文字徵
○藺布

廿世紀璽印四-SY

漢晉南北朝印風

漢晉南北朝印風
○聊布印信

漢晉南北朝印風
○大鄭布

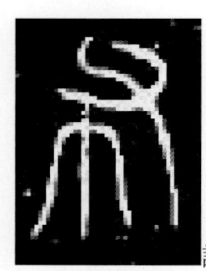

詛楚文·沈澉
○祝邵鼛布告于丕顯

西漢·楚王墓塞石銘
○不布瓦鼎

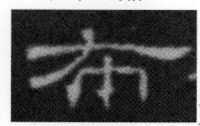

東漢·曹全碑陽

東漢·楊著碑額

3620

東漢·曹全碑陽

東漢·肥致碑

晉·黃庭內景經

○羅可用青布

北魏·元毄誌

○布藻風馳

北魏·緱光姬誌

北魏·元繼誌

○布柔嘉乎海岱

北魏·穆彥誌

北齊·董洪達造像

○臥渥而布髮

北齊·石信誌

○樹恩布化

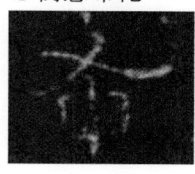

北齊·是連公妻誌

【帤】

《說文》：帤，南郡蠻夷賨布。从巾家聲。

里·第八層 998

○帤布四丈七尺

【帴】

《說文》：帴，布。出東萊。从巾弦聲。

【幋】

《說文》：幋，覆衣大巾也。一曰車上衡衣。从巾孜聲。讀若頊。

【幦】

《說文》：幦，鬃布也。从巾辟聲。《周禮》曰："駹車大幦。"

【帢】

《說文》：帢，領耑也。从巾耷聲。

【幢】

《説文》：幢，旌旗之屬。从巾童聲。

北魏·山徽誌

○內都幢將比部尚書

東魏·高歸彥造像

○所願法幢常建

【幟】

《説文》：幟，旌旗之屬。从巾戠聲。

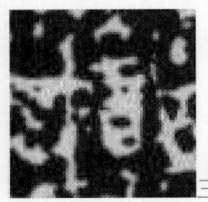

三國魏·受禪表

○殊徽幟

【帟】

《説文》：帟，在上曰帟。从巾亦聲。

【幗】

《説文》：幗，婦人首飾。从巾國聲。

北魏·吳子璨妻秦氏誌

【幧】

《説文》：幧，斂髮也。从巾喿聲。

【帒】

《説文》：帒，囊也。从巾代聲。或从衣。

【帊】

《説文》：帊，帛三幅曰帊。从巾巴聲。

【幭】

《説文》：幭，帊也。从巾蔑聲。

【幰】

《説文》：幰，車幔也。从巾憲聲。

東魏·李憲誌

○風翼歸幰

〖市〗

馬壹100_126

○不知常市（妄）

〖㡿〗

北壹·倉頡篇63

○䉉畚㡿箱

【帠】

居・EPT51.488

○十二中帠矢八

【峠】

東漢・新津崖墓題記

○張是冢峠

【㡍】

居・EPT52.92

○㡍復㡍一領

【帣】

秦文字編 1255

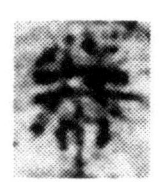

秦文字編 1255

【帮】

里・第八層 1041

○遷陵□帮城

【幁】

北齊・殷恭安等造像

○比丘法幁

【幀】

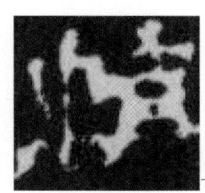

十六國前秦・鄧艾祠堂碑

○呂蹇幀蒼

【幈】

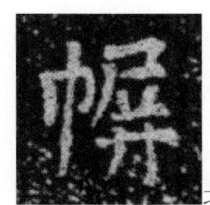

北周・時珍誌

○彫幈鏤密

【幄】

北魏・元悌誌

3623

第七卷

北魏·奚真誌

○幃謀幄議

北魏·劉華仁誌

○蒙馳紫幄

北魏·封魔奴誌

北齊·元賢誌

【幝】

睡·秦律十八種 147

○冒赤幝（甈）

【幎】

馬貳 72_92/92

【幨】

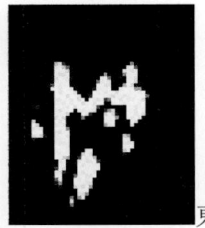

東魏·楊機誌

○皂幨未褰

市部

【市】

《説文》：市，韠也。上古衣蔽前而已，市以象之。天子朱市，諸矦赤市，大夫葱衡。从巾，象連帶之形。凡市之屬皆从市。

【韍】

《説文》：韍，篆文市从韋从犮。

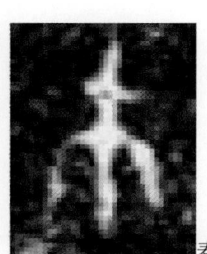

春早·秦子戈

○左右市

春早·秦子戈

馬貳 69_31/31

○蔽以市以尉（熨）

3624

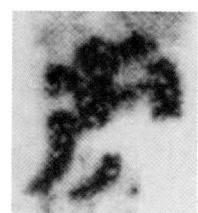

銀壹 463

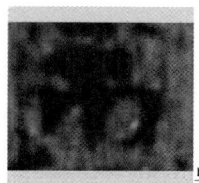

○勝於市井

吳簡嘉禾・四・五四

○女五市佃田六町凡

北魏・楊舒誌

○振戟玉墀

【韐】

《說文》：韐，士無市有韐。制如榼，缺四角。爵弁服，其色韎。賤不得與裳同。司農曰："裳，纁色。"从市合聲。

【韎】

《說文》：韎，韐或从韋。

帛部

【帛】

《說文》：帛，繒也。从巾白聲。凡帛之屬皆从帛。

睡・封診式 22

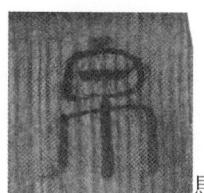

馬貳 298_36

馬貳 294_407/407

張・賜律 285

銀壹 903

銀貳 1825

金關 T09:055

3625

北壹·倉頡篇 27

〇幣帛羞獻

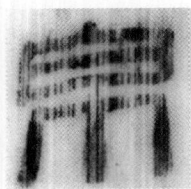

北壹·倉頡篇 28

〇帛雉兔鳥烏

吳簡嘉禾·五·四三三

吳簡嘉禾·四·一一六

漢印文字徵

漢晉南北朝印風

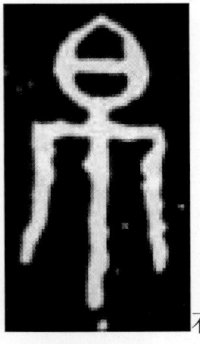

〇帛邱之印

石鼓·汧殹

東漢·西岳華山廟碑陽

北魏·元信誌

北魏·司馬悅誌

北魏·元弼誌

【錦】

《說文》：錦，襄邑織文。从帛金聲。

里·第八層1751

馬貳246_280

銀貳1600

漢印文字徵

○王錦

北魏·韓震誌

北魏·侯憎誌

北魏·寇演誌

北齊·牛景悅造石浮圖記

【鰈】

石鼓·汧殹

○鯑魚鰈=

白部

【白】

《說文》：白，西方色也。陰用事，物色白。从入合二。二，陰數。凡白之屬皆从白。

【皁】

《說文》：皁，古文白。

西晚·不其簋

漢銘·上林宣曲宮鼎

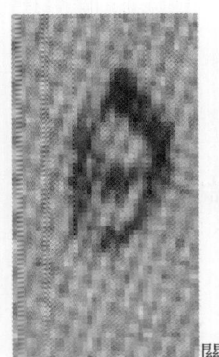

關·日書 194
〇占物白
里·第八層 529 
〇弩用白布丈七尺
馬貳 263_60/80 
馬貳 207_52 
張·賊律 48 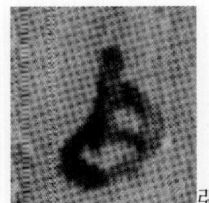
張·引書 109 

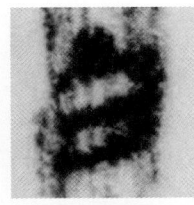

銀壹 600
銀貳 1459 
北貳·老子 13 
敦煌簡 1901 
金關 T23:311 
武·甲《有司》15 
東牌樓 070 正 
北壹·倉頡篇 49
魏晉殘紙

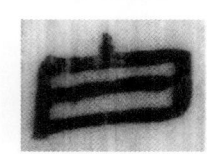

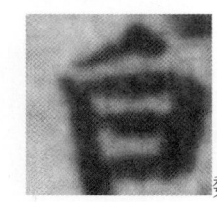

歷代印匋封泥

○白水苑丞

秦代印風

○張白

廿世紀璽印三-GP

○白狼之丞

歷代印匋封泥

○白水之苑

廿世紀璽印三-GP

○白馬丞印

漢晉南北朝印風

廿世紀璽印三-GY

○白馬令印

漢印文字徵

○白水弋丞

漢晉南北朝印風

○白馬令印

廿世紀璽印四-SY

○顏緋白牋

廿世紀璽印四-SY

○白記

廿世紀璽印四-SY

廿世紀璽印四-SY

○白事

廿世紀璽印四-SY

○白記

廿世紀璽印四-SY

○孫藥白事

漢晉南北朝印風

○白記

漢晉南北朝印風

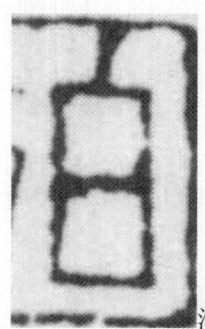

漢晉南北朝印風

○白方

漢晉南北朝印風

○成濟白記

漢晉南北朝印風

○氾肇白事

琅琊刻石

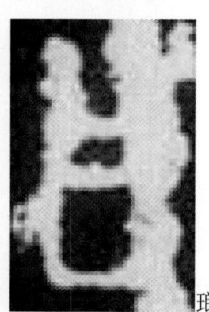

琅琊刻石

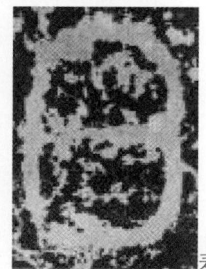

泰山刻石

東漢·元嘉元年畫像石題記一

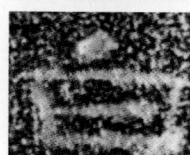

東漢·簿書殘碑

東漢•元嘉元年畫像石題記一

東漢•五瑞圖摩崖

○白鹿

東漢•白石神君碑額

○白石神君碑

東漢•白石神君碑

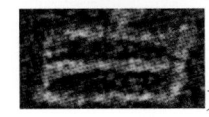

東漢•白石神君碑

東漢•公乘田魴畫像石墓題記

三國魏•三體石經春秋•古文

○許曹白(伯)襄

東晉•王建之誌

北魏•薛孝通敘家世券

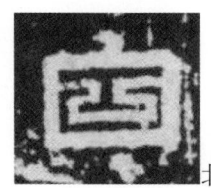

北齊•石佛寺迦葉經碑

○曲躬恭敬而白佛言

北齊•孟阿妃造像

【皎（皎）】

《說文》：皎，月之白也。从白交聲。《詩》曰："月出皎兮。"

馬壹 42_15 下

○下也皎焉

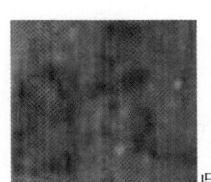

吳簡嘉禾•五•四三四

○吏黃皎佃十四畝爲

北魏•元子正誌

○皎如琨玉

3631

北魏·蘇屯誌

○夫君皎皎

北魏·元煥誌

○故皎皎之韻

北魏·元纂誌

○資性皎成

北魏·元彥誌

○皎潔斌響

北魏·王□奴誌

○皎潔泉月

北齊·斛律氏誌

○皎然獨立

【曉】

《說文》：曉，日之白也。从白堯聲。

【皙】

《說文》：皙，人色白也。从白析聲。

里·第八層 534

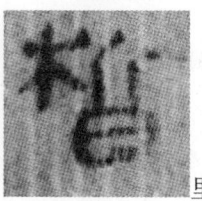

里·第八層 550

馬壹 265_4

銀貳 1965

東魏·劉靜憐誌

○昭晳泉堭

【皤】

《說文》：皤，老人白也。从白番聲。《易》曰："賁如皤如。"

【頩】

《說文》：頩，皤或从頁。

東漢·相張壽殘碑

【皠】

《說文》：皠，鳥之白也。从白隺聲。

【皚】

《說文》：皚，霜雪之白也。从白豈聲。

【皅】

《說文》：皅，艸華之白也。从白巴聲。

【皦（皪）】

《說文》：皪，玉石之白也。从白敫聲。

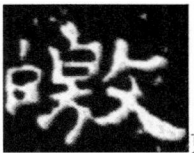

東漢・楊震碑

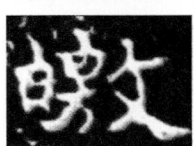

東漢・楊震碑

三國魏・張君殘碑

北魏・秦洪誌

○曜紫日而皪素月

北魏・寇憑誌

○皪然獨傑

【皛】

《說文》：皛，際見之白也。从白，上下小見。

【皛】

《說文》：皛，顯也。从三白。讀若皎。

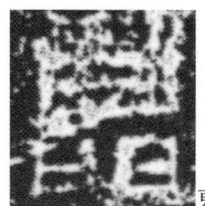

東漢・北海相景君碑陽

○皛白清方

〖早〗

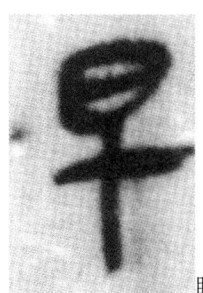

睡・秦律十八種5

睡・秦律雜抄30

敦煌簡 1453

金關 T23∶925

北魏・元彧誌

北魏・元乂誌

○皂白定於是非

北魏・鄧定安造像

○皂（造）像一區

東魏・元延明妃馮氏誌

○帷加舊皂

北齊・元子邃誌

北周・董榮暉誌

○惟多舊皂

〖的〗

東漢・校官碑

○發彼有的

北魏・和醜仁誌

○言成均的

東魏・叔孫固誌

○衣冠之準的

北齊・竇泰誌

○命的必中

〖暉〗

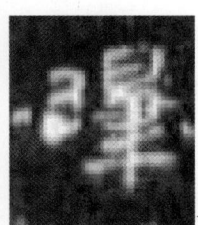

北魏・韋彧誌

○第六子暉

3634

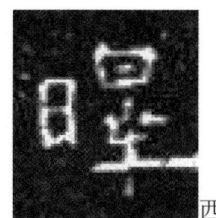

西魏·柳敬憐誌

㡀部

【㡀】

《說文》：㡀，敗衣也。从巾，象衣敗之形。凡㡀之屬皆从㡀。

【敝】

《說文》：敝，帔也。一曰敗衣。从攴从㡀，㡀亦聲。

漢銘·敝府鐙

睡·秦律十八種 104

睡·日甲 5

馬壹 101_136

馬壹 6_29 下

馬壹 87_172

馬壹 90_241

馬壹 121_12 下

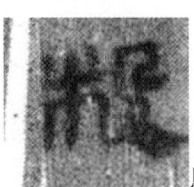

馬壹 121_13 下

馬壹 87_184

馬貳 246_284

張·奏讞書 167

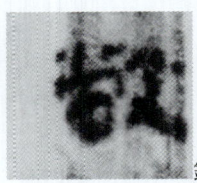

銀壹 513

銀貳 1459

北貳·老子 162

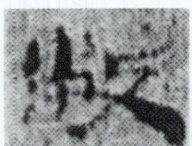

敦煌簡 1658

敦煌簡 1784

武·儀禮甲《士相見之禮》15

漢印文字徵

詛楚文·巫咸

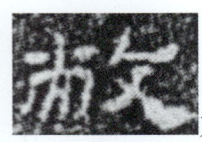

○之贏衆敝賦

東漢·史晨前碑

北齊·柴季蘭造像

○澤敝昆蟻

黹部

【黹】

《説文》：黹，箴縷所紩衣。从㡀，䇂省。凡黹之屬皆从黹。

【黼】

《説文》：黼，合五采鮮色。从黹盧聲。《詩》曰："衣裳黼黼。"

【黼】

《説文》：黼，白與黑相次文。从黹甫聲。

東漢·鮮於璜碑陰

○中子諱黼

西晉•臨辟雍碑

○負黼扆

北魏•元信誌

○綿世章黼

北魏•胡明相誌

○奄辭黼帳

北魏•王誦妻元妃誌

○黼帳凝塵

北齊•高湛誌

○黼藻

【黻】

《說文》：黻，黑與青相次文。从黹犮聲。

東漢•楊著碑陽

○醳榮投黻

北魏•元楨誌

○朱黻早齡

西魏•趙超宗妻誌

○珪璋斧黻

【黺】

《說文》：黺，會五采繪色。从黹，綷省聲。

【黺】

《說文》：黺，袞衣山龍華蟲。黺，畫粉也。从黹，从粉省。衛宏說。